KB260058

천안함-연평도 도발과 김정일의 최후

이 주 천

뉴라이트출판사

천안함-연평도 도발과 김정일의 최후

2012년 2월 20일 초판1쇄 인쇄
2012년 2월 28일 초판1쇄 발행

저자 / 이주천
편집인 / 이주천
발행처 / 뉴라이트출판사

등록일자 / 2006년 09년 28일 제17호
주소 / 서울특별시 영등포구 여의도동 14-8 극동빌딩 913호
전화 / (063) 850-6168
HP / 010-4657-6168
E-mail / jucheon@wonkwang.ac.kr
ⓒ 이주천, 2012

값 20,000원
ISBN 978-89-9594-9351 03340
이 책의 판권은 본사에 있습니다.
잘못된 책은 우송해 주시면 바꾸어 드립니다.
본사이 허락없이 이 책의 일부 무단전제와 무단복제를 일체 금합니다.

이 책을

천안함 폭침과 연평도 폭격으로 사망한

대한민국의 해군.해병장병들과

연평도 주민들에게 바친다.

목 차

제 3부 임박한 김정일의 최후

제 4부 여행기와 書評

머 릿 말

임진년의 새해가 밝아왔다. 올해는 임진왜란 420주년이 되는 해이고, 60년만에 찾아오는 흑룡(黑龍)의 해로써 대선과 총선을 치루어야 할 대한민국은 정치적 선택의 중대한 고비를 맞이하게 될 것이다. 또 미국, 러시아, 중국, 일본, 프랑스 그리고 대만 등 전세계의 20여개국가에서 권력이동이 일어난다. 그리하여 한반도를 둘러싼 국제정세는 어느 때보다도 심한 요동을 칠 것으로 예측된다.

아마도 지난 2년에 걸쳐 가장 우리의 뇌리에 기록될 만한 사건은 세 가지인데 그것은 천안함 폭침(2010.3)과 연평도 포격사건(2010.11), 그리고 마지막으로 북한의 독재자 김정일의 사망소식(2011.12)일 것이다.

필자는 2005년 『김정일의 인질이 된 대한민국』이란 책을 통해서 독자들에게 김정일 관련 칼럼집을 10년동안에 걸쳐 10번을 시리즈로 쓸 것을 약속한바 있는데, 그로부터 어언 7년이 흘렀다. 작년에 미처 쓰지 못하고, 이제야 7집을 위해 펜을 들었다. 그런 가운데 김정일이 사망했으니 감회가 무량할 수밖에 없다. 그러나 김정일의 사망이 북한 봉건세습공산체제의 종말을 자동적으로 보장하는 것을 결코 아닐 것이다. "고목나무는 속이 썩었어도 강풍(强風)이 불지 않으면 잘 넘어지지 않는다."

천안함-연평도 무력도발은 목숨이 경각에 처한 북한의 독재자 김정일이 남한 뒤흔들기를 위한 '최후의 도박'이었다. 천안함-연평도 도발은 우리 안보 상황이 얼마나 취약한지를 알게 했다. 제대로 응징도 하지 못한 채 확전(擴戰)의 공포속에서 우리 정부와 군대가 비상사태에 우왕좌왕하며 얼마나 준비가 미비한가를 보여주었고, 또한 국민들의 안보의식이 얼마나 해이한지를 단적으로 증명해 준 일대 사건이었다.

천안함과 연평도 도발의 비극적 교훈을 어떻게 살리는가에 따라서 향후 21세기 대한민국의 운명이 달라진다고 해도 과언이 아니다. 억울하게 바다에 수장된 꽃다운 젊은 천안함 해군 장병들과 포격 기습을 당한 연평도 해병대원들, 그리고 영문도 모른 채 포탄에 맞아 숨진 민간인들의 넋을 달래기 위해서라도 그 죽음의 의미를 잘 새겨야할 것이다. 핵심은 한반도의 자유민주적 통일을 달성하지 않고서는 우리는 항상 북한정권에게 이렇게 당할 수밖에 없다는 점을 냉정하게 깨닫는 일이다.

또 천안함-연평도 도발에서 중국의 '북한 감싸기'는 이미 도를 넘었다는 점을 국민들은 직시(直視)해야할 것이다. 그렇다면 '동북공정'이란 가당치 않은 영토팽창 프로젝트를 통해서 한반도에 뻗치는 음흉한 중국의 야욕을 분쇄하지 않는다면, 한반도의 진정한 통일이 어렵다는 점을 역시 온 국민들이 깨달아서 10년동안 나당(羅唐)전쟁을 통해서 중국세력을 몰아낸 신라의 화랑정신(花郞情神)을 되살리는 정신적 무장이 필요한 시점이다.

G2 국가로 발돋움한 중국의 세력이 욱일승천(旭日昇天)하는 기세로 한반도로 밀려들어오고 있는 이 시점에서 우리는 한미동맹의 귀중함을 다신 한번 인식하였기에, 무분별한 반미(反美)운동이나 한미FTA 철폐운동이 국익(國益)에 전혀 도움을 주지 않는다는 점을 알았다. 그렇다면 이를 부추기는 종북좌익세력을 법적으로 억제하는 수단을 강구하고 이들의 가면을 벗겨서 위선과 반역을 응징하고 나라의 위기를 알리는 범국민운동을 전개 나가야만 할 것이다.

어쨌든 김정일의 사망으로서 한반도의 통일전망은 한층 우리

결에 다가왔다는 점은 주지의 사실이다. 28세의 김정은이 북한을 확실하게 통치하기에는 3년간이란 권력계승의 수습시간이 절대적으로 부족하였고 고립무원(孤立無援)에 처한 북한의 대내외적 사정은 김일성-김정일의 시절보다 훨씬 더 어려워졌다. 이제 김정은 3대세습독재정권이 장기지속적으로 진행될 것이라는 전망을 하기 어렵게 되었다.

이제 임진년을 맞이하는 정부는 대북정책의 기조를 북한의 눈치를 살피는 기존의 안정적인 '현상유지' 노선에서 탈피하여 보다 적극적으로 '현상타파적' 통일정책을 천명해야 할 것이다. 선진국의 길은 두 가지 길이 있다. 첫번째는 북한동포를 외면한 채 잘사는 남한만의 길을 홀로 가는 것이고, 두 번째는 힘들지만 북한동포를 구하면서 남북한 동포가 함께 가는 길이다. 선진국으로 향한 올바른 길은 북한해방의 과정을 통과해야하는 것이지 힘들다고 해서 결코 이를 외면하거나 피해가서는 안될 것이다. 굶주리고 헐벗고 모든 부자유(不自由)속에서 노예처럼 살아가는 북한동포들을 하루빨리 해방시키는 것이 시대정신(時代精神)이기 때문이다.

새해에 러시아의 최고 권위의 연구기관인 '세계경제·국제관계연구소(IMEMO)'가 펴낸 특별보고서는 북한의 붕괴를 기정사실화하며 한국주도의 한반도 통일을 예견하면서 그것이 러시아의 국익(國益)에 부합한다는 결론을 내린 점은 고무적이다. 그 보고서는 또한 2020년대에 들어서면 북한 붕괴가 이루어져서 사실상 2030년경에는 통일이 이루어질 것으로 전망했다.

이번 보고서의 큰 의미는 러시아에서 최고 권위를 가진 국책연구기관이 한국 주도의 통일을 반긴다는 입장을 공개적으로 밝혔다는 점에 있다. 러시아 등 한반도 주변 강국들은 한반도

통일보다는 현상 유지를 내심 선호한다는 과거의 정설(定說)이 깨어진 것이다.

그러나 마냥 즐거워할 수만은 없다. 그 이유는 동 보고서는 통일과정에서 발생하는 부작용이나 주변국가와의 예상되는 마찰에 대해서는 분석을 피했기에 이 보고서를 접한 한국인들에게는 기분이 나쁘지 않는 그야말로 '장미빛' 전망을 열거하고 있기 때문이다. 이런 보고서의 낙관적 전망에 대해서 우리는 너무 자기도취에 빠지지 말고, 통일에 대한 냉철한 준비를 해야 될 시점에 왔다.

한반도의 자유민주적 통일을 달성하려면 주변국의 방해를 최소한으로 경감시켜야한다. 그러기에 '홀로서기'보다는 국제적 협조를 확보하는 것이 중요하다. 우선 내부의 단합과 이를 바탕으로 한 국력의 신장이 절대 필요하다. 그러나 국내사정은 결코 낙관할 수만은 없다.

가장 심각한 문제는 내부의 혼란과 무질서를 부추기면서 북한의 김일성-김정일 남북연방제 통일노선과 대남주의주장에 호응·지지·동조하는 종북좌익의 발호가 근절되지 않고 갈수록 세력이 확산되고 있다는 점에 있다. 이들은 인터넷상에서는 물론 정당과 시민단체라는 외피(外皮)를 쓰고 핵심지도부를 장악하여 합법적·비합법적 방안을 교묘하게 배합·병행하면서 북한의 대남적화노선과 대남주의주장에 동조·호응하는 선전선동을 되풀이 해왔다. 이들은 '제3차 좌익정부'의 수립을 위해 수단과 방법을 가리지 않고 광분(狂奔)하고 있다.

북한 지도부로서는 입장은 마찬가지다. 그들은 남한에 자신들의 말을 고분고분 잘 듣고 대북 '퍼주기'지원을 재개(再改)할 '제3차 좌익정권'의 수립에 혈안이 되어있다. 북한의 김정은은 자신의 권력을 강고히 하기 위해 민심 이반을 봉쇄하고 군부에 대한 통제력을 강화할 목적으로 대남도발 카드를 또 다시 사용할 유혹에 빠질 수도 있다.

그렇다면 김정은은 남한의 대중을 전쟁공포증으로 몰아넣고 대북지원을 담보로 하여 협박하기 위해 올해 총선(4월)이나 대선(총선)을 전후로 하여 천안함 폭침과 연평도 포격과 같은 종류의 신종 무력도발을 일으킬 가능성을 배제할 수 없다.

한반도의 상황이 이렇게 위태하지만, 우리는 사회 도처에서 종북좌익의 발호(跋扈)와 난동(亂動)을 목격하면서도 어떻게 손을 쓸 수가 없는 딱한 삶을 살고 있다. 사법부, 언론계, 정계, 교육계, 노동계, 문화계 그리고 사이버상에서 어디를 보아서 종북좌익의 코드인 'Left' 바람이 스며들지 않은 곳이 거의 없기에, 바야흐로 대한민국은 김일성의 유령이 배회하는 '불그스레한' 나라가 되고 말았다.

2008년 촛불시위에서 나타났듯이 인터넷이나 SNS를 통해 괴담이 유포되고 선전선동에 쉽게 넘어가서 흥분해버리는 국민정서로 인해 여론의 올바른 방향을 정립하기기 어렵게 되었으며, 심지어 천안함 폭침과 연평도 포격 사건에서 드러났듯이 난데없이 '전쟁공포증'이 확산되면서 투표에 영향력을 행세하였고, 이것은 국민들의 안보의식의 해이가 단기간에는 치유(治癒)하기 어려운 지경에까지 이르렀음을 반증한 것이다. 여기에 한때 과거 사회주의-공산권 국가들이 써 먹었던 무상급식→무상보육→무상의료라는 '무상시리즈'가 매번 선거때마다 약방의 감초처럼 등장하면서 우리 사회는 언제부터인가 사회주의(社會主義)를 지향하는 단계를 열심히 밟고 있는 중이라는 우려는 결코 필자만의 착각은 아닐 것이다. 그리스와 이탈리아가 재정파탄의 지경에까지 이르렀기에 일부 지식인들이 경고음을 내고 있지만, 일반대중들의 자각은 아직도 미진하다. 이런 점들이 사회의 중대 현안문제로 부각될 것이다.

그럼에도 불구하고 필자가 대한민국에 한 줄기 희망을 버리지 않는 이유는 다름이 아니라 불철주야로 북한의 김정일체제와 남한의 종북좌익세력에 맞서 비가 오나 눈이 오나 풍전노숙하면서 방방곳곳에서 맹렬한 투쟁을 전개해 왔던 애국보수세력의 존재 때문일 것이다. 이 책은 그들의 노고에 조금이나마 보답하는 의미에서, 또한 국민적 대각성(大覺醒)을 촉구하는 의미에서 써진 것이다.

비록 김정일이 사망했어도, 북한 전체를 거대한 감옥소로 만들고 김일성을 신으로서 받들면서 우상숭배를 계속하고 공개처형과 고문, 구타가 일상화된 채 인민들을 굶주린 노예로 만든 김정일의 쓰레기같은 '악(惡)의 유산(遺産)'은 그대로 북한에 남아있다. 김정은 체제가 존재하는 한, 북한의 개혁개방이 이루어지지 않는 한, 북한의 해방이 지체되는 한, 필자의 칼럼집은 계속 출간될 것임을 약속한다.

본 칼럼집은 필자가 2년동안 자유민주학회, 이승만연구원, 자유연합, 인터넷 월간조선, 그리고 전라일보 등에 틈틈이 기고·발표한 내용을 모아 정리·편집한 것이다. 이 책을 통해서 독자들이 북한 지도부와 종북좌익의 연대가 얼마나 집요하게 대한민국을 혼란과 위기에 빠트리려고 광분하는지를 이해할 수가 있게 된다면 나름대로 소기의 목적을 달성한 것으로 판단이 될 것이다. 아무쪼록 독자 제현의 변함없는 편달과 애정 어린 질책을 바라마지 않는다.

이 책이 나오기까지 많은 분들의 신세를 졌다. 부득이 가장 (家長)의 역할을 등한시하였지만 아내와 아들(준환)은 묵묵히 인내해 주었고, 사진수집에 사학과의 김정은 대학원조교가 수고했으며, 편집오자교정에서 김민석조교, 박명진, 고윤희 학생들의 노고가 있었다. 또 마지막으로 책의 인쇄에서 원광사 심도윤 사장님의 헌신적 협조가 있었다. 이들의 노고와 협조가 없었다면 출간은 불가능했을 것이다. 이분들의 협조에 깊은 감사를 드린다.

신룡동 인문2관에서
이주천
2012.2.22

제 1부
김일성의 유령(幽靈)이 배회하는 대한민국

<인터뷰기사>

좌파 전면교체 개각돼야 李정부 성공:
보수인사 대대적 등용될 때 국정 일신

집권 2년 차를 맞는 이명박정부는 정권의 성공을 통해 국가 발전의 기틀을 다지기 위해서는 올해가 중요한 해로 판단, 조만간 예상되는 2기 내각 구성에 역점을 둘 것으로 보여 그 방향과 내용에 관심을 모으고 있다.

실용을 내세워 대통령직인수위원회와 초기내각을 구성했으나 미흡했다는 평가를 받은 이명박정부가 개각에서 대한민국의 건국이념과 통치원칙에 부합하는 경륜 있고 국가관이 분명한 인사를 등용해야 한다는 지적이 크다.

이명박 대통령은 정책 지시가 각 부처에 제대로 전달. 이행되지 않아 국정 수행이 어렵다는 인식을 해온 것으로 알려졌다. 이러한 방침에 따라 각 부처는 3월 12일 교육과학기술부의 대규모 실·국장급 물갈이를 비롯하여 몇 개 정부 부처에서 고위공무원들의 사표를 받는 등 행정기능 재고 노력을 하고 있다.

그러나 정권이 바뀌었음에도 정부 각 부처를 비롯한 주요기관의 요직에 지난 정권에서 업무를 수행하던 사람들이 계속 자리에 있고 그들 중에 각료로 발탁된 사례도 많은 것이 사실이다.

새 정부의 국정철학이 구현되기 위해서는 보수우익 인사가 발탁되어야 하고 전 정권에서 일했던 사람은 배제돼야 한다는 목소리가 높다. 각 부처·기관장이 확실한 사람이 임명되야 부처·기관장의 책임 아래 하위 인사를 쇄신, 효율적 국정 수행이 가능하리라는 것이다.

이 대통령은 그동안 국정을 수행하면서 인사 쇄신에 대한 필요성을 절감, 이미 여러 자리에서 밝혔듯이 뿌리 깊은 좌익세력을 타파하지 않고서는 국정 운영이 어렵다는 현실 인식에 기인하여 공직의 물갈이 시도를 계속할 것으로 전망된다. 이러한 상황에서 이 대통령은 조만간 개각을 큰 폭으로 단행, 국정 개혁 의지를 발휘할 것으로 기대하고 있다.

개각이 이루어지면 경제, 외교 안보 분야에 무게를 둘 것으로 보인다. 보수 이념과 국가 정체성이 분명해야 하는 부처에 개각의 무게를 두겠다는 것이 대통령의 의중일 것이라고 정부의 한 관계자는 말했다.

한나라당 내부에서는 각 계파의 입각 여부에 따라 정치적 영향력에 변화가 있을 것으로 보아 매우 민감한 반응을 나타내고 있다. 박근혜 전 한나라당 대표는 '탕평론'을 펼치며 "능력이 있다면 전 정권의 인사라도 기용해야 한다"고 주장하여 친박계 인사의 입각에 압력을 가하고 있다.

또 이회창 자유선진당 총재는 국회교섭단체 대표연설에서 거국내각을 구성하여 경제위기를 극복하자고 제안했으며 정세균 민주당 대표는 평화방송과의 인터뷰에서 "개각은 빠를수록 좋다"며 검찰과 경찰 등 4대 권력기관의 코드 개각을 절대 반대한다고 말해 개각에 영향력을 행사하려는 의도를 드러냈다.

그러나 이명박정부가 지난 1년 동안 좌파 세력으로 인한 혼란과 폐해를 경험한 이상, 이번 개각에서는 김대중-노무현 정부에서 일했던 인사는 철저히 배제하여 좌파세력과 관료와의 연결고리를 끊어야 한다고 이주천 원광대 교수(역사학, 뉴라이트전국연합 공동대표)는 주장했다.

그는 이어 "이번 개각을 경제난 극복이나 4대강 개발과 같은 단기적 과제에만 초점을 맞출 것이 아니라 역사적으로 성공한 정권으로 평가받기 위한 장기적 프로젝트에도 비중을 두어 장관을 인선해야 한다"고 주장했다.

특히 북한 급변사태에 대처하고 차기정권을 준비하기 위한 통일주체세력의 양성에 보수애국세력을 등용해야 하고 이를 위해 국정원, 교육과학기술부, 통일부 등의 전면적 개편에 주력해야 한다고 말했다.

또 김석우 전 통일부 차관은 그동안 이명박정부는 좌파의 '정부 흔들기' 전략에 말려든 모양을 보였다고 지적하면서 초기의 국민적 지지 기반을 다시 확보하기 위해서는 폭넓은 인재풀을 가동하여 지난 10년의 좌파 인사들을 확실하게 교체하는 노력을 보여야 할 것이라고 말했다. 그리하여 좌파의 선전·선동으로 불안해하는 국민들에게 심리적 안정을 주는 것이 시급하며 이번 개각은 국민을 안심시키는 강한 통치 리더십을 보여야 한다고 했다.

한편 김광동 박사(나라정책원장)는 "차기 인사에서도 과거처럼 지역, 나이, 경력이나 대선 기여도 혹은 '누구 편이냐' 등을 고려한다면 그것은 망하는 길로 가는 것"이라고 경고하고 대통령은 개인 자격으로 인사를 하는 것이 아니라 국가 원수의 자격으로 국가 이름으로 인사를 하는 것이라고 언급했다.

<미래한국신문> 김창범 편집위원
2010.1

從北勢力의 解放區가 된 대한민국

이주천

1. 문제의 제기

올해는 대한민국이 일제로부터 해방된 지 어언 65년, 건국된 지 62년이 되는 해이다. 사람의 나이로 보면 중년을 지나서 환갑이 지난 것이다. 이 60여년의 세월동안 대한민국은 산업화-민주화를 달성하면서 경제력 14위를 기록하고 있다. 올해 가을에는 G-20정상회의가 서울에서 열릴 만큼 한국의 국제적 위상이 커졌다.

그러나 한국사회의 내부를 들여다보면, 이러한 외형적인 지표가 전부가 아님을 알 수 있다. 그 이유는 산업화-민주화의 힘든 압축성장 과정을 거치면서 어느덧 대한민국이 종북세력의 해방구[1]가 되어버렸기 때문이다. 노무현 좌파정부 시절에는 시청앞 광장에서 빨치산 행적을 찬양하는 사진전이 열렸고, 전교조의 통일위원회가 주도하여 빨치산 전적지를 여행·답사하는 일까지 있었다. 이것은 한국사회의 좌경화의 실태가 얼마나 심각한지를 알 수 있는 사례이다.

여기 종북세력이란 말은 대한민국을 반대·부정하면서 북한의

---

1) 원래 '해방구'란 용어는 중국의 모택동이 공산혁명을 일으켰을 때, 장개석 국민당군대의 예봉을 피해서 북중국에서 농민들을 규합하여 농촌에서 토지개혁을 실시하는 등 농민계급의 민심을 확보하여 농민군을 조직하여 공산당 소비에트를 조직했을 때에 기원을 두고 있는데, 이것이 해방구의 효시가 되었다. 이 해방구의 형태는 사회주의 체제의 실험장으로서 후일 중화인민공화국의 모델이 되었다.

김일성-김정일 부자에 盲從하는 친북좌익세력을 총칭하는 것이다. 기존의 친북(親北)이란 대한민국을 긍정하면서도 동시에 '북한과 친하게 지내자' '전쟁하지 말자'는 의미로 이해될 수 있기에 '종북(從北)'이란 개념이 이들의 북한 맹종활동에 대한 실체를 훨씬 더 잘 드러내 주는 것이다. '종북'(북한 맹종)이란 용어는 '종김'(김일성 김정일 맹종)와 함께 친북좌익의 본질을 여실히 보여주는 용어이다. 이 종북 용어는 2008년초 일어난 민노당 분당사태 과정에서 나온 말이다. 민노당의 PD 계열은 민노당에 침투된 간첩단사건인 '일심회 사건'에 연루된 관계자들을 제명하여 당을 쇄신하려 하였다. 그러나 민노당에서 다수를 차지하고 있던 '친북' NL계열이 수감된 간첩들을 두둔하고 나서서 제명이 무산되자, '종북세력'과는 정치를 함께 할 수 없다며 탈당하여 진보정당을 창당하였던 것이다.

이 글은 이런 대한민국 좌경화의 역사적 배경과 그 실상을 국민들에게 널리 알리자는 데 그 목적이 있다.

II. 종북세력의 등장 배경

김대중-노무현으로 이어지는 10년간의 좌파정부가 물러나고 새로운 정부가 들어섰을 때, 가장 눈에 띄게 반발하는 세력이 종북세력이었다. 이들은 2008년 미국산 쇠고기 파동에서 '광우병대책위원회'를 구성하여 10대 청소년들을 청계천과 시청 앞 광장으로 끌어들여서 무려 100일동안 서울의 밤하늘을 촛불로 빨갛게 달구는 등 불법시위와 폭력난동의 위력을 만천하에 과시하였다. 이 촛불시위에 KBS-MBC를 위시한 방송이 가세하여 대중들로 하여금 마치 미국산쇠고기를 먹으면 광우병에 걸리는 것으로 착각하게 만들었다. 촛불시위를 정당화한 대표적인 반정부선동프로그램이 바로 MBC PD 수첩이었다. 결국 사회질서의 회복과 폭력난동을 공권력이 진압하려고 나섰는데,

마지막에는 가톨릭 신부들과 조계종 승려들이 나서서 경찰의 정당한 공권력 행사를 방해하기까지했다. 이런 촛불시위가 수십만명이 동원된 군중운동으로 확산되고 급기야 불법폭력을 휘두르게 되었다는 점은 배후의 조직과 자금이 총동원되지 않고서는 불가능한 것이다. 이 촛불시위의 배후에 바로 자유민주주의 체제를 뒤집으려는 즉 대한민국을 반대하는 세력의 암약이 도사리고 있다는 점을 간과해서는 안된다. 이것이 작금의 대한민국의 우려될만한 사회현상이다.

'MBC PD수첩'을 담당하는 한 PD의 메일에서는 "MB(이명박 대통령)를 한번 혼을 내야겠다"는 내용이 있었다든가, 촛불시위자들의 난동과 국회의 폭력사태에 대해서 검찰이 기소를 했지만, 법원에서 대부분 무혐의로 처리한 것은 우리 사회의 곳곳에 뿌리를 박은 종북세력의 영향력이 만만지 않다는 점을 보여준 단적인 예라고 할 수 있다.

냉전시절 미국을 위시하여 서방의 자유진영 민주국가들은 대한민국을 '반공의 교두보'로서 매우 높이 평가했었는데, 언제 어떻게 해서 대한민국은 종북세력의 해방구가 되어 버리고 말았는가? 종북세력이 소수라서 여론의 형성에 영향력이 미미하다면 대중들이 그들의 주의·주장과 폭력난동에 부화뇌동하지도 않을 것이다. 그러나 종북세력은 마치 신체의 곳곳에 암세포가 전이(轉移)하듯이 사회 각계각층에 포진되어서 막강한 영향력을 행세하고 있는 실정이다.

종북세력의 영향력이 이토록 커지게 된 역사적 배경은 역사적으로 뿌리가 깊다. 식민지시대의 독립투쟁노선을 둘러싸고 벌어진 좌우익의 해묵은 갈등과 아울러 해방공간에서 벌어진 첨예한 좌우익의 갈등에서 잘 나타나고 있었다. 건국이후 절대빈곤속에서 탄생한 대한민국은 서구자본주의 국가들이 경험했던 산업화-민주화의 경험이 전무했다. 대한민국으로서는 정상 국가로의 도약을 위해서 산업화-민주화 이 두 가지 명제를 하루빨리 추진하기 위한 압축성장과 위로부터의 개혁을 추진하지 않을 수 없는 불가피한 상황에 몰리게 되었다.

지도자의 전략적 선택은 비용이 많이 드는 민주화를 미루고 산업화를 우선적으로 강행하는 고독한 결단으로 추진된 것이었지 대중들의 합의를 통해서 채택된 것은 아니었다. 그 과정에서 압축성장에 따르는 빈부격차와 노사대립 등으로 인해 불가피하게도 자본주의의 제 모순들이 크게 부각되었고 위로부터의 근대화라는 국가목표 속에 나타난 강압통치 과정에서 근대화에 배제된 소외계층과 설득 당하지 않은 불만세력을 광범하게 잉태하지 않을 수 없었다. 이런 한국사회의 제 모순을 철저하게 이용하면서 대한민국의 혼란을 부추기려고 했던 집단이 북한의 김일성-김정일 세습공산독재정권이었다.

지식인, 대학생, 종교인들이 민주화투쟁을 전개하면서 정부에 비판적인 인식을 가진 운동권세대가 광범하게 형성되어간 시점이 박정희-전두환 군사정부시절에서부터였다. 현재 좌익활동가들은 1970년대 유신반대 투쟁이나 1980년대 반정부 학생운동을 했던 사람들이 주류를 이루고 있다. 이들은 구속과 구류를 경험하면서 반정부·반국가적 관념을 내면화하게 되었다. 12.12(1979)와 1980년 5.18광주사태에서 군대에 의한 진압으로 많은 시민들이 죽음을 당한 것을 계기로 해서 운동권은 전국의 대학캠퍼스에서 주도권을 확보하고 대중성을 확보하는 계기가 마련되었다. 전두환 정부는 학생들의 폭력시위에 강경하게 대처했으며 학생들을 연행, 구속하기도 했다. 이러한 경험을 한 세대들은 90년대에 와서 노동계, 학원계, 문화계, 언론계 등에 진출하여 좌익좌경사상을 사회 곳곳에 뿌리면서 저변화시켰다. 이들이 80년대 운동권세대이고 60년대 탄생한 인물군이란 의미에서 386세대라고 불린다. 이들은 그 이전 세대나 그 이후의 세대에 비해 눈에 띄게 좌편향 특징을 보이면서 김일성의 주체(主體)사상을 신봉하는 인물들(主思派)이 운동권의 주도권을 장악하면서 오늘날 종북세력의 핵심을 이루고 있다.

종북세력은 대한민국을 반대하는 세력의 핵심에 위치해 있다. 이들은 대한민국의 체제를 부정하며 반정부투쟁을 통해 정부 전복을 노리고 있어서 대한민국의 정통성을 훼손해 왔으며 또한 대한민국의 안보가 무너지도록 각종 친북활동을 주도해왔다. 이들 종북세력은 과거 김대중-노무현 좌파정부가 등장하자 陰地에서 陽地로 둥지를 틀면서 '민주화세력'이란 위장간판을 과감하게 벗어던지고 자신의 친북·이적성향을 여과없이 드러내고 말았다.

90년대만 하더라도 우리 사회의 화두는 단연코 민주화였다. 88서울올림픽을 치루고 고도의 경제성장을 이루면서 국가적 자신감을 성취했던 한국사람들은 자연히 민주화에 대한 열망을 희구했다. 운동권세력은 이런 민주화분위기에 재빨리 편승하여 대규모로 정당에 침투하여 튼튼한 교두보를 마련하려는 전략을 수립했다. 정당들은 운동권출신들이 대중적 지지(표심)를 얻고 있다고 판단하여 여야를 막론하고 너도나도 경쟁적으로 운동권출신들을 영입했다. 국민들은 운동권의 정체를 모른 채, 자신들을 군부독재타도를 외쳐댄 자칭 '민주화투사'로 선전한 운동권 인물들을 대거 국회로 보냈다. 그리고 종북세력은 수많은 크고 작은 좌편향성의 시민단체를 만들어서 합법적 장소와 사이버 공간에서 친북·반체제 활동을 전개하였다. 그들은 비록 수적으로 소수이지만 강한 단결력과 연대의식을 과시하였고 대중 속으로 파고 들어가면서 영향력을 확대해나갔다. 그들은 자신들을 '민주화세력'으로 포장하여 국민들의 눈을 속였고 선거때마다 김대중-노무현 좌파성향의 정치지도자들을 선거참모와 여론조사 팀으로 활동하는 방법으로 성원·지지함으로써 이들이 종북세력의 宿主가 되도록 온갖 노력을 다했다.

그리하여 김대중은 IMF의 외환위기(1997)와 한나라당의 내분(內紛)을 십분 활용하여 집권에 성공했고, 노무현은 우발적으로 발생한 교통사고였던 '효순이·미선이미군장갑차사고'(2002)를 최대한으로 이슈화하여 반미감정을 고무·선동하여 집권에 성공하면서 이들을 지원한 종북세력은 마침내 청와대까지 침투하게 된 것이다.

III. 종북세력의 성향과 특징

김대중-노무현 좌파정부 10년동안 종북세력들이 사회 각층에 깊이 뿌리를 내리면서 그들의 정체도 속속 백일하에 드러나게 되었다. 그들이 민주화세력으로 위장한 점은 그들의 구호와 주장에서 여실히 드러났다. 그들은 약방의 감초처럼 ①민주, ②자주와 ③통일 등을 외치면서 북한의 대남 정책과 대남통일노선을 여과없이 수용, 그대로 지지·동조하는 이적성을 보여왔다.

첫째, 여기에서 '민주'란 한국인들이 애용하는 용어와는 전혀 다른 민중민주주의를 말하는 것인 바, 자유민주적 시장경제와 자본주의체제를 부정하고 민중이 주인이 되는 세상을 열겠다는 것이다.

둘째, '자주'란 '민족끼리' '우리끼리'의 정신에 입각하여 미북평화협정을 체결하도록 유도한다는 것이다. 김일성의 6.25남침 때 도와준 미군을 한반도에서 철수시키겠다는 책략이다.

셋째, '통일'이란 대한민국 헌법 제4조에 명시된 자유민주적 원칙에 입각한 평화통일을 지칭하는 것이 아니라 김일성이 제창한 남북연방제 단계를 이행하여 궁극적으로는 공산화 통일을 지향하는 의미이다.

그러기에 이구동성으로 종북세력은 6.15/10.4선언의 이행을 촉구한다. 그 이유는 6.15선언에서 "통일을 자주적으로 실천한다"는 '민족끼리' 정신이 들어있고 이 정신이 실천된다면, 한반도에서 미군의 역할이 무력화되고 결국 미군철수가 본격화될 수 있기 때문이다. 또 10.4선언은 남한이 북한을 민족끼리의 정신에 입각하여 아무런 대가도 없이 북한의 개혁·개방의 조치 없이, 북한의 인권개선에 대한 요구도 없이, 북한이 남한과 대등하게 경제적으로 될 때까지 무한정·무조건 대북지원을 하는 것을 약속한 것이다. 만약 한국이 이를 제대로 실행하게 되면 재정파탄을 초래할 수 있는 중대한 문제점이 내포된 것이다. 그러기에 10.4선언은 한국판 마셜원조로 비판을 받고 있는 실정이다.

종북세력은 명목상으로는 인도주의적 차원의 '북한돕기 캠페인'에 소매를 걷어붙이고 나섰지만, 실제적으로는 대한민국이 '김정일의 젖소' 내지 원료공급지 역할을 하도록 김정일 체제를 지원하는 남한의 나팔수 내지 대변인 역할을 자임하고 나섰다. 이들 대부분은 북한을 '제 집 드나들 듯이' 자주 방문하여 북한이 요구하는 각종 약속에 서명했는데, 주로 6.15/10.4선언 이행을 촉구하는 것이 주종을 이루고 있는 바, 북한의 핵심 요구사항은 결국 남북연방제, 남한의 무조건 대북원조 그리고 주한미군 철수를 거론한 것으로서 이 두 문서가 북한의 통일전선 전략에 차지하는 중대성을 충분히 짐작할 수 있다. 그리하여 북한으로서는 굳이 고비용을 들여가면서까지 비밀리에 간첩을 양성하여 남한에 파견할 필요성이 없어진 것이다. 간첩은 현지 공장에서 '통일운동가'라는 위장 타이틀을 쓰고 현지조달로 충분해진 것이다.

종북세력이 구성하고 있는 단체 중에서 국가보안법의 규정에 위반되어 법원으로부터 利敵團體로 판결을 받은 대표적인 단체로서 범민련·범청학련과 한총련, 그리고 실천연대를 들 수 있다.

종북세력에는 불행하게도 한국사회에서 내노라 하는 명망가나 저명인사들이 포함되어 있다. 그 중에는 여야 중진정치인, 언론방송인, 기업인, 학자, 종교인, 문인 등이 포함되었는바, 이들은 친북좌편향 시민단체의 핵심 우두머리 노릇을 하면서 한편으로는 김일성-김정일 부자 세습독재체제를 옹호·미화하면서, 또 한편으로는 대한민국의 현대사를 왜곡·부정하고 대한민국의 정통성을 훼손하는데 앞장 서 왔다. 이들의 논리는 이렇다.

이승만 박사가 단독정부 수립으로 남북의 영구분단에 중대한 책임이 있으며, 대한민국은 친일파가 세운 나라이고, 미국이 38선 분단의 책임을 져야하며 한국은 미제국주의의 식민지 상태로서 주권이 없는 나라로서 태어나지 말았어야하는 나라이다. 여기에 비해 북한은 항일유격대 출신 김일성이 무장독립운동을 하여 세운 나라이며, 6.25남침은 민족통일운동의 일환으로 정당성을 부여할 수 있으며, 북한의 김일성은 농민들에게 토지를 무상으로 대여하는 '민주적 개혁'(?)에 성공했고, 외세의 간섭이 없는 자주와 민족의 긍지가 살아 숨쉬는 나라라는 논리다. 그러나 사회주의 체제를 이상으로 섬기는 종북세력들은 대한민국의 경제발전과 민주화 성적표를 애써 외면하면서 빈부격차가 심하고 인권이 유린되는 나라로 묘사하고 있는 반면에,

김정일 체제의 세습독재나 핵확산금지규약을 어긴 핵개발과 미사일 발사 그리고 열악한 인권상황에 대해서는 눈을 감고 귀를 막으면서 자주와 영도자론과 자위권 발동 등 궤변을 토하면서 김정일 체제를 일관되게 옹호하고 있다.

대한민국이 종북세력의 해방구가 된 참담한 현실을 여실히 알 수 있는 단적이 예를 들자면, 바로 사법부가 좌익판사들의 소굴이 되었다는 점에서 알 수 있다. 2008년 촛불시위에서 폭력을 휘두른 시위대에 대해서 검찰이 기소하자 사법부의 좌익판사들의 좌경판결로 불법난동 폭력사범에게 무죄를 시리즈로 선고하여 검찰과 경찰의 공안당국을 무력화시키고 있다. 좌익판사들은 국민정서는 물론 자유민주적 기본 질서를 지켜야한다는 법상식과는 전혀 동떨어진 판결을 내린 것이다. 이것은 법대생은 데모에 가담하지 말고 고시를 준비하여 사법부에 침투하라는 '김일성의 비밀교시'가 충실히 이행되고 있음을 결과적으로 잘 반증하는 것이다.

천안함 폭침(爆沈)이 북한政權의 소행으로 밝혀지니까 대북보복을 두려워한 從北세력들은 "어떤 경우에도 평화적으로, 대화를 통해서 해결해야 한다. 전쟁은 절대로 안된다"고 합창하기 시작하였다. 이런 말에 쉽게 속아 넘어가는 한국인들이 적지 않기 때문에 좌경화문제가 시정(是正)되지 않고 있다.

IV. 결론

그렇다면 종북세력을 방치하면 어떤 결과가 나올 것인가? 현재 종북세력은 이명박 정부가 하는 모든 일에 대해서 '반대를 위한 반대'에 총력을 집중하고 있다. 세종시수정안, 미디어법 개정, 4대강 등 모든 현안에 결사 반대의사를 천명하고 있다. 종북세력의 불법시위와 난동을 적절히 제어하지 못하면 한국사회는 법치주의(法治主義)가 훼손될 것이며, 떼법과 불법이 판을 치면서 공무원들은 종북세력의 눈치만 살피게 되고 정부의 명이 제대로 서지 않은 채 대한민국의 목표인 선진화로의 동력은 완전히 상실하게 될 것이다.

천안함 침몰의 수사과정에서 보았듯이, 김정일의 소행으로 굳어지고 있다. 김정일은 어뢰 한방으로 대한민국을 휘청거리게 만들면서 그의 건재를 대내외에 과시하였다. 김정일의 무력도발에 박자를 맞추면서 '무조건 평화타령'을 외쳐대는 김정일 체제를 옹호·지지하는 종북세력의 전방위 압박이 가세가 되는 등 한반도 좌익들이 이명박 정부를 협공하여 청와대가 굴복하게 된다면, 햇볕정책의 재개될 것이고 이로 말미암아 대한민국의 귀중한 물자가 북으로 무한정 공급되는 대한민국은 '김정일의 젖소'로 둔갑하게 될 것이다. 다시 말해서, 2차대전후에 핀란드가 소련에 꼼짝 못하고 소련의 눈치만 보면서 알아서 기는 나라가 되었듯이, 대한민국이 장차 김정일의 위협에 끌려 다니는 '핀란드화'가 진행될 것이다. 이것이 악화되면, 보수반공세력을 사회각층 요직에서 배제·소외·숙청되고 공안기능이 무너지면서, 종북세력이 활개를 치게 되고 김정일이 의도한 남북연방제의 시동이 걸릴 것이다.

2012년은 한반도에서는 매우 중대한 해다. 김일성 탄생 100주년이 되고, 미국과 한국에서는 대선이 있다. 또 한미연합사가 해체되는 해다. 북한의 김정일과 남한 종북세력들의 대대적인 반격이 예상된다. 보수와 애국세력이 대립·분열되고 한나라당이 친이계(親李系)와 친박계(親朴系)가 헤게모니투쟁으로 내분상태를 겪는 과정에서 다시 좌파-민주당 연합세력이 집권하게 된다면, 좌파의 집권을 지원한 종북세력이 주장한 한미동맹의 와해-주한미군 철수라는 우려할만한 안보상의 위기가 현실로 나타날 수 있다. 장차 김정일의 건강이 갈수록 악화될 것인데,

그의 사후에 발생할지도 모를 북한의 급변사태와 한반도의 자유통일에 대한 대비도 空念佛이 되고 북한에서는 중국의 꼭두각시 노릇을 하는 親中政權이 들어선 가능성이 매우 크게 될 것이다.

종북세력은 장차 대중을 기만하면서 진보-중도좌익과 연대를 표방할 것이다. 김정일 충성분자들인 종북세력이 권력을 장악하게 되면 대한민국의 미래는 장담하기 어려울 것이다.

베트남 공산화의 비극은 우리에게 참담한 교훈을 주고 있다. 보트피풀처럼 대규모 숙청과 해외난민사태가 발생할 수도 있다. 1975년 봄 북베트남의 무력침공시에 베트남이 미국으로부터 약속을 받은 군사지원도 미 의회의 거절로 물거품이 되었다. 1973년 북베트남과 맺은 평화협정체결도 하노이 공산정권의 강력한 무력통일의 의지 앞에 휴지조각이 되었다.

사이공 함락후 월남의 공무원과 지도층인사, 언론인, 정치인들도 모두 체포돼 '인간개조 학습소'에 수감되었다. 반정부 반체제 운동을 벌이던 교수, 종교인, 학생, 민주인사들도 모조리 체포·처형됐다. 그들의 수감 이유는 "자본주의 사회에서 반정부 활동을 하던 자들은 사회주의에서도 똑같은 것을 할 우려가 있기 때문"이었다. 월남인들은 목숨을 건 탈출에 나섰다. 보트 피플의 숫자는 약 106만명, 이 중 바다에 빠져 죽거나 해적에게 살해당한 숫자가 11만명이었고, 살아서 해외로 이주한 사람이 95만명으로 집계됐다.

2010.5.4

역사학자가 본 5.18광주문제

I. 문제의 제기

영국의 정치학자이며 역사가인 E. H. Carr는 그의 명저, 『역사란 무엇인가(What is History?』에서 "역사는 과거와 현재와의 부단한 대화"라고 정의했다. 여기서 과거란 '歷史的 事實'을 말하고 현재란 歷史家의 입장을 말한다. 부단한 대화란 뜻은 역사가가 과거의 역사적 사실을 바라보면서 평가와 의미를 부여하는 작업을 말한다. 그러기에 결국 새로운 자료가 나오고 새로운 관점이 생겨서 새로운 해석이 나오므로 역사는 부단히 새로 써 지는 것이다. 그러므로 우리가 알고 있는 역사는 지난 사실의 총합적 집합이 아니라 사료를 수집, 정리, 평가,

해석하는 작업을 거친 역사가들에 의해 평가, 해석된 다듬어진 (料理된) 서술된 역사(written history)이다.

그렇다면, 원래의 5.18이란 과거의 사건은 이미 시간 속에 사라졌고, 우리가 인식하고 있는 5.18이란 역사가들이 5.18을 해석하고 서술한 역사이다. 그런 의미에서 작년에 5.18에 대한 새로운 조명을 가질 수 있는 주목해야할 두 종류의 서적이 발간되었다는 점에 주목을 요한다. 하나는 보수논객인 시스팀클럽의 지만원 박사가 쓴 『수사기록으로 본 12.12와 5.18』과 북한사람인 탈북 군인들의 모임인 자유북한군인연합(대표 임천용)의 『"화려한 사기극의 실체", 5.18』이 그것들이다. 이 두 서적은 5.18이 민주화운동이란 점에 대해 근본적으로 의문을 제시하면서 새로 해석해야 한다는 점에서 공통점이 있다. 그런 의미에서 북한탈북자들의 증언이 쏟아져 나오기 때문에 당연히 5.18광주의 역사도 새로 써져야한다.

필자는 현대사전공 역사학자로서 평소부터 5.18에 대해서 많은 의문을 간직하고 있었다. 필자는 재작년 여름 KBS 전주방송에서 5.18에 대한 북한군 특수부대 개입의혹 발언으로 5.18 유관단체로부터 고발을 당하는 등 홍역을 치루기도 했다. 알아보니 여러 보수논객들이 고소고발을 당했다는 것을 알게 되었다. 그럴수록 5.18에 대한 의혹은 커져만 갔다.

첫 번째 의문점으로, 5.18을 '민주화운동'이란 용어로 규정하는 것이 타당한가에 대한 것이다. 원래 민주화운동이라는 사전적 정의를 보면, "민주화를 위한 대의명분을 정강정책으로 결사조직체 내지 본부가 미리 결성되어 장기지속적인 사회운동을 하면서, 일종의 평화시위 내지 가두서명, 등 평화적인 의사표현을 전제로 한 것이다. 이것은 다른 말로 표현한다면, 대한민국의 헌법을 지키고 자유민주주의적 시장질서내에서 사회적 문제점을 평화적으로 해결하는 것을 전제로 하는 것이지, 체제를 전복하거나 거사나 혁명을 일으키기 위해서 무장폭동으로 변질되는 것과는 성격이 전혀 다른 것이다." 예를 들어, 3.1만세운동이 평화적으로 태극기를 들고 거리로 나가서 일제 식민지 상태를 고발한 것은 일종의 평화적인 독립운동이었다. 전봉준이 주도한 동학난의 역사에 대한 용어도 세월의 희름에 따라 변했다. 처음에는 동학난-동학운동으로 기술했지만, 나중에 동학농민전쟁으로 바뀐 이유는 평화적 시위가 아니라 동학도들이 무장으로 봉기하여 관군이나 일본군과 유혈충돌을 일으켰기 때문이다. 그렇다면 5.18도 단순한 민주화운동이 아니라 무장항쟁내지 민중폭동의 성격이 강했다고 볼 수 있다.

두 번째 의문점은 5.18의 배후조종에서 북한의 개입여부, 시민군의 무기고와 교도소 습격동기, 장갑차를 몰고 시민군을 훈련시킨 복면인의 정체, 12~3구의 신원미상의 시체, 북한군 특수부대의 침투경로 등이 속 시원하게 밝혀질 수 있는가의 여부였다. 이런 의혹은 그동안 국회의 광주사태 관련 5공청문회에서도 명쾌하게 밝혀지지 못한 의혹들이다.

필자의 이런 두 가지 의혹들은 이 글에서 전개될 5.18에 대한 상반된 역사적 해석을 논의하는 과정에서 자연스럽게 해소될 것이다. 다시 말해서, 민주화운동으로 파악한 정통주의 해석과 이에 수많은 의문을 제기하는 수정주의 해석이 태동된 사회적 배경을 살펴보고 그런 주장의 근거를 설명하는 과정을 통해서 독자들은 5.18이 단순한 국내정세에 국한된 것이 아니라 보다 복잡한 남북관계와 긴밀하게 연관된 성격을 이해하게 될 것이다.

II. 정통주의와 수정주의의 대립

1. 과도기적 해석: 김대중의 내란음모

5공시절의 5.18에 대한 첫 번째 해석은 "5.18은 김대중의 내란음모"라고 하는 바, 국민적 동감대가 형성되지 못한 상태였기에 일종의 과도기적 해석이다.

5.18이 '민주화운동'이란 고상한 고정관념으로 굳어지게 된 것은 마치 철근, 자갈, 모래와 석회석이 혼합되어 철근콘크리트로 굳어지듯이 하루아침에 이루어진 것이 결코 아니다. 5.18이란 유혈이 낭자했던 사건이 민주화운동이란 고매한 타이틀을 얻기까지에는 5.18을 놓고 1980년의 법관들과 1996년의 법관들이 정반대의 판결을 내는 10여년의 우여곡절을 겪었던 것이다.

1980년, 한국의 법관들은 정승화에게 내란방조죄를 선고했다. 정승화가 김재규의 뜻에 따라 국방장관의 소관사항인 병력동원을 월권적으로 주도하면서까지 김재규의 내란을 방조했다는 것이다. 1980년의 법관들은 김대중에게도 내란음모죄를 선고했다. 1980년 5월의 학원소요사태는 김대중이 10·26 이후의 국가권력 공백기를 악용하여 북한 측 불순분자들과의 연합을 통해 최규하 정권을 무너트리고 스스로가 정권을 장악하기 위하여 일으킨 내란음모 사건이라는 것이다. 5·18은 김대중으로부터 사주와 자금을 받은 전남대 복학생 정동년 등이 자금을 살포 선동하여 폭력시위를 유발하고, 홍남순, 김성용 등 반체제 인물들이 이에 편승하여 김대중을 수반으로 하는 연립과도정부를 수립하기로 하고 폭도들을 더욱 선동하여 방화, 파괴, 살인, 강도 등의 행위를 저질러 광주를 무정부사태로 만들고 계엄군에 총격까지 가한 폭동이라는 것이다.

80년대초 5공시절의 5.18에 대한 판결은 전두환 군부세력이 역사의 무대에서 퇴장되는 시기와 함께 흐지부지되었고 정통주의 학설로 굳어지지 못했다. 그 이유는 5공세력이 지식인과 국민들을 설득하는데 성공하지 못했기 때문이다. 권력에 심취한 5공세력은 5.18에서 나타난 의혹을 철저하게 재수사하려는 의욕이 부족했기에 마타도어식 소문만 더욱 증폭되었고 언론통제와 힘으로 대중을 누르기만 했다.

2. 5.18에 대한 정통주의 해석: 민주화운동

그러나 87년 6.29선언이 있었고, 80년대 판결을 정당화하는 검인정 교과서들이 나오기 전에 다시 5공의 업적을 부정하는 김영삼 대통령과 그 이후 김대중-노무현 좌파정권으로 세상이 바뀌면서 80년대초 5.18판결은 중대 위기에 봉착하게 되었다.

우선 김영삼 문민정부가 5공의 판결을 뒤집는데 주도적 역할을 하였다. 그리하여 1995년 12월 21일 '5.18민주화운동에 관한 특별법'이 제정되었다. 그 이전에 김영삼 대통령은 '역사 바로 세우기'를 천명하여 12.12와 5.18관련 군부세력에 대한 청산의지를 밝히면서 사법부에 영향력을 미쳤다. 그 정치적 동기는 노태우 비자금 문제를 비껴가면서 민심의 관심을 다른 방향으로 돌리려는 苦肉之策이었다. 95년 10월 국회에서 노태우 전 대통령의 비자금이 폭로되었고, 얼마안가 중국에서 김대중총재가 노태우 대통령으로부터 20억원을 받았다는 양심고백을 했으니, 국민들은 자연히 김영삼 대통령에게 시선이 집중되었었다. 이제 5공세력, 전두환-노태우 군부세력은 5.18광주의 양민학살에 가장 부패한 인물로 낙인찍혔다. 김영삼은 자신을 5공세력과 확실한 차별을 두면서 정국타개를 위해 정치적 희생양이 필요했다. 그러나 5.18특별법이 일시적으로 민심을 수습하는 단기처방전 노릇은 했지만, 그것은 '한 사건을 두 번 재판하지 않는다'는 일사부재리(一事不再理)의 원칙을 위배한 것이다.

여기에서 5.18특별법의 위헌성 소지가 발생하는 것이다. 작년에 발간된 법학자 조문식씨의 〈食人〉란 책에는 5.18특별법의 위헌성과 법적인 문제점이 잘 기술되어 있다.

법원의 판사들은 시민단체와 정치적 압력에서 자유로울 수 없었을 것이다. 사회의 민주화 열기에 편승하여 1996년 법관들은 헌법이 명시한 일사부재리의 원칙을 어기고 정승화, 김대중, 5.18광주사건 모두에 대해 재심절차 없이 다시 재판했다. 이들에 의해 김대중은 민주화의 化身으로 수정되었고, 전두환은 무력으로 국권을 찬탈한 반란수괴요 광주시민을 학살한 내란수괴죄로 사형을 언도받았다. 1997년 4월 17일(96도3376) 대법원은 이런 요지의 판결을 내었다. "5.18은 전두환 일당이 12.12 군사반란을 통해 실질적인 권력을 장악, 최규하 대통령을 위협하여 권력을 행사하면서 내란을 목적으로 광주학살을 자행하였다."

5.18광주사태는 1997년 5월 9일 대통령령 개정을 통해서 5.18민주화운동기념일로 지정되면서 민주화운동으로 정착되었다. 5.18단체의 긴급성명서(2006.12.21)에서는 "5.18민주화운동은 자유민주주의를 열망하는 국민적 투쟁에 의해 진실이 규명되었고, 그 진실에 기초하여 법적, 제도적으로 명예회복이 이루어졌다. 뿐만 아니라, 5.18민주화운동을 유혈진압하고 국가권력을 강점했던 이른바 신군부세력들이 법정에 세워져 내란 및 내란목적살인죄 등으로 단죄됨으로써 사법적 판단까지 마무리되었다." 즉 5.18은 불법적인 군사정권의 등장을 온 몸으로 막아내고 민주정부 수립을 위해 투쟁한 것으로, 국민적 저항권을 강조한 것이다. 이것이 오늘날 5.18에 대한 正統主義 해석으로 자리잡게 된 것이다. 그리하여 근 20년 동안 5.18광주문제는 '민주화운동'이라는 해석이 정통주의가 되고 化石처럼 굳어져서 각종 교과서와 근현대사 역사책에서 金科玉條처럼 무비판적으

로 인정되는 사회분위기가 형성되었다.

90년대의 이런 법적인, 제도적인 과정을 거치면서 다음과 같은 5.18에 대한 인식이 사회에 널리 퍼지게 되었다. "12.12는 신군부와 하나회가 권력을 찬탈하기 위해 정승화 총장을 연행한 불법쿠데타였으며, 이에 저항하는 민중민주세력을 탄압하기 위해서 광주에 공수부대를 보내서 민주화를 요구하는 무고한 학생과 시민들에게 폭압적 강경진압을 실시하여 무참하게 인명을 살상하는 씻을 수 없는 죄악을 범했다." 보수적 성향의 교과서 포럼이 편찬한 『한국 현대사』(기파랑, 2008)의 기술에서조차도 5.18을 '광주민주화운동'으로 해석하고 있다.

이런 정통주의는 그 뒤 감히 누구도 異意를 제기하지 못하는 '不可侵의 聖域'으로 자리매김하게 되었다. 5.18유관단체는 지부 등 전국적 조직망을 가지게 되면서 시민사회단체 중에서 가장 영향력있는 단체로 급성장하였다. 만약 5.18을 민주화운동이 아니라는 이의를 제기하면, 누구든지 고소·고발은 물론 일신상의 봉변이나 심하면 신체적 테러의 위험도 감수하지 않을 수 없었던 것이 지난 김대중-노무현 좌파정부하에서 벌어진 실상이었다. 과거 좌파정부 10년동안 온갖 별의별 위원회가 만들어져서 재심을 청구하면서 법적 보상과 역사뒤집기내지 재해석이 이루어졌지만, 5.18에 대한 재조사나 위원회가 없었던 것은 이미 김영삼 정부시절에 5.18은 민주화운동으로 聖域化되었기에 더 이상의 논의와 보상은 불필요했던 것이다.

김대중과 386운동권세력들과 같은 좌파가 권력을 장악한 근본 원인은 이들이 유혈이 낭자했던 5.18광주사태이후 국민적 공감대와 대중성을 확보하기 시작했기 때문이었다. 즉 민심을 장악하는데 성공한 것이다. 김영삼 대통령과 한나라당 집권여당은 5.18에서 무장하여 공권력에 극렬저항한 시민군이 정당하다는 점을 법적으로 제도적으로 인정했기에, 이들이 제도권으로 순탄하게 진입하여 사회적 헤게모니를 장악하고 드디어 권력을 장악하는데 고속도로를 깔아주는 징검다리 역할을 충실히 수행하였다. DJ 사망직전, YS가 자신과 DJ와의 관계를 '특수관계'라는 소회를 밝힌 점도 이런 연유에서 이해가 된다. 후일 YS는 또한 "탈당한 뒤 이회창은 절대로 대통령을 안 시키겠다고 각오했다"고 언급하여, 결과적으로 YS정부가 '좌파(宿主)'였다고 하는 말이 맞다는 것을 YS가 인정한 셈이다(2010.2).

3. 5.18에 대한 수정주의 해석:
체제전복을 노린 민중폭동내지 민중항쟁

그런데 노무현 좌파정부의 등장이후 5.18에 대한 여론의 변화가 감지되었다. 2003년 5.18에 대한 조선일보 여론조사(9.5-7)에 참가한 12,024명중에서 '5.18은 민주화운동이 아니다'가 11,288명(93.88%), '민주화운동이다'가 548명(4.5%), 그리고 기타 188명(1.56%) 등으로 나타났다(지만원, II, p.11). 그 이유는 김대중 좌파정부 출범이후 급속히 진행되는 좌경화 물결을 바라보면서 지각있는 국민들이 민주화투사들의 진정한 정체를 알고 속았다는 국민적 자각이 생겼다고 보아야할 것이다. 특히 김대중 대통령의 평양방문을 지켜보고 나중에서야 노벨평화상 수상이 4억5천달러의 현찰을 김정일에게 상납한 대가였다는 점이 백일하에 폭로되었을 때, 일말의 기대를 했었던 국민들은 "혹시나 했더니 역시나"식으로 김대중에 대한 배신감과 그의 사상적 정체성에 대한 실망감은 이루 말할 수 없었다.

김대중 정부의 노골적인 햇볕정책과 친북정책이 한국사회를 좌경화로 이끌고 나갔기 때문에 보수세력이 각성하고 위기를 느끼기 시작했다. 그러므로 보수는 좌익의 권력기반이 된 5.18 광주사건을 다시 보지 않을 수 없었다. 이것이 5.18에 대한 수정주의 해석이 등장하게 된 역사적 배경이 된다. 여기에다가,

인터넷상에서 5.18의 의혹에 대한 자료들이 끊임없이 회자되어
서 조금만 관심이 있는 인물이라면 5.18에 대한 문제를 제기할
수 있었을 것이다. 5.18이 인터넷상에서 의혹을 가지게 한 것
은 필명으로 활동하는 역사학도와 지만원 박사의 공헌이 크다.
그들은 자신들의 홈페이지에 5.18구역을 만들어 5.18에 대한
내용을 대중들에게 알렸다.

역사학도와 지만원 박사가 인터넷상에서 5.18유관단체와 외
롭고도 힘든 투쟁을 하는 동안, 5.18의 정통주의 해석에 대한
의문의 장작불을 최초로 지핀 것은 국내의 탈북자들이었다.
2006년 12월 세실레스토랑에서 자유북한군인연합(대표 임천
용)이 기자회견에서 "5.18은 북한의 김정일과 군부의 계획대로
만들어진 작품"이라고 증언하였다. "북한군 개입의 구체적 증
거를 찾지 못했다고 해서 개입 자체가 없었다고 단정할 수는
없다." 이어서 임천용은 5.18단체가 주장하는 "북한군의 개입
이 없었다"면 그 없다는 증거가 확실히 증명되어야한다고 말했
다. 북한군 특수부대의 흔적과 의혹이 도처에서 발견되고 있다
는 것이다. 이 기자회견은 5.18에 대한 세인의 관심을 증폭시
켰다.

탈북자들의 기자회견은 5.18을 의혹에 찬 눈으로 바라보는
보수논객들의 사기를 크게 높이는데 기여했다. 5.18에 대한 수
정주의 해석의 신호탄은 지만원 박사의 저술, <수사기록으로
본 12.12와 5.18>(전4권, 2009)의 발간으로 시작되었다. 지 박
사는 특별히 문학적 상상력을 동원한 것이 아니라 공학박사답
게 기존의 객관적인 수사기록과 판결문, 진압군과 무장시민군
쌍방의 수기 등을 재검토하여 자신의 주의주장을 뒷받침하고
있다.

어쨌든 현대사전공자인 역사학자가 역사적 사실과 근거를 통
해서 "5.18은 민주화운동이 아니다"라고 외친 것이 아니라 보

수논객이며 공학전공인 지만원 박사로부터 5.18에 대한 문제제기가 된 점에서 현대사연구 풍토에 헛점이 있다. 지 박사의 문제제기와 용기는 높이 평가를 받아야한다. 지만원 박사는 5.18을 "1980년대의 민주화운동은 '위수김동'(위대한 김일성 수령 동지)를 외치고 김일성 사진 앞에서 눈물을 흘리는 대한민국의 이단아 386주사파들이 북과 연계하여 일으킨 광란의 국가전복 운동이었다고 확신한다."고 결론지으면서(지만원, IV, p. 411) 기존의 5.18에 대한 정통주의 해석에 정면으로 도전장을 내었다.

한편 북한군 특수부대의 연관성을 주장한 탈북자들은 "증거를 대라"는 5.18유관단체의 거센 항의에 대해 고민에 빠졌다. 그 오랜 고민 끝에 나온 결과물이 바로 『화려한 사기극의 실체, 5.18』 출간이었다. 이 책은 150명의 탈북자에게 북한에서 5.18에 관해 듣고 본 것을 소상히 기록하는 수기를 공모하여 그 중 엄선한 15편의 증언을 실은 것이다. 독자들의 반향은 매우 컸다. 작년 첫해에 2000부가 나갔고 이미 재판을 발간한 상태다.

그동안 5.18에서 명쾌하게 밝혀지지 못한 의혹들, 예를 들어 ① 5.18의 배후조종, ② 시민군의 교도소습격, ③ 순식간에 30군데의 교도소를 습격할 수 있었던 정보망, ④ 장갑차를 몬 운전수의 정체, ⑤ 총을 든 복면인의 정체, ⑥ 장발족으로 군복을 입고 학생들을 땅바닥에 꿇게 한 정체미상의 군인, ⑦ 북한의 주요 도시인 평양과 원산 등지 역에서 5.18의 끔찍한 장면을 연출한 점, ⑧ 잔인하게 시민들을 살해하고 사진과 영상 촬영을 의도적으로 방영한 점, ⑨ 보상금을 주겠다고 해도 유가족들이 신원을 확인 못한 12구의 신원미상의 시체들, ⑩ 북한군 특수부대가 침투했다면 그 침투경로는 어떻게 이루어졌나? ⑪ 또 그들의 도주는 어떤 방식으로 이루어졌나? ⑫ 그들은 월북하여 특수모략전의 성공적인 수행에서 어떤 보상을 받을 수 있었나? 이런 의혹들은 『화려한 사기극의 실체, 5.18』에서 그 의혹들을 거의 소상하게 밝히고 있다.

특히 주목할 것은 80년초에 잠수정을 통해 목포로 침투한 점, 북한 민중보다도 더 김일성-김정일을 위해 일하는 맹렬 세포조직이 남한에 존재했다는 점, 북한군 특수부대가 동료들의 사체 증거를 남기지 않기 위해서 폭탄을 사용하여 몸을 가루로 만든 것이라든지, 80년 봄 무려 침투한 특수부대원들이 3개월에 걸쳐서 전남의 무기고에 대한 사전답사를 실시한 점, 장갑차를 몰고 나선 선두부대들의 얼굴은 북한에서 서로 낯이 익은 얼굴이었다는 증언, 북한에서 김대중을 매우 우호적으로 평가하는 입장 등이 진술하게 기록되어서 읽는 독자들로 하여금 가히 메카톤급 충격을 주었다.

무시할 수 없는 탈북자들의 증언의 중대성은 남한내부의 정파나 이해관계를 떠나서 발언하고 인식하는 그 객관성 자체에 있다. 목숨을 걸고 남한에 와서 정착했는데, 그런 폭로를 통해서 개인적으로 무슨 이익이 있다고 자신과 직접 이해관계가 없는 사안에 대해서 발언을 하려하겠는가? 탈북자들이 용감하게 증언하는 이유로 전 북한농촌관리위원회 부위원장은 다음과 같이 말한다.

"좌파성향을 가진 사람들이 무조건 나쁘고 광주시민들이 특별히 미워서 그런 것은 절대로 아니다. 대한민국 국민들이 북한의 김정일 정권과 같은 나쁜 놈들에게 더 이상 이용당하고 피해를 보는 것을 가만히 앉아서 지켜봐서는 안되고 5.18광주사태가 바로 북한정권과 직접적으로 연결되어 있기 때문이다. 음모세력이라고도 할 수 있는 김대중과 같은 친북세력들의 반국가적인 책동으로부터 이 나라를 지키고 보호해야 할 의무는 대한민국 국민들 뿐만 아니라 탈북자인 우리들에게도 있다고 생각한다."[2]

현재 5.18의 수정주의 해석에 대한 보수우파의 반응은 두 갈래로 나뉘어지고 있다. 전적으로 문제제기에 찬동을 표하면서 '광주사태진상조사위원회'를 민간차원에서 구성하여 북한군 특수부대의 침투문제를 재조사하자는 의견이 있고, 이와는 달리 5.18때 광주에 북한군 특수부대의 개입과 침투는 "전혀 개연성이 없다"고 강하게 부정하는 입장으로 분열되고 있다.

보수논객 조갑제로 대표되는 이런 부정적 입장의 논지는 네 가지다. ① 직접 현장취재에 가서 본 바로는 육안으로 북한군 특수부대의 흔적을 발견할 수 없었다. ② 무려 5-600명이나 되는 대대병력이 어떻게 비상계엄시에 철통같은 군의 경비망을 뚫고 광주에 진입할 수 있었으며, ③ 작전후 어떻게 다시 광주를 빠져나가 휴전선을 넘어갈 수가 있었겠는가? 등에 대한 강한 의문을 제기하고 있다. 그렇다면 핵심적인 의문은 광주시민에 대한 무자비한 도륙(屠戮)은 누가 했는가? ④ 불가피하게도 시민군의 무모한 무장폭동으로 인해 분노한 군인들의 과잉반응이 초래한 결과로서 이들에게 동시에 책임을 묻고 있다. 즉 60년대 베트남전쟁에 참전한 공수부대가 베트남 양민과 베트콩의 무자비한 진압작전의 경력으로 볼 때, 동료들이 처참하게 당하는 것을 목격하여 이성을 잃은 군인들이 시민들을 무자비하게 대응한 것이라는 것이다.

4. 5.18유관단체와 좌파들의 다양한 대응책

---

2) 증언 14, 『화려한 사기극의 실체, 5.18』, p.404.

이제 5.18해석을 놓고 정통주의와 수정주의 세력간에 본격적인 격론이 벌어지지 않을 수 없게 되었다. 인터넷상에서 치열한 진실공방전이 현재 벌어지고 있지만, 종이신문들은 신문에 기사화할 엄두조차 내지 못하고 있는 있고, 국내 한국현대사 전공자들은 우두커니 먼 산만 바라보면서 5.18유관단체의 눈치만 살피고 있는 실정이다.

그러면 5.18유관단체와 좌파들의 대응책은 어떻게 진행되었나? ① 협박과 고소고발 등의 법적 강경대응이다. 탈북자의 회견내용을 인용하여 문제를 제기한 지만원 박사, 역사학도와 이종윤 목사를 비롯한 보수우익논객들과 종교인들이 무더기로 5.18유관단체로부터 명예훼손죄로 고소·고발을 당하는 불행한 사태가 지속되었다. 흥미로운 점은 5.18유관단체가 북한군 특수부대 개입의혹을 처음으로 밝힌 자유북한군인연합에 대해서 고소고발을 하지 않았다는 점이다. ② 5.18을 정당화하기 위해서 영상매체를 통한 대중선동이다. 2007년에 광주사태를 주제로 선보인 영화 '화려한 휴가'는 관객 100만명을 돌파하였다. 그 내용은 5.18당시 시민들이 원인도 모르게 공수부대에 의해 잔인하게 진압당하는 장면을 묘사한 영화였다. 그 영화를 본 5.18당시 진압군으로 참가했던 병사들은 영화가 "사실을 왜곡했다"고 비판했으며, 탈북자들도 그 영화에서 비상식적인 군인들의 만행을 보고 "너무 비현실적으로 묘사했다"고 고개를 흔들었다. ③ 5.18기록자료를 유네스코에 등재하는 사업 등으로 분류할 수 있다. 이렇게 되면 5.18은 국제적으로 공인받게 되는 것이고, 5.18이 민주화운동이 아니라고 주장하는 보수-탈북자들과 굳이 싸울 필요가 없다는 것이다. 작년 민주당의 김영진 의원 측은 "5.18 광주민주화운동 기록물은 후대에 가치 있는 자료로서 2010년 5.18 30주년을 맞아 유네스코 기록유산으로 등재하는 방안을 적극적으로 추진하겠다"고 밝혔다. 유네스코 등재의 아이디어는 확실히는 알 수 없지만, 넬슨 만델라 형사재판 기록이나 필리핀 민주화운동 장면을 담은 영상물 등이 유네스코 기록유산으로 등재되어 있는 점에서 착안했을 수 있다.

III. 결론

1월 초 KBS 광주 보도국에서 연락이 와서 전화인터뷰를 했는데 기자는 "부산의 발표 동영상을 보았다"고 하면서 몇 가지를 질문했다. 필자는 한국현대사에서 수많은 사건을 재조사하는 위원회가 우후준순처럼 생겼는데, 유독 5.18광주사태만 재조사가 되지 않은 점을 지적하고 "5.18은 의혹이 해결된 것이 거의 없다. 교도소 습격과 전남지역 무기고 습격의 주체, 장갑차 운전병의 정체, 카빈총에 의해 후두부 관통 사망자 다수, 신원조회 불명의 12-3명의 시체 등 광주시민이 자행했다고 보기 어려운 일들이 너무 많았다. 광주시민들의 억울한 한을 풀어주기 위해서라도 북한군 특수부대 개입의혹이 분명하게 밝혀져야 한다"고 주장했다. 그동안 5.18당시 희생된 광주시민들의 명예회복은 상당부문 이루어졌다. 이제는 진압하러간 진압부대의 명예회복도 이루어져야한다. 그들은 명령계통에 의해 상부의 지시로 간 것이지 개인적 잘못은 없는 것이다.

이제 5.18문제는 경인년을 맞이하여 새로운 국면에 접어들고 있다. 많은 대중들은 대불총이 주관하는 현대사재조명 작업에 호응하면서 5.18에 숨겨진 진상을 알게 되었다. 하루빨리 5.18 진상조사위원회가 재발족하여 의혹에 대한 자료발굴과 재조사가 이루어져야할 것이다. 5.18에 대한 역사적 진실공방은 결국 북한측의 대남공작부서의 자료가 만천하에 공개되어야 북한군 특수부대의 개입의혹이 완전히 백일하에 드러날 것이다.

역사에서 첩보작전은 문서로 남기는 것을 극도로 꺼리기 때문에 자료수집이 용이하지 않고, 또 언제나 한반도가 자유통일 방식으로 북한이 해방될지 과연 이런 시점이 올 것인지도 장담하기 어렵다. 그러나 북한의 기밀문서가 공개되지 않은 시점에서라도 북한군 특수부대의 개입의혹 여부를 밝히는 것이 전혀 불가능한 것은 아니다. 완전범죄가 없듯이, 노력만 한다면 북한군 개입의 흔적과 단서를 찾을 수 있기 때문이다. 탈북자의 숫자도 급증하고 있다. 『화려한 사기극의 실체, 5.18』에서 나타난 탈북자 15인의 증언록, 그 자체가 바로 중요한 흔적과 단서가 되는 것이다. 비록 1차 증언자가 아니라는 약점이 있지만.

역사연구와 그에 따른 역사해석은 민주주의 사회에서 '만인이 共有하는 것'이지 특정집단의 독점물이 아니다. 역사는 만인이 공유하여 찬반 토론의 참여과정을 거치는 가운데 더 바람직한 해석과 교훈의 결과를 이루어낸다. 전제왕조에서는 왕이 역사편찬에 관여하였고, 공산국가에서는 역사는 공산당이 독점한다. 자유민주국가에서 모든 역사는 모든 시민들이 공유하는 것으로 일개 특정 단체가 역사해석을 좌지우지해서는 안될 것이다. 법원의 판결이 역사해석을 좌지우지하여 특정 사건을 누구도 건드리지 못하게 성역화(聖域化)해서도 안된다. 역사의 영역은 법의 영역도 아니고 종교의 영역도 아니기 때문이다. 이 점에서 5.18에 대한 역사연구도 예외가 될 수 없는 것이다. 5.18 유관단체와 학자, 탈북자들이 허심탄회하게 만나서 정보와 자료를 공개해서 토론하고 연구하여 공정하고 객관적인 역사인식에 도달하도록 상호 노력을 아끼지 말아야한다. 그래서 억울하게 죽은 광주시민들의 원혼(冤魂)을 풀어야할 것이다. 5.18에 대한 자유로운 학문적 연구와 활발한 토론이야말로 대한민국이

진정한 의미에서 자유민주주의 국가로 발돋움하게 될 선행조건
이 될 것이다.

2010.6.10
대불총이 주최한 현대사 재조명
용산 전쟁기념관, 웨딩홀
한국논단(2010.5월호)에 개제

북한영화,
<임을 위한 교향시>를 보고서

I

2010년 8월 5일 오후 2시, 30도를 넘는 무더운 날씨에 국립중앙도서관에서 우익인사들과 함께 황석영(각본)과 윤이상(음악)이 공동으로 연출한 '님(임)을 위한 교향시'를 관람했다. 무려 150분간의 장편으로 된 이 영화는 1991년에 북한에서 만들어졌는데 5.18광주사태를 미화하는 반미선동영화였다. 일반인의 상식으로는 이해가 가지 않는 의문점이 있다. 왜 북한체제는 인민들에게 세끼 밥해주기 힘이 들 정도로 식량난에 허덕이는데, 무슨 돈이 있다고 5.18에 그토록 관심이 많아서 영화까지 만들어 내었는가?

이 '임을 위한 교향시'의 첫 장면은 발가벗은 어린아이 둘과 하얀 소복을 입은 어머니 둘이 등장하는데, 중간 중간에 반복적으로 상영된다. 발가벗은 어린아이와 소복을 입은 순수한 어머니에게 한을 남겼고 성장한 두 아이의 죽음을 몰고 온 '악의 세력'은 대한민국의 경찰, 군인, 교도관 등과 미군이라고 이 선동영화는 신파조로 반복해서 선동한다. 이 영화가 전달하려는 핵심 메시지는 이 세상에 국군과 경찰과 미군만 없으면, 유토피아가 이룩된다고 선동한다. 5.18 광주의 비극은 순진무구한 광주시민들을 무자비하게 짓밟은 한국군과 이를 방조한 미군에게 있다고 선전선동을 반복한다.

II

줄거리는 1980년 5월 광주에 모인 반정부 투쟁인사들을 순진한 희생자로 미화하면서 당시 폭동상황을 무자비하게 제압한 경찰과 군인을 인간 이하의 짐승들로 매도하였다. 북한의 다른 상투적인 선동영화처럼 지겨웠지만, 이 영화가 남한사회에 대한 북한주민들에게 미친 엄청난 부정적 영향력을 생각하니 정말로 끔찍했다. 아주 잘 짜인 각본에 따라 '남한의 군부는 惡의 세력인 살인군대로, 남한의 전두환 정권은 살인정부로 묘사된 반면에, 남한의 민주화 항쟁세력은 정의로운 세력으로서 미화·선동하였다. 이는 북한식 문화적 선전선동 영화의 전형적인 수법의 극치를 보여준 영화다.

이 광주사태 미화 영화는 1982년도에 감옥에서 단식투쟁을 하다가 죽은 전남대 박관현 학생회장의 '용맹한' 반독재민주화 투쟁(?)을 주제로 삼아서 그린 영화다. 광주사태 당시에 시위에 앞장서지 못하고 도피했다는 비난을 받은 전남대 학생회장이 비겁자가 아니라 용맹한 민주투사였다는 사실을 부각시킨 영화였다. 주목해야하는 점은 영화대사에서 학생들과 민중들이 자주 언급하는 용어이다. 자주, 민주, 통일 등으로 북한의 통일노선 자민통을 연상하게 했다.

공권력에 대한 매도, 특히 악질적 군대와 경찰에 대한 공격은 이 영화의 핵심적 주제 중에 하나이다. 미군이 광주사태의 배후 주범이고 군인을 무자비한 학살자로 매도하는 장면이 계속 반복된다. 이 영화에서는 대한민국의 국법질서를 유지시킨 경상도출신 경찰과 군인은 여지없이 '난폭한 폭도'가 되어 버렸고, 무장봉기한 전라도의 군중은 '평화의 투사'로서 이분화시키면서 영호남 지역감정을 부추기고 있다.

특히 어이없고 끔찍한 것을 열거하면 다음과 같다. 5.18직전 전두환-정호용-노태우의 3자 비밀회동에서 5.18을 탄압하려고 결의하는 장면, 공수부대원들에게 환각제를 넣어 마시게 하는 장면, 군부가 전라도 씨를 말리라고 지시하는 장면, 부모를 석방해달라고 애원하는 아이들을 무차별 총살하는 장면, 임신부를 희롱하면서 총칼로 배를 찌르는 장면, 글라이스틴 미 대사가 광주시민들의 탄원을 무시하고 군부에게 전라도를 무력으로 진압하라고 지시하는 장면, 전두환 장군이 푸들을 안고 미 대사에게 상관을 대하듯이 쩔쩔매는 장면(전두환은 미국의 dog였다는 암시), 광주시민들을 무자비하게 무차별로 총살하는 장면 광주학살의 주범인 공수부대장이 광주교도도소장으로 부임하여 죄수(민주열사)들을 탄압하는 장면, 광주교도소장이 교도관들에게 5.18 사범을 약으로 서서히 죽이라고 지시하는 장면 등 사실에 너무나 어긋한 조작과 선동의 극치였다. 교도소장의 지시로 서서히 죽어가는 음식을 강제로 먹은 주인공이 죽는 장면에서는 북한이 상투적으로 선동하는 "민주화를 위한 투쟁과 통일만이 살 길"이라는 말을 유언으로 남겨 5.18의 비극이 분단 때문이라는 집단최면을 거는 것에 전율하지 않을 수 없었다.

또한 이 북한의 광주사태 선동영화는 천주교 신부를 앞세워서 민중해방의 메시지를 강요하고 있다. '님을 위한 교향시'에는 괴상한 해방신학의 조잡한 구호가 외쳐지고 있다. 역설적으로, 군인과 경찰을 철저하게 매도하고, 종교마저도 정치적 투쟁을 위해서 악용하는 남북한 좌익세력의 세계관이 이 영화에 잘 노출되어 있었다.

교도소에 수감중인 박군은 과거 5.18진압군에 참여했던 교도소장의 온갖 못된 행태를 당하게 되는데, 심지어 강제로 약물을 투입 당하게 된다. 박군은 임종시에 "통일을 위하여 그날까지 끝까지 투쟁할 것"을 주문했다. 남자 주인공인 박현준(전남대 학생회장)이 마지막에 교도소에서 단식투쟁을 하다가 죽었고 그가 죽고 난 뒤에 광주의 군중들이 신부를 앞장세워서 장례식으로 가는 도중에 시위진압 경찰에 항거하여 떨쳐 일어나는 장면으로 끝을 맺었다.

영화의 결론은 박군의 죽음이 남긴 고귀한 투쟁정신을 따라 반파쇼-반미투쟁에 떨쳐 일어나야, 외세(미군)과 억압(군부)에 의해 짓밟힌 한민족은 유토피아에서 행복하게 살아갈 수 있다는 것이다. 이런 유토피아는 평등과 평화와 정의로운 사회로서 좌익세력의 선동패러다임이다.

이 영화는 무엇보다도 남북한 좌익세력의 정체에 대해서 많은 시사점을 남겼다. 현재 남한에서는 북한의 주의주장에 동조하는 인물들이 너무 많다는 것이다. 2007년 7월에 방영된 국산영화, <화려한 휴가>는 <임을 위한 교향시>를 보고 아이디어를 얻었을 것으로 추정된다. 무려 100만명 이상이 관람한 <화려한 휴가>의 줄거리는 공수부대의 무자비한 시민들의 학살에 못 이겨 정의감에 불탄 공수부대장(안성기 분장)이 시민군의 편으로 돌아선다는 선동영화인데, <임을 위한 교향시>에서 한 공수부대원이 부대원의 민간학살에 못 이겨 공수부대원들을 사살하고 시민군에 합류하여 교도소에 수감되는 것과 그 내용이 대동소이하다. 그러므로 두 영화는 자매판이라고 할 수 있다.

III

필자의 가장 큰 관심사는 이 영화에서 북한의 5.18개입 의혹의 단서를 찾는 일이었다. 물론 바보가 아닌 이상 북한이 노골적으로 "우리 특수부대가 남한에 와서 난리를 쳤소" 하고 자랑할 리는 없다. 놀라운 점은 주인공과 광주민중들의 항쟁 구호들이 북한에서 대남주의주의주장과 대동소이한 것이 많았다는 점이다. 영화의 도처에 짙게 깔린 反美와 自主·民主·統一 구호가 대표적인 것이었다. 이런 점에서 5.18에 대한 역사적 해석과 자료발굴 및 평가는 끝나지 않았고 미완성으로 남아있는 것이다. 특히 5.18에 대한 북한측 자료와 증언이 더 나오기를 기대해 본다. 탈북자들의 행렬이 이어지고 북한체제의 사정이 더욱 어려워지고 있으므로 불가능한 것도 아니다. 장차 북한측 비밀자료를 들고 망명하는 대남공작부에서 일한 고위층 북한간부가 생길 수도 있다. 그러기에 5.18의 역사는 YS시절 90년대의 사법부가 힘차게 민주화운동으로 판결을 내렸다는 점과 관계없이 진행되는 미완성의 역사인 것이다. 왜냐하면 5.18이란 법의 영역이 아니라 역사의 영역에 속하기 때문이다.

두 번째 황석영과 윤이상의 친북행각에 재삼 분노를 느끼지 않을 수가 없었다. 그들의 작업은 일종의 반역행위 그 자체였다. 80-90년대에 걸쳐 황석영과 윤이상은 반미와 반대한민국의 선봉장에 섰던 친북인사들이다. 이들이 국가보안법을 위반하고 반역행위를 했음에도 불구하고 이 두 친북인사가 매스컴에 회자하면서 남한사회에서 아직도 융숭한 대접을 받고 있다는 사실은 정체성이 흔들리는 한국사회의 진면목을 잘 확인시켜는 점이다. 황석영이 비록 국가보안법으로 처벌을 받았지만, 이 영화의 제작에 대한 검찰의 기소는 기각된 것으로 알려지고 있다.

공권력을 매도하고 남한의 정부를 무자비하게 비난하면서 민중혁명을 선동했던 황석영!!! 황석영은 지금 스스로 전향한 듯이 기자회견도 자청했다. 그런데 황석영은 이런 북한제 선동영화에 대한 분명한 해명과 사과가 있어야할 것 같다.

더구나 그를 愛之重之하여 유라시아 특임대사와 사회통합위원회 위원으로 우대하면서 사회통합과 남북화해를 거론하는 이명박 대통령의 정체는 과연 무엇인지 종잡을 수가 없다. 또 이런 영화의 배경음악을 작곡·작사한 윤이상을 위해 통영시에서 기념관을 지어준 경남의 지자체 단체장은 또한 누구였는지, 왜 그랬는지 알아볼 필요가 있을 것이다.

이런 북한 영화는 남한사회에서 보도록 권장되어져야하고 그에 대한 평가와 혹독한 비판을 받아야한다. 그래야 북한체제의 정확한 실체를 알 수 있는 것이다. 왜냐하면 이 영화는 북한의 김일성정권이 북한주민들에게 對南 敵愾心을 최대한으로 부추겨서 대한민국을 뒤흔들고 궁극적으로는 이 나라를 顚覆시키겠다는 정치적 의도에서 만들어진 國策영화이기 때문이다. 향후 광주시민들은 이 북한영화와 이런 반미선동영화를 만든 북한에 대해 어떤 자세를 취할 것인가가 궁금한 대목이다. 광주시민의 대북태도가 어쨌든지 간에, 후일 '님을 위한 교향시'는 후세에 광주시민들에게 엄청난 모독을 가한 거짓 선동영화로 평가될 날이 언젠가는 올 것이 분명하다.

2010.8.10

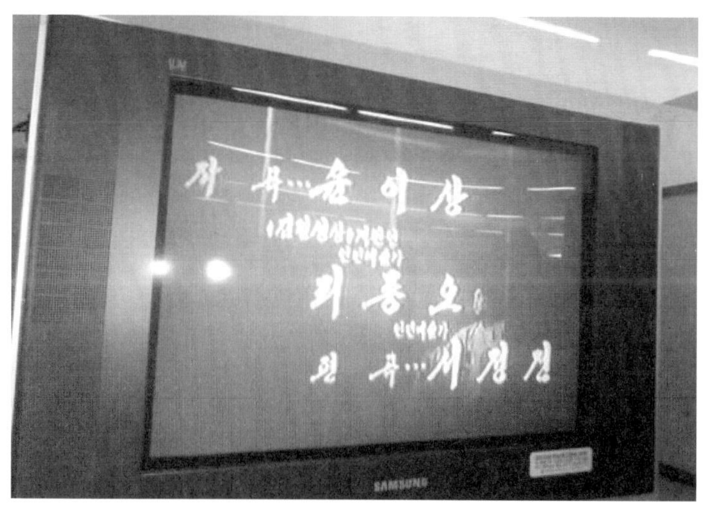

영화의 마지막 장면에서 작곡. 윤이상의 글씨가 보인다

G20정상회담 준비와 우리의 자세

　11월의 G20정상회담이 다가오고 있다. 88올림픽-2002월드
컵에 이어서 세 번째로 다가온 국가적 행사이기에 온 국민들이
성공적 행사가 될 수 있도록 힘을 모아야 할 것이다. G20정상
회담은 대한민국의 國格과 브랜드가치를 높이는 國運 상승의
절호의 기회이기 때문이다. 이번 서울 개최는 아시아 개도국에
서 처음 열리는 것으로 역사적으로도 의미가 크다. 정부는 의
장국으로서 정상회의 개최가 "새로운 국제질서의 창출에 주도
적 역할을 할 수 있다는 역사적 의미를 갖고 있으며 한국이 규
칙준수자(rule taker)로부터 규칙제정자(rule setter)로 도약한
다"고 천명했던 점에서도 그 강력한 의지를 잘 엿볼 수 있다.

　회담은 성공적으로 개최되어야한다. 그 성공적 개최의 전제
조건은 다음의 네 가지다.

　첫 번째로, 이번 기회를 계기로 삼아서 기초법질서가 생활화
되어야겠다. 가을이 되면 외신기자 및 특파원들이 대거 입국하
여 취재 및 촬영을 하여 한국을 세계에 소개할 것이다. 그러므
로 한국의 좋은 이미지를 갖도록 모든 국민들이 각별히 신경을
써야 할 것이다. 그러나 2008년 8월 한국법제연구원이 '국민법
의식 조사'를 하였는데 그 중 62.8%가 '법 준수 수준이 낮다'
고 대답하였다. 더 나아가 세계경제포럼에서 2005년도에 조사
하고 2008년 발표한 자료에 따르면 대한민국의 법질서 준수
수준은 OECD 30개국 중 27위에 머무르고 있다.

　두 번째는 테러 및 폭력으로부터 정상회의의 안전을 지키는

일이다. 천안함 사태에서처럼, 불안정한 북한의 김정일정권이 테러라는 불장난의 유혹에 빠질 가능성을 전혀 배제할 수 없다. 테러방지는 외국인들을 효과적으로 관리하는 문제와 직접 연관되어있다. 한국에 사는 등록 외국인은 이미 2008년 현재 85만 명이었다. 불법 체류자까지 포함하면 100만 명을 넘는다. 외국인 범죄인원은 2003년엔 약6,200명이었는데, 5년 뒤엔 다섯 배로 늘어 약3만4천명이었다. 이들 외국인이 입국하고 장기 체류할 때 指紋(지문)과 사진을 찍어두어야 하는데 지난 11월에야 그것을 가능하게 하는 법률안 개정안이 국무회의를 통과하였으나 국회통과는 아직 미지수다. 이 개정안에 대하여 국가인권위원회는 인권침해의 소지가 있다는 한심한 의견을 표명하였다. 정작 지켜야 할 것은 테러범 등 범죄자들의 인권이 아니라, 한국인의 인권이라는 점을 망각하고 있다.

테러리스트의 入國(입국)을 공항과 항만에서 저지하는 것이 가장 효과적이다. 이것이 9·11 테러의 가장 큰 교훈이다. 미국, 일본, 프랑스, 이탈리아, 스페인, 호주, 싱가포르, 브라질 등이 지문정보제도를 도입하였다. 외국의 경우, 지문채취 제도를 도입한 이후 외국인 범죄를 크게 줄일 수 있었다. 북한정권으로부터 수많은 테러를 당해 온 한국이 아직도 이런 自衛(자위)조치를 취하지 않고 있다. 우후죽순처럼 등장하는 이슬람사원이 행여나 불법체류자나 범죄자들이 은신하는 거점으로 활용되지 않는지 공안당국의 정기적 감찰과 예의주시가 필요하다.

세 번째, 사회 일각에서는 G20정상회의 개최에 장애가 되는 일들을 벌이고 있다. G20정상회의 개최를 100여일 앞둔 이 시기에 민노총, 경실련, 환경연합, 민주노점상전국연합, 전농, 전국빈민연합, 진보연대, 외국인이주노동운동협의회, 참여연대 등의 단체들이 이 회의 개최에 장애가 되는 행보를 계속하고 있다. 물론 G20정상회의에 대한 입장에서 시민단체간에 차이가 있을 수 있다. 그러나 회의 차제를 반대하기 위해 회의진행에 방해가 될 만한 대대적인 행사를 준비하는 것은 상식적으로나 국익차원에서나 납득하기 어렵다. 이들 단체들에 대한 정부의 적극적인 대책이 필요하다.

네 번째, 이번 G20정상회담의 원만한 진행을 확보하고 테러를 막기 위해서 苦肉之策의 일환으로 벌써 집권당내부에서 김정일을 달래기 위한 차원에서 3차 정상회담이나 대북지원의 필요성이 언급되고 있다는 이야기가 들린다. 이런 '일회용 땜질식' 대북접근으로 테러를 모면하려 해서는 안될 것이다. 천안함사태로 인해 46명의 고귀한 해군장병들의 넋을 위로하기 위해서라도 이런 편법은 국민정서상 결코 용납이 안된다.

국민적 지지도 얻지 못할 뿐만 아니라 남북관계의 기본 틀을 뒤틀리게 하는 큰 화근을 초래할 수 있다. 이럴수록 남북관계는 조심스럽고 신중하게 다루어야 할 것이다. 아무쪼록 정부와 시민단체, 그리고 국민들은 성공적인 G20정상회의의 개최를 위해 힘을 모아야할 것이다.

전라일보에 개제함
2010.8.

사회통합(Social Integration)을 위하여

I. 사회갈등의 역사적 배경

우리 사회는 현재 매우 힘든 상황에 들어서고 있다. 여러 현안문제를 둘러싸고 벌어지는 사회갈등 때문이다. 건국된 지 60여년이 흘러서 유럽 선진국에서는 100여년만에 간신히 달성했던 산업화와 민주화의 국가목표를 단지 반세기만에 달성하여 온 세계의 부러움을 사기도 했다. 그러나 이러한 압축성장으로 표현되는 산업화는 지역간, 계층간의 엄청난 빈부격차로 인해 광범한 소외계층을 만들었으며, 또 한편으로 진행된 민주화 과정은 과도한 포풀리즘의 폐단과 법치주의의 훼손 및 좌경화의 부작용을 낳았다. 한마디로, 한국사회는 산업화와 민주화의 신속한 과정을 거치면서 그 대가로 사회갈등의 폭과 깊이가 커진 것이다.

원래 전통사회에서는 사회적 발전의 속도가 완만하므로 사회갈등은 크지 않다. 그러나 산업혁명이후 사회의 발전과 변화가 빨라지면서 새로운 직업과 계급의식이 고양되면서 계급간의 갈등이 증폭되면서 이익집단간의 이해관계가 첨예하게 대립되면서 사회갈등이 본격화되었다. 전통사회가 정적인 사회라면 산업사회는 동적인 사회다. 발전의 속도도 전통사회에 비교할 수 없을 만큼 빨라지고 있다.

21세기를 맞이하여 대한민국은 이제 국가목표인 ① 한반도의 자유민주적 통일과 ② 선진국 대열의 진입, ③ 복지국가의 건설 등 중대한 과제를 제대로 해결해 나갈 수 있는가의 분수령에 처해있다. 그런 점에서 불필요한 국력소모를 막고 건전한 공동체를 유지하기 위해서라도 날로 확산되는 다양한 종류의 사회갈등을 더 이상 방치할 수 없는 지경에 이르렀다.

II. 사회갈등의 종류

사회갈등의 종류는 다양하다. 대한민국은 전통사회에서 일제 식민지통치의 경험, 해방과 6.25동란, 산업사회와 민주화로 이행되는 과정에서 계층간, 세대간, 이념적, 지역적 갈등이 불거졌고 2003년 이후에는 실업과 고용불안 문제에다가 빈곤과 소득격차 문제가 사회통합에 미치는 영향력이 증가하는 양상을 보이고 있다. 여기에 혁신도시, 세종시문제, 새만금사업, 4대강 사업 등 국책사업에 대한 지방주민들의 첨예한 이해관계의 대립으로 사회갈등의 폭이 커지고 있다.

그러나 대한민국에서 사회갈등을 크게 다음과 같은 범주에서 정리해 볼 수 있다.

1. **공공정책에서 오는 갈등**; 민주화와 지방자치제의 활성화이후 주민과 지자체와 개발에서 오는 공공정책의 갈등이 심각해지고 있다. 과거처럼 지자체는 미리 예고하는 것이 아니라 일방통행식으로 하다 보니 마찰이 생기고 있다.

2. **이념적 차이에서 오는 좌우익간의 갈등**; 해방이후부터 현재까지 한국현대사에 대한 인식에서 좌익과 우익은 큰 차이를 보이고 있다. 우익은 산업화세력에 대한 긍정적 평가를 요구하고 민주화세력의 좌경화 경향을 비판하고 있으며, 좌익은 산업화세력의 비민주성을 비판하고 역사해석에서 산업화의 중요성을

인정하지 않고 있다.

3. **대북정책의 입장 차이**; 김대중과 노무현 전 대통령이 평양을 방문하여 6.15와 10.4공동선언에 합의하고 온 이후, 이것에 대한 해석과 실천문제를 둘러싸고 정당과 좌우익, 그리고 시민단체간의 대립과 갈등이 첨예화되어있다. 북한체제를 '민족공조(民族共助)'의 정신에서 자주적으로 한반도의 문제를 해결해 보려는 좌익과 북한의 열악한 인권을 비판하고 한미동맹을 강조하는 우익간의 대립도 있다.

4. **문화적 차이에서 오는 갈등**; 다문화 가정의 급증으로 인해 혼혈아 가정이 생기게 되었고, 이들 가정의 자녀교육과 사회적 응력과 정체성에서 심각한 문제가 발생하고 있다. 앞으로 더 큰 사회문제가 발생될 소지를 안고 있다. 다문화 가정의 2세는 대한민국에 대한 정체성의 혼란이 올 수 있으므로 교육을 통해서 조국이 어떤 나라인지에 대한 확고한 인식이 필요하다.

III. 사회갈등의 사회적 비용과 후유증 및 결과

이러한 사회갈등이 어떤 부작용을 낳고 있으며 만약 사회갈등을 방치한다면 어떤 결과를 초래할 것인가? 사회갈등을 그대로 방치하면 그 갈등은 확산되고 급기야 공동체 그 자체가 파괴되고 말기 때문이다. 그렇게 되면 사회적 혼란이 가속화되면서 아노미현상이 발생하게 되고 급기야 국가는 해체될 운명에 처하게 된다. 2009년 삼성경제연구소의 보고서, '한국의 사회갈등과 경제적 비용'에서 불필요한 사회갈등으로 인해 국민 1인당 지불하는 소득이 무려 5천달러이며, 각종 사회갈등으로 한국이 매년 국내총생산(GDP)의 27%를 낭비하고 있다고 보고

하였다.

경제적 비용뿐만이 아니라 갈등 심화와 지속은 공동체 분열과 해체, 관계 악화라는 심각한 후유증을 남긴다. 예를 들어, 방사성폐기물처리장유치 여부로 극심한 대립과 갈등을 경험한 전북 부안의 경우 6년이란 세월이 흘렀음에도 불구하고 아직도 갈등으로 인한 후유증을 극복하지 못하고 있다. 장기화되고 고질화된 갈등은 우리 사회에 얼마나 부정적인 영향을 미치는 가의 좋은 사례라고 할 수 있다.

더 심각한 점은 국가발전능력의 하락이다. 그것은 안팎의 국가적 과제를 해결하고 미래를 향해 국력을 모아갈 수 있는 국가능력의 하락을 의미한다. 다시 말해, 정치능력의 하락이다. 즉 정당정치의 낙후와 의회정치의 낙후가 정치능력의 하락을 가져온 것이다. 시민사회도 제 역할을 하지 못하고 한쪽 편에 서서 갈등과 분열을 증폭시키면서, 갈등과 분열이 재생산되고 있다.

IV. 사회통합의 필요성

사회갈등은 필연적으로 사회통합의 필요성을 제기하게 된다. "사회통합은 다양한 특성을 가진 구성원들이 '공동체에 대한 소속감을 갖고 공동의 비전을 공유하며 긍정적인 관계를 유지하는 상태를 지칭하며, 사회통합의 전제조건으로 '동등한 기회'와 '물질적 불평등의 최소화'로 압축된다."

21세기의 탈산업화시대에서 다양한 재능과 다양한 입장과 다양한 이해관계를 소유한 개인이나 사회집단에게 획일적인 통합을 강요하는 것은 봉건시대나 전제왕권하에서나 가능하지 현재 민주화가 진척되어 국민대중들의 목소리가 커진 시점에서는 글자 그대로의 사회통합은 불가능하다. 그렇다면 사회 갈등을 완전히 말살시키는 것은 불가능하므로 사회갈등을 인정하되 갈등의 폭과 정도를 감소하고 법적 테두리 내에서 공정한 경쟁체제를 유지하는 시스팀을 운영하면서 사회갈등을 관리의 차원에서 다루어야할 것이다. 그것은 공동체가 파괴되지 않은 한도내에서의 질서유지와 경쟁체제를 유지하는 것이다.

갈등관리는 갈등이 역기능적이고 파괴적인 수준으로 확대되는 것을 막고, 갈등의 순기능을 증가시킬 수 있도록 도와주는 구조와 조건을 마련해 가는 과정이다. 그 전제조건으로서 법치주의가 확립되어서 공정한 경쟁의 룰을 지키고 공동체의 가치관과 역사인식을 공유해야할 것이다.

V. 사회통합을 위한 전제조건

점차 전지역과 전방위로 확산되는 사회갈등으로 인해 정부와 정당의 역할이나 공권력의 행사보다는 시민단체와 지자체, 연구소의 역할이 커지고 있다. 이들이 공권력으로 행사하기 어려운 주민과 소통의 역할을 담당할 수 있기 때문이다.

우선 사회통합을 이루기 위해서는 다음과 같은 조건을 충족시켜야한다.

- **법치주의**; 공동체를 유지하는데, 시민들이 규범과 법규를 지켜야한다는 의식이 중요하다. 경쟁은 사회와 국가발전을 위해 불가피한 것이라면 법치의 테두리내에서 이루어져야한다는 인식이 중요하다.

- 한국**현대사 인식의 공유**; 1948년 대한민국의 건국이후, 비록 문제가 없었던 것은 아니지만, 현대사를 전체적으로 긍정적으로 인식한다는 공감대를 가져야한다. 대한민국의 건국과 그 이후의 발전과정을 전면적으로 부정하는 역사관을 가지고 있다면, 공동체의 일원으로서 결격사유가 되는 것이다.

- **지켜야할 공동체의 가치 공유(共有)**; 개인의 행복추구는 건전한 공동체의 유지와 관리를 통해서 이루어져야한다. 즉 개인과 공동체와의 조화와 균형이 필요하다. 공동체는 지향하는 보편타당한 가치를 지니고 있어야한다. 또 구성원들에게 공동체적 소속감과 연대감을 충분히 보여주어야한다. 예를 들어, 월드컵 응원은 공동체적 연대감을 찾으려는 몸부림이지만, 찰나성, 일회성에 그치는 감성적 모션으로 '충동적 애국심'으로 비추어질 수가 있다. 그러므로 공동체에 대한 자기책임이나, 공동체에 대한 기여 등에 대한 교육이 절실히 필요하다. 자유, 규범, 공동선의 모색, 전통, 북한인권과 한반도의 자유통일 문제 등등... 핵심은 대한민국이란 나라를 지키려고 하는 방법상의 견해차이에서 논의가 되어야하고, 어떤 특정 개인이나 사회단체가 대한민국 체제를 전복 내지 타도하려는 생각을 가졌다면 이들이 소통이나 대화와 사회통합의 대상에서 과연 포함시켜야할지 심각하게 논의가 되어야할 것이다.
2010.8.28

외무고시와 특채논란:
공정성과 전문성의 갈등

유명환 외무통상부장관의 딸의 외무부에 특별채용의 논란이 되어 시끌벅적한 여론의 등살에 밀려 결국 장관이 사임하는 불상사가 발생하였다. 그 과정에서 이명박 대통령이 "철저히 조사하라"는 단호한 지시가 또한 공무원사회가 과잉충성의 분위기가 연출되었고, 여론의 눈치를 보면서 유명환 장관이 스스로 사퇴하는 분위기에 일조한 것은 틀림없는 사실이다.

이 시점에서 중요한 것은 엄밀한 의미에서 여론을 존중하고 받드는 것과 공정성을 시행하는 것은 다르다는 점이다. 의문은 과연 장관의 사퇴로까지 갈 정도로 장관의 딸에게 특혜를 주었는가, 과연 현 정부에서만 일어난 일인가 아니면 과거 정부에서도 이런 식의 특별전형은 비일비재했던가? 중요한 점은 장관의 딸이란 점이 아니라, 외교관의 직무수행을 수행할 능력과 자질이 있었던 가에 있다. 이런 사안들을 정확하게 검토하는 것은 많은 시간이 필요하고 신속하게 결론을 내리기에는 많은 무리가 따르는 일이다.

장관의 딸의 입장에서는 그야말로 청천벽력이자 날벼락이다. 외교관으로서 잔뼈가 굵은 아버지의 영향을 받아서 외무부에 입사하여 훌륭한 외교관이 되어 통일한국에 일조하겠다는 평생에 걸쳐 꾸었던 청운의 꿈이 하루아침에 날아가버린 것이다. 아버지가 외무부장관이라는 직함만으로 외교부에 취업할 수가 없다면, 이것도 또한 불공정의 사회를 말하는 것이다. 장관은 딸은 대한민국 국민이 아닌가?

이번 특채문제에서 장관의 사임하는 과정에서 마녀사냥식의 여론몰이가 사태의 본질을 이상한 방향으로 흘러가게 한 것이 아니지 반성의 소지가 많다. 일본의 경우, 중세부터 가업을 계승하는 것이 큰 자랑으로 여겨졌다. 우리 기업들도 부친의 가업을 계승해왔고, 그들이 기업을 세계적 수준으로 발전시켰던 것이다. 2세 연예인과 운동선수들은 부모의 이름과 선천적인 소질을 결합하여 놀라운 성적을 거둔 경우를 많이 보아왔다. 민주주의가 가장 발달했다고 하는 미국의 경우도, 기업이나 전문직종에서 심지어 정계에서 가업을 이은 경우가 많다.

외무특채의 기본 정신은 21세기에 급변하는 국제환경속에서 기존의 외무고시로서는 상상력과 창의력 그리고 전문성이 요구되는 고급인력을 채용할 수가 없기에 수년에 걸쳐 고민 끝에 신설된 것이다. 특히 21세기에 한반도에서 자유민주적 통일의 완수를 위해 국제무대에서 불철주야로 뛰어야하는 외교관에게 탁월한 어학구사 능력과 전문지식과 경력은 매우 중요하다는 것은 재론의 여지가 없다. 대학의 경우, 정시입학외에 수시입학을 통해 학생들을 선발하는 관행이 이미 정착된 지 오래되었다.

과거의 고시의 폐단을 돌이켜보자. 수많은 일류대학의 청년들이 3-5년에 걸쳐 심지어 10년동안 고시에 매달려 아까운 청춘과 시간과 금전적 낭비를 하고 그 중에는 다수는 사회적 적응에 실패하고 폐인이 되는 경우가 비일비재했다. 이것은 엄청난 국가적 자원의 낭비를 초래했다. 그렇기에 여론이 아무리 들끓는다고 해도 '특채'를 폐지하고 고시제로 돌아갈 수는 없다. 그 이유는 고시제가 공정성과 평등성을 만족시키지만, 탁월한 외교관에게 국제무대에서 필요한 상상력과 창조력을 발동시키기에는 부적절한 낡은 제도이기 때문이다. 여기서 '특채'란 특권을 통한 특별한 채용이라는 '특혜'의 뉴앙스가 풍기기에 대중들은 항상 과민반응을 보여왔다.

　이런 점을 고려한다면, 우선 특채로 선발된 공무원들에 대한 정밀 평가를 통해서 고시출신들과 어떤 장단점이 있었는지를 검증하여 국민들에게 보고서를 내놓아야할 것이다. 국가발전이란 차원에서 여론을 진정시키면서 고급공무원의 채용방식을 다양화하는 것에는 이론의 여지가 없다. 과거 고시제도와 특채에서의 선발인원을 재조정하는 제도적 보완책을 마련해서 공정성과 전문성을 동시에 충족할 수 있도록 해야하는 것이다.
2010.9.14

황장엽의 亡命, 藥인가 毒인가?: 재검토되어야할 사상적 의혹

I. 문제의 제기

2010년 10월 10일, 전 노동당 비서 황장엽씨가 북한을 망명(1997.612)하여 남한에 정착한 지 13년만에 사망했다. 북한탈북자 중에서 황장엽은 최고위직에 있었던 인물이다. 그동안 황장엽씨는 탈북자들이 조직한 북한인권연합 등에서 고문으로 있으면서 많은 칼럼과 강연회를 통해서 북한해방을 위해 나름대로 공헌해 왔고 수많은 저서를 남겼다. 이 글의 목적은 황장엽의 활동을 평가해보고 남한 사회에서 논란이 많았던 주체사상을 재검토해 보는 것이다. 황장엽는 13년 망명생활을 통해서 우익인사들에게 인간중심의 철학을 선전교육하였다. 그러므로 황장엽의 주체사상의 철학과 그의 정체성에 대한 의문점을 재검토해 볼 것이 요구된다.

황장엽은 김일성의 인척으로 50년대초 모스크바대학에서 마르크스-레닌주의를 공부한 뒤 김일성대학총장, 최고인민회의 상설회의의장을 거쳐 당비서국 비서로 별 浮沈(부침)없이 북한의 통치이념 관리자라는 막강한 위치를 지켜왔다. 그의 망명당시 직함을 보면 노동당중앙위원회비서국 국제담당비서 겸 최고인민회의 외교위원장으로 공식 권력서열 24위였다. 김일성의 총애에 힘입어 황장엽은 65년 42세라는 젊은 나이에 김일성대학총장, 72년엔 최고인민회의 상설회의 의장이라는 요직에 올랐다. 그러나 그가 북한 권력의 핵심인물이 된 것은 80년 10월 노동당 제5차대회에서 비서국 사상담당비서로 선출되면서이다. 이때 그는 북한정권의 통치이데올로기인 주체사상을 체계화시킨 당내 최고의 이론가 위치를 확립했다.

그것은 김일성의 통치언행과 김정일의 권력승계를 이론적으로 정당화시키는데 앞장선 공로에 대한 대가였던 셈이다. 그 뒤 그는 북한의 통치이념을 뒷받침하는 최고이론가로서 위치를 지켜왔다. 주체사상은 김일성의 언행을 마르크스-레닌주의에 맞추어 체계화시킨 통치방략이라고 볼 수 있다.

II. 反김정일노선과 親김일성사상의 二重奏(이중주)

황장엽 망명 13년을 나름대로 정리한다면, 나름대로 북한해방에 대해서 많은 공헌을 했다고 평가할 수 있지만, 2008년이후 김정일의 중병설로 불거진 향후 북한사태에 대한 두 가지 시나리오, 소위 중국식 개혁개방이냐, 자유민주주의에 입각한 북한해방이냐를 두고 이 논쟁의 중심에 다시 황장엽씨가 서 있었다.

1. 황장엽의 글과 발언에서 가장 두드러진 특징은 김일성에 대한 애정과 김정일에 대한 증오가 배어있다는 점에 있다. 親김일성-反김정일이라는 애증의 二重奏는 무엇을 의미하는가? 그의 글에는 김일성을 숭배하고 김정일을 혐오하는 내용이 곳곳에 배어있다.

황장엽에게 김정일은 자본론도 제대로 공부하지 않은 망나니나 수령독재자이다. 황장엽의 김정일에 대한 엄청난 분노는 김정일이 공산주의라는 사상공부를 철저히 학습하지 않은 것에 대한 분노다. 망명의 동기는 김정일로부터 배척·숙청되었기에 생긴 권력박탈로 인한 私的인 感情的 怨恨도 있었을 것이라고 추측된다.

　"김일성은 적어도 그가 정권을 세습적으로 자기 아들에게 물려 줄 때까지는 기본적으로 스탈린주의에 충실한 사람이었으며, 이 점에서 공산주의자의 범주에 속하는 지도자였다고 평가할 수 있을 것이다. 그가 자기의 정적을 무자비하게 숙청하고 6.25전쟁을 일으킨데 대하여 규탄하는 사람이 적지 않지만 혁명전쟁은 빨리 할수록 좋고 계급투쟁은 무자비할수록 좋다는 것이 스탈린주의의 교리인 만큼 스탈린식 공산주의자들 속에서는 그것이 문제 되지 않는다."[3]

　위 글은 김일성에 대한 황장엽의 관점을 알 수 있는 매우 중요한 발언이다. 황장엽은 ①김일성이 스탈린주의에 충실한 인물로서 공산주의자이므로 그런대로 괜찮게 평가될 인물로 간주한다. ②정적을 무자비하게 숙청한 것이 문제가 되지 않는다. 스탈린의 교리에 의하면, 계급투쟁을 무자비할수록 좋기 때문이다. ③ 6.25침략전쟁을 일으킨 것도 문제가 되지 않는다. 스탈린 교리에 의하면, 혁명전쟁은 빨리 할수록 좋기 때문이다.
　즉 황장엽은 김일성이 스탈린주의 교리에 충실했기에, 김일성의 모든 罪惡과 정치적 失策을 정당화하여 결과적으로 면제부를 주는 것으로 이해된다. 그러나 황장엽은 김일성에 대한 가장 신랄한 비판은 자기 아들 김정일에게 권력을 세습한 것으로 이것을 김일성의 치명적 과오로 비판한다.
　그러나 황장엽의 김일성에 대한 연민의 정과 미련은 여기에서도 중단되지 않는다. "김정일이 정권을 잡지 않은 것"을 조

---

3) 황장엽, 『황장엽의 대전략』 (월간조선사, 2003), 26.

건부로 김일성의 개혁개방 가능성까지 언급한다. "만일 김정일이 정권을 잡지 않고 김일성이 자기 동생 김영주와 함께 북한을 통치하였더라면 10 중 8,9는 중국식 개혁을 비슷하게 따라갔을 것이라고 생각된다."4)

황장엽이 부하들의 재능을 자랑스럽게 여긴다고 평가하는 김일성을 계몽군주로서, 질투의 화신인 김정일을 히틀러형 독재자로 비유하는 점에 이르러서는 그의 김일성에 대한 숭배와 애정은 남한사람들의 상상력을 초월한다.

"김일성은 인민들 속에서 굶는 사람들이 있다는 말을 들으면 매우 걱정하였고 정치적으로 중대한 문제라고 보았지만, 김정일은 사람들이 굶어 죽든 눈썹 하나 까닥하지 않는다. 김일성은 설복과 교양을 사업작풍의 기본으로 내세우지만 김정일은 공포와 이해타산을 사업방법의 기본으로 인정한다. 이 점에서 김일성은 계몽군주형 독재자의 품성을 지녔다면, 김정일은 히틀러형 품성을 지닌 독재자라고 볼 수 있다. 김일성은 자기를 따르는 부하들의 재능을 질투하는 것이 아니라 자랑스럽게 여겼지만, 김정일은 병적으로 질투심이 강하다. 김일성은 매사에 대범하고 사적으로 술 파티를 조직하는 일이 없다. 김정일은 변덕이 심하고 사랑하는 사람과 증오하는 사람에 대한 차별이 너무 강하다. 그의 독재능력은 김일성을 능가한다."

황장엽에 의하면, 김일성에 대한 평가는 김정일이 권력2인자로 부상하기 전까지는 긍정적으로 평가해야한다는 주장이다. "김정일의 영향하에 진행된 김일성의 활동은 김정일과 동일하게 부정적으로 평가될 수밖에 없다."5)

---

4) 위의 글, **25.**
5) 위의 글, 26.

  황장엽은 김정일을 철저히 혐오한다. 김정일만 제거된다면 북한문제는 어느 정도 해소될 것이라는 입장이다. 여기에서 자칫하면 황씨의 주장은 북한체제의 문제를 공산주의라는 사상과 체제라는 본질적인 문제로 접근하지 않고 김정일의 개인적 성품과 독재성, 그리고 선군(先君)정치의 탓으로 돌리는 것으로 오해를 받을 소지가 다분히 내포되어 있다. 김일성체제와 김정일체제를 단절하여 분석하는 이런 인식이 과연 올바른 것인가? 황장엽이 바라보는 북한문제는 김정일에만 고착되는 경향이 농후하다는 점에서 논란이 될 수 있다. 그리하여 "김정일만 제거된다면 북한문제는 어느 정도 해소될 것"이라는 소박한 입장에서 벗어나지 못하고 있다. 북한 체제문제를 공산주의라는 사상과 체제라는 근본적인 문제로 접근하지 않고 김정일의 개인적 성품과 독재성, 그리고 선군정치의 탓으로 돌리고 있다. 해방이후 북한문제는 아버지 김정일로부터 대물림한 것인데, 마치 김정일이 후계자가 되면서 문제를 야기시킨 것으로 몰아가는 것이 황씨가 주장하는 논지에 강하게 흐르고 있다.

  세습독재를 만든 것은 김일성이 책임을 져야지 아들 김정일이 질 일은 아니다. 공산주의 수령독재체제는 김일성이 창안했지 아들 김정일이 만든 것은 아니다. 그런데 황장엽은 김일성의 만행에 대해서는 눈을 질끈 감고, 아들만 나쁘다고 말한다. 그것은 한편으로는 황장엽씨가 평생에 걸쳐 김일성에게 많은 은혜를 입었다는 점에서 이해가 된다. 김일성은 황씨를 모스크바 대학에 유학을 보내주고, 42세의 젊은 나이에 김일성대학 총장으로 발탁한 것 만 보아도 황씨가 대단한 은총을 받은 것임에 틀림없다. 그래서 주체사상을 갖다 바침으로서 충성을 맹세한 것은 북한체제에서 남아 남기 위해서라면 어쩔 수 없는 선택이었을 것이다. 인간적 차원에서 이해가 된다.

그러다보니, 생존시 김일성이 민족에 저지른 전대미문의 죄상에 대해서 눈을 감을 수밖에 없을 것이다. 여기서 잠시 김일성의 죄상(罪狀)에 대해 간단히 언급해 보자. ① 김일성은 영구분단의 책임자이다. 45년 해방공간에서 미소공동위원회가 결렬된 후 유엔총회의 결의에 의한 유엔감시하의 남북한 총선거를 거부하고 유엔감시하에 총선거를 통해 합법적으로 수립된 대한민국에 맞서 조선민주주의인민공화국이라는 不法국가를 세운 장본인이다. ② 6.25동란을 일으켜서 미증유의 同族相殘의 전쟁을 일으킨 전쟁범죄자이다. 이 전쟁으로 수백만의 사상자와 수백만의 이산가족을 만들어내었다. ③ 북조선의 건국과 조선공산당 창당에 공을 세운 공산혁명 동지들을 죄를 뒤집어씌워서 무자비하게 처형하여 일인 독재체제를 구축한 인물이다. 심지어 전쟁중 전공을 세운 군장성까지 숙청하였다. 6.25동란 전후에 남로당, 연안파와 소련파를 모두 숙청하였다. 박헌영, 무정, 허가이, 방호산 등을 모두 숙청하였다. ④ 중국 국경선에 있는 북쪽 영토를 넘겨준 인물이다. 6.25동란을 일으킨 김일성은 중공군 참전으로 모택동 주석으로부터 막대한 은혜를 입었다. 그에 대한 보답으로 김일성은 백두산의 북쪽 영토를 중국에 넘겨주었다. ⑤ 오늘날 2,300만 북한주민을 굶주림과 종교탄압, 인권억압으로 북한을 생지옥의 감옥소로 만든 장본인이다. 사상이 불온하면 3대에 걸쳐 씨를 말렸고, 심지어 성경책을 소지한 것만으로도 처벌하여 신앙인들을 철저히 탄압했다. 20여만명의 정치범수용소를 만든 장본인이다. ⑥ 김일성은 북한식 사회주의-공산주의 사상을 통해서 민주주의를 철저히 유린했으며 동시에 주체사상을 통해서 주민들에게 자신을 우상화하도록 강요한 전대미문의 독재자이다. ⑦ 김일성의 음흉한 대남

공작의 실상은 대남공작원에서 발언한 그이 '비밀교시'에 잘 드러나고 있다. 남한에서 일어나는 크고 작은 폭동과 소요사태에 북한의 은밀한 공작이 개입된 것으로 나타나고 있다.

위에서 언급된 김일성의 惡行(악행)에 대해서 황장엽은 "잘 모르겠다. 기억이 나지 않는다"고 발뺌을 할 것인가? 그렇다면 황장엽의 진정한 정체는 과연 도대체 무엇인가?

김정일이라는 아들이 아버지 김일성으로부터 악행과 독재를 배우지 않았다면 도대체 누구로부터 배웠다는 말인가? 여기에서 황장엽은 김일성으로부터 받은 은혜를 잊지 않고 있다. 그 은혜는 평생의 고위직 감투와 모스크바 대학으로 유학과 김일성대학 총장이라는 은덕이었다.

어느 탈북자는 김일성에 대해서 다음과 같이 말했다. "김정일보다 더한 자는 죽은 김일성이다. 김일성이 자신과 가족의 행복과 부자세습을 위해 철저히 북한 땅을 오늘과 같이 자유와 인권을 모르는 지구상 가장 끔찍한 인간생지옥으로 만들어놨고, 김정일 또한 그 악마의 아들답게 애비에 이어 다 기울어가는 북한을 더욱더 처참한 세계제일의 인간유린국가로 만들어가고 있다. 김일성이 자신과 세습독재의 기틀을 만든 기본 장본인입니다. 그 애비 그 아들이라 독재자 김일성의 그 잔악하고 포악하고 교활한 행동을 아들 김정일이 지근거리에서 보고 배우고 자랐던 것이다."

2. 황장엽의 轉向은 어느 수준까지로 보아야하나? 여기에서 전향이란 자유민주주의로의 사상적 전향을 의미한다. 그의 공산주의에 대한 인식은 무엇인가? 그의 핵심 주장은 이렇다. "김일성은 스탈린주의를 모방했으므로 진짜 공산주의자이지만, 김정일은 진짜 공산주의자가 아니고서 김정일체제는 선군정치라는 독재성이 가미된 일종의 봉건적 체제다." "그(김정일)의

머리를 지배한 것은 공산주의 사상이 아니라 봉건왕권사상이라는 것이 명백하다." 여기서 황장엽의 사용한 '봉건적'이라는 말은 父子世襲과 독재권력의 두 가지 성격이 과거 봉건왕조시대에 비슷하다고 하여 억지로 북한 김정일 체제에 갖다 부쳤으나, 용어 선택이 적절하다고 보기 어렵다.

유럽 중세사회에서 등장한 봉건제개념은 북한의 경우와 비교하여 사용하기에는 전혀 다른 개념이다. 유럽의 경우, 각 국가의 사정은 조금씩 다르지만 절대주의 시대에서 왕권은 권력이 세습되었으나 무제한의 권력을 행사한 것은 아니다. 종교적 신앙의 자유가 허용되었고, 지방분권이 이루어졌다. 봉건시대의 왕권은 중앙이든 지방이든 귀족들에 의해 많은 제약을 많았으므로 절대왕권이나 전제적 왕권과는 다르다. 또 지방귀족들이 영주들은 불수불입권과 같은 지방의 사법권, 행정권을 독자적으로 가지고 있었고, 자신의 영토를 관할하면서 최고의 봉건영주인 국왕이 하사한 封土는 세습되었고 자본주의시대에서처럼 완전한 사유재산이 아니었을지라도 일정기간 충성을 담보로 하여 자기 재산으로 행세하면서 부를 축적하면서, 일정한 수입의 일부를 국가에 세금으로 바쳤다. 그래도 일정한 시장이 형성되어 자신의 농작물을 팔아서 생계를 유지했다. 그러나 농노신분은 결혼이나 거주 이전의 자유가 심하게 제한되었다.

그에 반해, 북한의 경우 해방이 되면서 봉건체제는 소련군의 진주이후 완전히 붕괴되었다. 전 국토에서 지주토지계급이 제거·말살되었고 소작농이 해체되었고 국가소유가 되었다. 토지의 개인소유가 없이 공동으로 농사를 짓고, 국가에서 식량을 분배하게 된다. 이것이 공산주의 체제이다. 강력한 공산당의 지배하에 지방의 분권제도도 말살되었고 신앙의 자유와 심지어 거주 이전의 자유도 박탈되었다. 사유재산제가 소멸되어 일종의 공산사회가 마련된 것이다. 짜투리 시장에서 장마당이 형성된 것은 극히 최근이 일이다.

북한의 김정일 체제와 유럽봉건체제와 유사한 점은 대체로 두 가지다. 첫 번째로, 주민들의 결혼이나 거주이전의 자유가 없다는 점이다. 두 번째로, 권력이 세습된다는 점에서 유럽의 왕권과 북한의 김일성-김정일-김정은 3대 세습과정과 공통점이 있을 뿐이다. 그러나 더 자세히 보면 유럽의 봉건왕조의 경우 왕권의 세습은 모든 영민(嶺民)들이 인정하는 정당성을 가지고 있었지만, 북한의 김일성 가족의 세습은 폭압체제에 의한 강압적 세습으로 정당성을 상실한 것이다. 북한에서 벌어져왔던 고문, 정치범 수용소 운영과 학대, 인신 매매, 유아살해 등의 인권유린은 유럽의 봉건시대에서도 사례를 보기 힘든 경우에 속한다. 북한에서 신앙의 자유가 없는 것, 강력한 공산당 일당독재의 중앙정부 통제체제가 작동하면서 지방분권이 허용되지 않는 점, 사장의 기능을 인위적으로 탄압하는 것 등은 유럽의 봉건사회의 성격과는 많이 다른 점이다.

3. 황씨의 주체사상을 어떻게 평가할 것인가? 이 말썽많은 주체사상이 제대로 철저하게 비판·정리하지 않고서는 북한해방이나 한반도의 진정한 통일은 접근하기 어렵다고 판단이 된다. 주체사상은 황장엽이 평생에 걸쳐 몰두한 것인데, 망명한 뒤에 어떻게 다듬어졌던가? 그는 남한으로 와서 부지런히 인간중심의 철학을 강연하고 그 주제에 대해서 수많은 책도 썼다. 주체사상에서 인간중심의 철학으로 간판을 바꾸고, 내용면에서 북에서 수령(首領) 중심의 주체사상과 남에서는 인민대중이 중심이 된 인간중심 사상에서 차이가 있다. 그렇지만 황씨의 망명목적은 북한해방이 아니라 남한에 주체사상-인간중심사상을 전파하기 위해서라는 악소문도 유포되었다.

황씨는 인터뷰에서 이렇게 말했다.

제2차 대전이 끝나고 나서 냉전이 끝나고 나서 보니까 남과 북이 천량지차이로 달라져 있잖아. 그러면 여기서야 우리 잘못됐구나 하고서 고쳐야하거든. 고치면 이기주의자가 아니야. 잘못했으니까 잘 못 안하면 되지. 나는 이것을 1960년대 말에야 완전히 깨달았어. 이 것이 완전히 잘못되었다는 것을. 그래서 내가 그때 마르크스주의와 결별하게 됐다. 계급주의가 잘못되었다는 것을. 그래서 내가 인간중심의 철학이라는 것을 그때 만든 거야.

그런 견지에서 내가 처음으로 주체사상이라는 것을 정식화했다. 주체사상이라는 것은 무엇인가? 그 정의를 내가 제일 먼저 썼다. 그게 1972년이다. 혁명과 건설의 주인은 인민대중이다. 혁명과 건설을 주동하는 힘도 인민대중에게 있다. 자기 운명의 주인은 자기 자신이고 자기 운명을 개척하는 것도 자기 자신에게 있다.

그 전에는 주체사상이 무엇인가에 대한 정의가 없었어. 그런데 이 것을 김정일이 인민대중이라는 것을 노동계급이라고 바꾸더니 그 뒤에는 수령으로 바꿔버렸다. 수령이 개인이거든. 노동계급이라고 해도 조금은 집단이 들어가 있는데 요놈은 딱 수령을 만들어놨어. 그래서 수령절대주의가 나오게 된 거지.

황씨의 주체사상에 대한 우려는 국내의 우파지식인보다 미국의 인권운동가쪽에서 문제의식이 더 심각하다. 수잔 솔티 여사는 서신에서 황장엽씨에게 제발 주체사상을 버리고 하나님을 섬길 것을 간절히 호소했다. 북한인권법의 산파역을 담당했고 황장엽 위원장의 워싱턴방문을 성사시키기도 했던 그녀는 서울로 오기 전, 장문의 편지를 황 위원장에게 보냈다. 제목은 "황장엽 선생님, 이제 주체사상을 버리십시오"였다.

선생님, 이제 선생님께서는 북한 동포에게 고통을 가져다 준 '주체사상'을 버리셔야 합니다. 선생님께서는 당신의 마음 안에 예수님께서 성령을 통하여 들어오시도록 간구하고 하나님을 시인하며 '주체사상'의 악을 제거하셔야 합니다. 땅 위에 있는 것이 모두 살아져 버리지만 하나님의 말씀은 영원히 남기 때문입니다." (2005/11/19).

4. 황장엽이 지닌 우호적인 對中認識의 문제는 심각하다. 김정일의 사후, 황씨는 북한의 중국식 개혁개방을 열렬이 지지한다. 그는 북한의 급변사태시 한국의 개입이나 흡수통일시 중국이 가만있지 않을 것이라고 엄포를 놓았다. 그러면서 "북한의 중국식 개혁개방 그것만이 중국과 한국과 미국의 3자 이익이 된다"고 설파한다. 심지어 "김정일의 사후, 북한 지도부는 준비를 철저히 하기 때문에, 북한의 급변사태는 없다"고까지 단언했다. 여기에서 황장엽은 중국의 이익을 옹호하는 대변인이라는 인식을 짙게 풍기고 있다. 황씨가 북한에서 있을 때, 중국의 영향력이 얼마나 심각했는지에 대한 구체적 정보도 제공하지 않았고 그에 대한 자세한 설명이 전혀 전혀 없다.

III. 결론: 포기 못한 인간중심철학

황장엽씨가 북한을 탈출한 진정한 동기가 무엇인가? 정치적 망명이냐, 아니면 공산체제에 대한 근본적인 불신에서 발생한 탈북인가? 김정일에 대한 혐오와 개인적 신변의 위험으로 인한 탈출인냐, 아니면 북한체제에 대한 근본적인 혐오에서 나온 탈북인가? 필자는 황장엽의 망명 원인이 전자에 가깝다고 추정한다. 결론부터 말한다면, 황장엽의 망명은 근본적으로 공산주의체제에 혐오를 느껴서 탈북한 것이 아니고, 또 김일성의 조선노동당 일당독재에 견디지 못한 것이 아니라, 김정일의 수령독재 및 김정일과의 관계가 매끄럽지 못하기에 탈북한 것으로 보아

야하지 않을까?

북한 체제의 문제는 근본적으로 사상의 문제이자, 공산주의 문제다. 그 핵심에 주체사상이 웅크리고 있다. 왜냐하면 주체사상은 김일성 공산체제를 북한식 공산주의로 변형시킨 핵심 사상이기 때문이다. 레닌주의와 스탈린주의는 정통 마르크스주의를 소련의 풍토에 맞도록 개량한 것이고 모택동사상은 중국식으로 개량한 것이라면, 김일성의 주체사상이야말로 마르크스주의를 북한식으로 개량·변형한 것이다. 일명 주체사상은 북한식 공산주의=김일성주의라고 말할 수 있다. 김일성주의의 또 다른 변종(變種)이 김정일의 先君政治라고 할 수 있다. 선군정치는 주체사상의 연속(후속)편이지 하늘나라에서 어느 날 갑자기 튀어 나온 것은 결코 아니다. 아버지 김일성의 무자비한 스탈주의적 통치술과 주체사상을 모방·계승한 작품인 것이다. 그러므로 김일성이 북한 공산주의자라면 그의 아들 김정일도 그의 사상을 계승했기에 북한 공산주의자가 아니라고 단정할 수는 없다.

안타까운 점은 황장엽의 망명이 남한에서 공산주의 사상에 대한 비판적 입장에 혼란을 가중시켰다는 점에 있다. 황씨는 항상 "김정일은 진짜 공산주의자가 아니다. 북한체제는 공산체제가 아니다"는 식으로 말하여 우리 국민들을 어리둥절하게 만들었다. 반공노선에 참여했던 많은 우파 논객과 지식인들이 황씨의 강연을 듣고 이런 주장에 동조하였다. 왜 황씨는 누차에 걸쳐 그런 발언을 했나? 그것은 황씨와 김정일과의 분리작업의 일환이다. 그 잣대는 공산주의 이론과 실천에 누가 충실했던가에 있다. 즉 남한사회에 준 메시지는 한국인의 진정한 청산이나 대결대상은 황씨와 같은 진정한 공산주의자가 아닌 공산주의 사꾸라인 김정일세력이라는 논리가 성립된다.

한창권 북한탈북자연합회대표는 황장엽에 대해 이렇게 비판한다. "황 선생님은 북한 김일성, 김정일 독재정권에 적극적으로 헌신한, 즉 김일성과 그 아들 김정일이 북한인민들에게 저지른 참혹한 인권유린만행에 앞장에선 철저한 추종자이자 하수인(下手人)이었다. 그런 罪過(죄과)에 대하여 이제는 탈북자들 앞에 깊이 반성하고 회개 하여야 한다고 강력히 주장합니다"(2008.8.27. www.allinkorea.net).

어쨌든 황장엽의 망명 덕분에 북한에 대한 구체적 정보를 남한인사들이 많이 알게 되었다. 예를 들어서, 한국사회는 90년대이후부터 점차로 진행된 김일성-김정일 2중권력 구조의 과정과 그 폐단을 자세히 알게 되었다. 그는 강연회를 통해서 김정일 개인을 비판하면서 동시에 인간중심의 철학을 남한사회에 소개하고 전파했다. 그러나 그와 함께 김일성에 대한 옹호·미화작업도 동시에 교묘하게 진행되어왔음을 부인하기 어렵다. 소위 "김일성은 그래도 (김정일과 비교하여) 괜찮은 인물"이라는 점을 남한 지식층에게 설득한 점이 바로 그것이다. 황씨 망명이후, 보수지식층에서 김일성체제에 대한 종합적이고 체계적인 비판이 자취를 감추게 된 것은 물론 그의 망명시점이 김영삼정부 말기(1997)라는 측면을 고려하더라고 개운치 않은 뒷맛을 남기고 있다.

더구나 황씨의 저술에서 나타난 입장은 북한문제를 근본적인 체제문제나 시스팀의 차원에서 분석하지 않고 김정일의 개인적 만행과 그의 수령독재에 국한되는 경우가 많았다. 그 결과 본의가 어쨌든 간에, 이것은 북한체제와 공산주의 이념에 대한 근본적 비판의식을 소홀히 하고, 북한문제를 체제와 구조로 보지 않고 김정일의 개인독재로 초점을 맞추에 되어 문제의 본질을 왜곡시킨 위험성이 큰 것이다. 마치 김정일만 제거된다면 북한문제는 만사형통할 것으로 착각하는 분위기가 형성될 소지가 다분히 존재한다.

황씨의 망명이 김정일 타도와 북한해방운동에 크게 기여한 부문이 있었지만, 또 한편으로는 황씨가 보따리로 북에서 가져온 주체사상-인간중심사상의 남한내의 확산으로 사회주의-공산주의사상 비판에 대한 치밀한 사상논쟁이 애국우익진영에서 제대로 벌어지지 못하는데 기여하고 말았다.

황씨의 사망이후에도 황씨의 주체사상-인간중심사상에 대한 철학적 분석이 학계에서 제대로 철저하게 이루어지지 못하고 있는 점을 고려해 본다면, 이는 지성계의 지적 직무유기라고 볼 수 있다. 황씨의 전반적인 사상적 면모가 언젠가는 비판적으로 정리가 될 기회가 와야 될 것이다.

2010. 11

대한민국은 어떤 나라인가?

1945년 해방이후부터 지금까지의 한국현대사는 그야말로 역동적인 세계현대사와 밀접하게 연관되어 있다. 해방 후 좌우대립과 남북분단, 건국과 6.25전쟁, 그리고 한국군의 월남전 참전은 철저하게 동서냉전이 규정한 사건들이었기 때문이다. 그뿐만이 아니라 이후 전개된 자립적 국가경제의 건설과 자유민주주의의 성취를 위한 한국정부와 한국인들의 역동적인 노력은 무엇보다도 국제정치와 세계경제의 큰 흐름에 민첩하고 효율적으로 대처했기에 가능했던 것이다.

60여년간의 건국사를 정리해 본다면, 네 번에 걸쳐 국가건설의 진행과정이 있었다. 건국과 산업화, 그리고 민주화와 좌경화의 숨가뿐 과정이었다.

첫 번째로, 건국의 기반은 48년부터 59년까지 이승만 정부시절로서 이 무렵에 건국의 토대가 완성되었고, 6.25전쟁을 계기로 한미상호방위조약을 체결하여 국방에 관한 기본 골격이 마련되었다. 그러나 나라를 세우고 공산침략으로부터 지켜냈으나 이승만 정부는 풍족하게 먹고 사는 문제를 해결하지는 못했다. 31.5부정선거와 4.19혁명으로 이승만정부가 무너지고 장면정부가 등장하여 의원내각제에 의한 국정운영이 선을 보였으나, 장면정부는 민생문제는 거의 해결책을 내세우지 못했고, "가자. 북으로! 오라 남으로!" 등의 통일구호를 외치는 무분별한 통일논의와 학생데모는 일상화되었다.

두 번째로, 근대화 내지 산업화의 기반은 1961년 5.16쿠데타를 주도한 박정희 소장을 중심으로 한 군사혁명정부가 등장하면서 마련되었다. 박정희를 주축으로 한 군부세력은 적극적으로 근대화 내지 경제성장을 추진할 수 있는 발판이 마련되었다. 박정희 대통령은 18년 동안 장기집권을 통해 수차례에 걸쳐 경제개발5개년계획을 추진하였고 월남전의 참전을 통해 월남전 특수로서 경제성장에 박차를 가하고 또한 한국군 장비의 현대화 및 자주국방의 기반을 마련하였다. 그는 또 유신체제시절에는 미국의 반대를 무릅쓰고 일본의 자본을 끌어들여서 대내외의 전문가들이 무리라고 판단했던 중화학공업을 강력하게 추진하기도 했다.

박정희의 국가발전 전략은 프로이센이나 일본, 그리고 소련이 추진했던 위로부터의 개혁, 즉 국가가 주도한 발전전략이었지 市場을 존중하고 개인적 창의와 자유방임주의를 지향한 미국이나 영국 등 서방자유민주주의 진영의 근대화 방식은 아니었다. 이런 후진국형 개발전략은 민주화를 요구하는 대중들의 욕구를 억제하였고, 특히 수출을 위해 노동집약적인 산업을 통해 양산했으며 국가통제 경제방식을 선호한 것이었다. 박정희는 남북한의 휴전상태에서 무력도발과 긴장이 장기적으로 지속되는 한반도의 냉혹한 현실에서는 지방자치의 전면실시는 시기상조이므로 통일이후에나 가능할 것으로 보았다. 그러나 산업화의 전개과정에서 빚어진 富의 偏在와 부정부패현상으로 인해, 소외된 사회세력의 국가에 대한 불만은 커져갔다. 일반대중들은 정치적 민주주의의 지연과 인권유린, 그리고 산업화 과정에서 빚어진 불평등성을 목격하고 저항해갔다. 자연히 유신체제말기에 대학생들과 노동자들을 중심으로 한 대중의 저항이 거세어졌다. 한미관계도 60년대의 밀월관계와는 달리, 70년대에는 불법로비사건인 박동선게이트가 터졌고, 미국에 망명한 전 중앙정보부장 김형욱이 미 하원 청문회에 소환되어 한미 관계는 악화되었다. 민주당의 지미 카터 대통령은 한국의 인권개선과 주한미군철수를 거론하면서 박정희 정부를 압박했다. 그렇게 해서 박정희 정부는 대내외적으로 고립되었다.

유신체제는 1979년 10.26의 박대통령 암살사건으로 종말을 고하고, 그 사건조사의 후유증으로 발생한 12.12, 그리고 80년의 5.18광주사태는 또 한 차례의 전두환 소장과 정규육사출신들을 주축으로 한 군부세력의 집권을 가져왔다. 5공 전두환 정부는 막대한 대미흑자와 88서울올림픽을 통해 한국경제의 잠재력과 눈부신 성취력을 달성하여 전세계의 주목을 받았다.

60년대부터 국가주도하에 강제적으로 추진한 경제성장의 뒤안길에서는 이에 반발하는 사회세력이 증대하였다. 중산층의 강력한 정치적 참여욕구가 증대하였고, 이는 결국 87년 6.29선언을 통해 대통령제 직선과 7년 단임제를 이끌어내는 원동력이 되었다. 87년말 야당 분열의 어부지리로 집권에 성공한 노태우 정부는 민주화로 가는 과도정부의 성격을 가졌다. 노태우 대통령은 정권의 정통성의 약점을 만회하려고 대공산권과의 관계개선을 통해 돌파구를 찾으려고 몸부림쳤다. 대외적으로는 북방정책을 통해 소련 및 동구권과 외교관계를 개선했으며, '한반도 비핵화선언'을 제창하여 한국으로부터 미국핵무기를 철수하도록 했으나, 결과적으로 북한의 핵개발에 속수무책으로 당하고 말았다.

세 번째 단계는 민주화 과정이었다. 김영삼 문민정부는 지방자치제와 금융실명제 실시, 하나회 숙청을 통해서 민주화를 요구하는 국내의 중산층의 요구에 화답했으나, 지나치게 포퓰리즘에 치우친 나머지 남산의 외국인 아파트 철거와 중앙박물관 (구 중앙박물관이며 일제때 조선총독부 건물)의 해체 등 이벤

트사업을 통해 국가재정의 부담을 가중시켰다. 당시 개방화, 자유화, 민주화의 물결에 따라서 해외로 나가는 관광객들이 문전성시를 이루었는데, 이는 산업화 이후 중산층의 씀씀이가 커진 결과였다. 그러나 격렬해지는 공장파업과 노사분규를 정부차원에서 강력하게 대응하지 못하고 노동시장에서의 유연성을 상실하였다. 여야 정쟁은 격화되었고, 탈냉전이후 광속으로 돌아다니면서 투기이득을 노리는 국제금융머니를 제대로 방어하지 못한 채, IMF사태가 촉발되었다. 김영삼 정부는 향후 좌익정부로 가는 징검다리 역할을 했다고 볼 수 있다.

네 번째 단계는 좌경화 과정이었다. 90년대 중반이후 노도와 같이 밀려온 민주화바람의 편승으로 처음으로 정치사에서 김대중-노무현 좌익정부가 등장하였다. 좌익정부의 등장 배경의 주된 요인으로는 5.18광주사태와 IMF사태로 인해 근대화와 반공세력에 대한 중산층과 소외계층의 반항이 있었다. 김대중의 평양행(2000.6)으로 시작된 햇볕정책은 무려 7조원에 해당하는 대북지원을 하였으나, 북한의 개혁개방은커녕 핵개발을 지원할 결과를 초래했고 남북관계에서 해빙-긴장은 시조게임처럼 오락가락했다. 1-2차 서해교전이 있었고, 대한민국에 되돌아온 것은 김정일의 감사장이 아니라 서해안을 항해중인 천안함의 폭침이 있었고, 연평도에서의 민간인에게까지 겨냥한 포격이 있었다. 특히 청년층과 여성층이 북한의 대남도발에 가장 흔들리는 계층으로 조사되고 있다. 이렇게 대한민국은 60년동안의 번영이 있었지만, 안보의 위기속에서 방향감각을 상실하다보니, 생사를 걸고 탈출한 탈북자들은 북한해방보다는 남한의 자유를 지키는 것이 더욱 절박한 과제가 되었다고 웃지 못할 하소연을 하고 있다.

대한민국은 표면적으로 물질적 풍요와 민주화의 진척으로 활력에 넘치게 되었으나, 내부적으로 사상적인 면에서 좌경화의 고통으로 신음하고 있다. 정당, 방송과 언론, 사법부, 출판부, 교육계 등에서 80-90년대에 대학캠퍼스에서 맹활약한 386운동권들이 이제 사회의 핵심중추가 되었는데, 그들이 한국사회의 좌경화를 이끌고 있다. 무상급식과 무상의료, 그리고 반값등록금 등은 50년대와 60년대에 북한 사회주의 체제에서 횡횡했던 구호들을 연상하게 한다. 김일성의 유령이 배회하는 대한민국이 되었다고 말할 수 있지 않을까?

결론적으로 말해서, 여러 차례의 굴곡과 후퇴의 국면도 있었지만, 전체적으로 개인의 자유와 인권을 존중하는 이념이 정치와, 경제 및 사회와 문화에 뿌리를 내리는 활력에 찬 전진의 '역사였다. 그러나 민주화과정의 고비에서 온 좌경화의 언덕을 넘어서야 대한민국은 김정일체제와의 경쟁에서 최종적으로 승리할 수 있으며 동시에 선진강국과 한반도의 자유민주적 통일에 한층 다가설 수가 있을 것이다. 이런 점에서 탈북자들의 역할이 크게 기대가 된다. 또 이를 후원하는 기독교계의 각별한 노력이 필요한 때이다.

2011.6.21

2011년 검인증 6종 현대사교과서의 특징[6)

목 차

I. 서론: 개선 안된 좌편향 한국사 교과서

2011년 4월 22일 고교 한국사 교과서를 '선택과목'에서 '필수과목'로 바꾼다는 점을 이주호 교육부 장관이 파고다공원 탑 앞에서 발표를 하면서, 한국사 교과서가 언론의 주목을 받고 있게 되었다. 그러나 검인정에서 통과된 6종 한국사 교과서의 내용에 대한 평가는 부정적이다. 노무현 정부에서 만든 근현대 교과서에 비해 크게 나아진 것은 없다는 것이 실망한 분석자들의 한결 같은 의견이다. 2011년 한국사 교과서 분석의 중심에 섰던 조갑제닷컴 (www.chogabje.com)의 조갑제 대표는 새로운 6종 교과서를 단적

---

6) 이 글은 자유민주학회지(2012.1)에 실린 전문이다.

으로 "엽기적인 쿠데타"로 언급하고 있다. 그렇게 분노한 이유는 노무현 좌파정부 때 만든 6종의 근현대사 교과서는 북한이 발행한 역사교과서라고 착각할 정도로 김일성 공산독재정권을 찬양한 왜곡이 심한 역사교과서였던 것인데, 이런 교과 내용들이 이명박 보수정부가 들어선 현 시점에서도 전혀 개선을 보이지 않고 있기 때문이다.

좌편향 문제점은 노무현 좌파정부시절에 서술되었던 교과서 내용을 근본적으로 수정하지 않은 채, 한국사를 필수과목으로 채택했기 때문에 불거져 나온 것이다. 일반적으로 국어교과서와 국사교과서는 모든 나라들이 국정으로 하고 있다. 그 이유는 국가공동체와 국민통합을 이루기 위해서였다. 그런데 국정이던 국사 교과서를 노무현 좌익정부때 검인정으로 바꿨다. 검인정으로 바꾼 이유는 전교조와 좌익교수를 내세워 좌편향 국사교과서를 만들기 위해서라는 의혹까지 제기되었다.

II. 집필기준과 집필진의 역사인식; 좌경민중사관

이번 집필기준은 전체적인 서술방향에서 "특정이념이나 역사관에 편향되지 않고 우리 역사를 객관적이고 전체적인 관점에서 파악할 수 있게 서술한다"고 적고, 各論(각론)의 '대한민국의 수립' 부문에서는 "광복 직후 정치 상황과 관련하여 우리나라와 관련된 미국과 소련에 대한 서술에서 특정국가, 특정이념에 치우친 편향된 시각은 지양하고, 정확한 역사적 사실을 토대로 객관적으로 서술한다"고 밝히고 있다. 그러다보니 沒이념, 沒국가적 기술이 되고 말았다. 그런데 필진들이 망각한 준엄한 사실은 대한민국이 미국과 같은 자유민주주의 이념을 토대로 하여 건설된 나라인데 반하여. 북한정권은 공산독재국가인 소련을 따랐다는 점이다. 沒이념,

沒국가적 기술은 객관적인 게 아니라 영혼이 없는, 역사관이 결여된 기능적 서술이 되는데, 이런 집필기준으로 인해 정체성이 혼란스럽고 국적이 없는 교과서가 되고 말았다.

대한민국의 국가이념과 미국 등 우방국을 찬양하거나 고양시키지 않고 북한 공산체제나 소련이나 중국 등 공산적성국가에 대한 지나친 비판을 자제하는 논리가 도처에 깔려 있었다. 한국사 교과서는 형식상으로는 이명박 정부의 중도실용주의 노선을 충실히 따랐지만, 내용상으로는 좌편향 속성을 떨치지 못했다고 볼 수 있다.

집필기준의 좌경화는 집필진의 인적 구성상의 문제점과 직접 연관되어 있다. 연구위에서 현대사 부문을 맡은 사람은 김태웅 서울대 사범대 역사교육과 교수다. 그는 좌편향된 고교 한국근현대사 교과서 가운데서도 가장 악명 높았던 금성출판사 교과서 저술에 참여한 사람이다. 고양이에게 생선을 맡긴 꼴이다.

6종의 고교 한국사 교과서에는 左派성향 교수와 전교조 출신 교사들이 대거 필진으로 참여했다. 9명의 교수출신 필진 가운데 8명이 좌파성향이며, 28명의 교사출신 필진 가운데 9명이 전교조 출신이다. 특히 법문사와 삼화출판사 발간의 한국사 교과서에는 친북적 계급史觀이 두드러져 말썽이 된 '한국 근·현대사'(금성출판사) 필진 출신 2명의 교사가 포함됐다. 이에 따라 총37명의 필진 가운데 적어도 19명(51%)의 필진이 左派성향으로 확인됐다.

삼화출판사가 발행한 역사교과서 집필진은 모두 6명의 일선교사로 전교조 및 전교조의 연대 단체인 '전국역사교사모임'(이하 전역모)이 주축을 이루고 있다. 구체적으로 박중현(양재고, 전역모), 박범희(중앙고, 전역모), 김쌍규(잠실고), 정행렬(도봉고) 등 4명의 교사 필진이 전교조 회원이며, 이인석(문정고)은 전역모 회원이다. 이 가운데 이인석은 금성출판사의 '한국 근·현대사' 집필에도 참여했다.

전역모는 전교조의 前身(전신)인 '전국교사협의회' 출범 시기와 비슷한 1988년 '역사교육을위한교사모임'으로 창립되어 1991년 현재의 명칭으로 바뀌었다. 전역모는 현재 2000여 명(전체 역사교사의 1/3)의 역사교사가 회원으로 참여하고 있는 거대 조직이다. 단체는 그 동안 전교조와 함께 '살아있는 한국사 교과서', '살아있는 세계사 교과서', 일본의 교원노조와 공동으로 韓日(한일)공동역사교과서인 '조선통신사' 등을 제작하기도 했다.

전역모는 2003년 3월28일 '한국전쟁전후 민간인 학살 진상규명 범국민위원회'가 주도한 國軍의 이라크 파병 반대성명에 '역사문제연구소', '민주화를위한전국교수협의회', '평화와통일을여는사람들' 등의 단체와 함께 참여했다.

이 단체는 또 2004년 노무현 대통령 탄핵 당시 국회 탄핵소추 의결을, 쿠데타를 통해 집권했던 세력의 후예들이 자행한 또 다른 쿠데타로 규정하고 이른바 '역사교사 선언문'을 발표했다.

천재교육이 발간한 고교 한국사 교과서에는 6종 교과서 가운데 가장 많은 8명의 필진(교수, 교사)이 참여했다. 5명의 교수 출신 집필자 가운데 주진오 상명대 역사콘텐츠학과 교수, 박찬승 한양대 국사학과 교수, 이신철 성균관대 동아시아학술원 연구교수, 임성모 연세대 사학과 교수 등 4명이 좌편향적인 '역사문제연구소'(이사장 서중석)의 연구위원 및 연구원이다. 이들 가운데 주진오, 박찬승 교수는 朴正熙 대통령 기념관 건립을 반대해온 학자이다. 교사 출신 집필진(총3명)으로는 경규칠(세화여고), 송옥란(신현고) 2명이 전교조 출신이다. 교수 출신 집필진 가운데 주진오 교수는 이승만, 박정희 대통령의 건국과 근대화를 긍정한 '교과서포럼'(대표 박효종)의 『대안교과서』를 끊임없이 비판해온 인물이다.

집필진의 역사인식은 그 기원이 『解放前後史』의 인식에서 찾아볼 수 있다. 『解放前後史』는 1979년 10월 발행된 1권을 시작으로 지난 10년 간 임헌영(남민전 사건 연루자), 김남식(남파간첩 출신), 박현채(조선대 경제학자), 장상환(크리스찬아카데미사건 연루자), 강만길(고대명예교수, 반민족연구소 지도위원), 백기완(재야통일운동가), 이종석(전 통일부장관), 임종국(재야문학평론가) 등의 인사들이 필진으로 참여, 지금까지 모두 6권으로 완결됐는데, 이

책들은 좌파사학자들과 운동권의 바이블이 된 좌편향 역사서이다. 이념적으로 편향된 역사서임에도 불구하고 정규 교과과정에서 전혀 배우지 못했던 역사가 서술되어 있다는 장점 때문에 80~90년대 대학가에서 선풍적인 인기를 끌었다.

『解放前後史』는 분단과 6.25전쟁의 책임에 대해서도 이승만과 미군정에 그 책임을 돌렸다. 이승만의 성공한 농지개혁에 대해서도 지주제를 온존(溫存)시키고 영세농민만 만들었다고 폄하했다. 『解放前後史』의 필진들은 또 이승만이 개인적 탐욕으로 분단에 앞장섰고 장기집권으로 민중의 심판을 받았다는 식으로 기술했다.(세계일보 인터넷판 2006년 2월9일자 보도 참고). 《解前史》의 한국 현대사에 대한 이러한 인식은 이명박 정부가 들어서면서 새로 발간된 6종의 고교한국사 교과서의 역사인식과 정확히 그 궤를 함께 하고 있다.

III. 6종 한국사 교과서의 특징;
좌편향과 건국, 근대화 세력 폄하

한국사 교과서의 특징은 나열하면 다음과 같다. ① 건국과 근대화세력을 폄하 및 부정하는 反대한민국사관(자학사관), ② 경제성장에서 노력한 기업의 역할과 공헌을 부정하고 민중과 노동자의 피와 땀의 역할을 과강하는 민중사관, ③ 미군정과 6.25참전을 통해 한국을 도와준 미국의 역할을 부정·왜곡·축소하는 反美主義, ④ 건국과정과 질서유지에서 크게 공헌한 국군의 역할을 폄하하는 反軍사상 및 ⑤ 남북한의 맹목적인 평화를 지향하는 厭戰사상 등으로 요약할 수가 있다.

1. 이승만의 건국 업적을 폄하 및 부정

高校 한국사 교과서들은 대한민국 역대 대통령의 업적을 왜곡, 축소하거나, 사실적으로 다루지 않았다. 6種 교과서 중 특히 좌편향이 심한 미래엔컬처그룹, 천재교육 교과서를 대상으로 대통령 관련 記述(기술) 내용을 분석해본 결과, 특히 李承晚(이승만), 朴正熙(박정희), 全斗煥(전두환) 대통령의 업적을 축소, 누락하고 金大中(김대중), 盧武鉉(노무현) 대통령에 대해서는 업적을 미화하는 편향된 서술이 많았다.

이승만 대통령의 경우, 업적이 다수 누락되었고 부정적인 서술이 主를 이루었다. 교과서 전체적으로 깔려 있는 李承晚 대통령에 대한 부정적 시각은 제목에서도 나타난다. 천재교육刊 교과서의 경우 '냉전과 독재의 함정에 빠지다', '정권 연장을 위한 개헌', '반공독재의 강화'가 사용됐다. 미래엔컬처그룹 교과서에도 '4.19혁명, 이승만 독재를 무너뜨리다'라는 中제목 하에 '이승만 독재를 무너뜨린 4.19혁명'이라는 小제목까지 再등장한다.

이승만 대통령의 중요 업적 중 하나인 韓美상호방위조약의 경우, 조약을 추진·체결한 주체를 흐리거나 아예 미국인이 주도한 것처럼 소개되었다. 천재교육刊 교과서는 "남측은 한미상호방위조약을 체결하는 등 미국과의 동맹을 강화하여…"라고 서술, 대한민국이나 李 대통령이 아닌 '남측'이라는 말로 한미상호방위조약 체결의 주체를 흐리고 격하하였다. 미래엔컬처그룹은 "6·25전쟁 후 미국은 한미상호방위조약을 체결하여 미군을 한국에 주둔시켰고…"(p.344)라며 오히려 그 주체를 미국으로 묘사했다. 대한민국이 추진하여 성사시킨 성공적인 韓美동맹을 마치 미국이 원해서 일방적으로 체결한 것처럼 왜곡한 것이다. 그러나 이것은 사실과 전혀 다르다. 韓美상호방위조약은 미국 측이 먼저 추진한 것이 아니라, 6·25 전쟁 이후 한반도 赤化(적화)를 우려한 李 대통령의 결단에 따른 것이었다. 이 조약에 의해 한반도에 무력충돌이 발생할 경우 미국은 유엔의 토의와 결정을 거치지 않고 즉각 개입할 수 있게 되었다.

이승만 대통령에 대한 부정적 傾向(경향)은 6종 교과서 전체에 걸쳐 짙게 나타난다. 천재교육의 경우, '교육제도의 정비'(p.335)에서 李承晩 정부가 마련한 6-3-3년제와 의무교육제 확립을 다루면서도, "이 시기에 현재와 같은 6-3-3년제의 교육제도가 마련되었고,…"라고 설명하여 이승만 정부의 주요 업적이라고는 하지 않았다. 그러나 국민보통교육의 확대는 이 대통령의 가장 큰 업적중 하나임을 모르는 국민들이 많다. 반공정책의 실시를 통해 사회질서가 잡힌 점, 동해 평화선 설정(이승만 라인)로 일본 어부들이 얼씬도 못한 점, 48년 12월 국가보안법을 제정·실시를 통해 간첩을 색출하고 사회를 안정화시킨 사실은 전혀 언급도 하지 않았다.

가장 객관적이라고 평가를 받는 지학사의 경우도, 이승만에 대한 비판은 적지 않다. "1950년 5월, 제2대 국회의원 선거가 치러졌다. 이 선거로 남북 협상을 통한 평화 통일을 지향하는 중도 세력(무소속)이 국회에 많이 진출함으로써 이승만 대통령을 지지하는 세력은 크게 약화되었다. 이승만 정부는 국회 간접 선거로는 재선이 어렵다고 판단하고, 대통령을 국민이 직접 선거하는 직선제 개헌을 추진하였다"(p.279). 또 양명산으로부터 정치자금을 받았다는 혐의로 체포되어(1958), 다음해 처형된 조봉암사건에 대해서도 일방적으로 정치탄압과 무죄라는 가정하에 서술하고 있다. "민심 이반으로 위기에 몰린 이승만 정부와 자유당은 진보당을 탄압했다. 그리고 대통령 선거에서 평화 통일론을 내세우며 선전한 조봉암 후보에 간첩 혐의를 씌워 처형하였다(1958. 7). 또한 언론 통제와 반공 강화를 골자로 한 신국가 보안법을 통과시켰다"(p.280). 북한과 연계된 간첩공안사건에 대한 기술은 조심스러워야하는데 일방적으로 조봉암을 무죄라고 단정하고 있다.

법문사의 경우도 이승만에 대한 비판의식은 대동소이하다. "개정 헌법에 따라 실시한 선거에서 이승만이 대통령에 당선되었다. 그러나 민주당의 장면이 대통령을 승계할 수 있는 부통령에 당선되고, 진보당 대통령 후보 조봉암이 예상 외로 크게 득표를 하였다. 이에 위기의식을 느낀 이승만 정부는 혁신 정당인 진보당을 탄압하고, 반공 체제의 강화를 내세우며 국가 보안법을 강압적으로 통과시켰다. 또, 정부에 대해 비판적인 경향신문을 폐간시켰다"(p.327).

대부분의 6종 교과서들은 이승만이 왜, 어떻게 해서 대통령이 되었는지를 합리적으로 기술하지 못하고 있다. 해방후 갑자기 미국에서 귀국하여 운이 좋아서 대통령이 된 식으로 서술하고 있다. 그의 파란만장했던 독립운동의 일대기에 대해서는 일절 생략하고 있다.

이승만은 서재필 등 개화파 인사들과 함께 독립협회 활동에 참여했으며 만민공동회의 연사였다. 고종 폐위 음모 사건에 연루되어 한성 감옥에 수감되기도 했는데, 수감시절 신문기고나 '독립정신' 집필 등의 활동을 벌인다. 이승만은 미국 유학 시절, 일본에 호의적인 분위기였던 미국 내에서 재미교포들과 함께 독립운동을 벌였으며, 미국 시민권을 거부하여 무국적자로의 불편과 위험 속에 미국, 유럽 등을 무대로 독립운동을 전개해나갔다. 이런 과정들이 모두 생략되어 있다. 특히 이승만의 『독립정신』은 청년 이승만이 1904년 감옥에서 집필한 책으로, 박용만을 통해 비밀리에 미국으로 운반되어 1909년 1월 미국에서 출판되었다. 이 책은 구한말 혼란의 극치에 다다랐던 국내외 정세와 함께, 개화운동, 독립운동, 한국 근대 민족주의와 민주주의의 태동 움직임 등을 담은 중요한 역사적 기록으로 평가받고 있다. 그의 정치철학과 애국심, 나라에 대한 원대한 비전이 담겨 있는 책으로, 독립투쟁과 건국, 대통령으로서 나라를 이끌어 가는데 실천되었다. 이런 책은 소개가 전혀 안되고 있다.

추가로 보중되어야할 이승만 대통령의 두 가지 업적은 다음과 같다. 첫째로, 韓美(한미)상호방위조약 체결이다. 휴전협상에서 소외된 李承晩 대통령은 단독 北進(북진), 반공포로 석방을 카드로 미국 정부를 압박하여 한미상호방위조약을 끌어냈다. 안보의 틀을 한미동맹으로 굳힘으로써 산업화 시기 국방비의 증액을 최소화하면서 국가자원을 경제개발에 집중할 수 있도록 했다. 이런 공로는 그의 과실을 상쇄하고도 남는 것이다. 2차대전이후, 경제성장과 민주주의를 이룩한 대표적인 나라로 서방학자들은 한국, 서독, 일본을 주목하고 있는데, 이 세 나라는 공통적으로 미국과 방위조약을 체결하여 미군이 주둔하여 경제성장과 민주화를 이룩한 나라들이다.

둘째로, 해양주권선의 설정이다. 1952년 1월18일 이승만 대통령이 한국의 영토·도서의 인접수역에 대한 주권을 선포함으로써 설정된, 한국의 주권이 미치는 독점수역(獨占水域)을 긋는 선이다. '평화선'이라고도 하며, 일본측에서는 '이승만 라인'이라고 불린다. 국제 선례에 따른 이 선언은 국방상 이유와 수산물·광물자원의 보호를 위해서 이루어진 것이었다. 이 같은 경계선을 선포하자 일본의 강한 반발은 물론, 그 밖의 미국·영국·대만 등의 우방국들도 부당한 조치라고 비판했다. 그러나 이승만 정부는 "한일 양국의 평화유지에 목적이 있다"고 명분을 밝히고 굽히지 않았다. 최근 독도문제가 한일간의 영토문제로 비화하고 있는데, 독도를 지키려했던 이 대통령의 결단을 상기한다면, '친일파 대통령'이란 말은 그 분에 대한 모욕(侮辱)인 것이다.

2. 박정희가 주도한 5.16혁명 및 근대화세력 폄하

6종의 교과서 중 미래엔컬처·비상교육·삼화출판사 교과서는 朴正熙 주도의 5.16혁명을 부정적으로 기술하고, 그에 반해 무능하고 부패한 張勉(장면) 내각을 옹호하여, 결과적으로 5.16혁명의 성과를 축소·왜곡했다. 특히 비상교육·삼화출판사 교과서의 경우 5.16혁명이후 시행된 여러 정치·경제·사회 개혁이 "별 효과를 보지 못하였다", "제대로 성과를 거두지 못했다"면서 역사적 사실을 왜곡했다.

"장면 정부가 경제 개발 자금을 마련하기 위해 군대를 축소하려 하자 일부 군인 세력들이 불만을 가지게 되었다. 이에 박정희를 비롯한 일부 군인 세력들은 장면 정부의 무능과 사회 혼란을 구실로 삼아 1961년 5월16일 군대를 이끌고 서울을 장악한 후 전국에 계엄을 내렸다. 정변을 일으킨 군인들은 박정희를 의장으로 한 국가재건최고회의를 구성하여 군정을 실시하였다. 군사 정부는 반공을 국시로 삼고 부정부패의 일소를 내세우면서 부패 공직자와 폭력배를 처벌하였다. 또한 민생 안정책으로 농가부채 탕감, 농산물가격 안정정책, 화폐개혁 등을 실시하였으나 별효과를 보지 못하였다"(비상교육, pp. 351~352).

"군사정부는 반공을 국시로 삼고, 사회 안정과 경제발전을 이루겠다고 선언하였다. 이를 위해 정치 활동 정화법·반공법을 제정하여 정치인의 정치 활동을 금지하고, 진보적 지식인과 노조 및 학생 간부들을 혁명 재판에 회부하였다…(중략) 또한 산업화의 기틀을 마련하기 위해 경제 개발 계획을 추진하였으며, 통화 개혁을 단행하고 농가 부채를 줄이는 정책을 실시하였다. 그러나 국민의 지지를 이끌어 내려는 이러한 정책들은 제대로 성과를 거두지 못했다"(삼화출판사, pp.350~351).

"장면 내각은 공무원 공개 채용 제도와 경찰에 대한 대대적인 인사 조치 등을 단행하였고, 군비 축소를 통한 경제 개발 계획을 마련하였다. 그러나 집권당인 민주당은 대통령과 총리를 중심으로 분열·대립하였다. 이를 틈타 평화 통일 운동과 군비 축소에 불만을 품은 일부 군인들이 5.16 군사 정변을 일으켜 정권을 잡았다.(1961). 이로써 4.19 혁명의 기대를 안고 출범한 장면 내각은 9개월 만에 그 뜻을 펴지도 못한 채 무너지고 말았다. (미래엔컬처그룹, p.361)

3. 反美主義의 일색

6종 고교 한국사 교과서에서 거의 공통적으로 보이는 특징은 반미주의 경향이다. 대부분의 교과서는 8.15 광복이후 建國 과정을 記述하는 부분에서 미군정의 정치·경제적 역할에 대해 否定的 측면만을 부각시켰다. 주로 미래엔컬처그룹과 천재교육, 그리고 삼화출판사 교과서에서 발견됐다. 구체적인 사례를 들면 다음과 같다.

미래엔컬처그룹: "미군정은 총독부 관료와 경찰을 그대로 등용한 반면, 한국인들이 조직한 대한민국 임시 정부와 조선 인민 공화국은 모두 부인하였다. 38선을 경계로 미군과 소련군이 남북을 분할 점령함으로써 한국의 독립 국가 건설 작업은 양국의 정치적 영향을 많이 받게 되었다"(p.323)…(중략). "임시정부는 1945년 12월 31일 내무부장 신익희 명의로 '현재 행정청 소속의 경찰 기구 및 한인 직원은 전부 본 임시 정부 지휘 하에 예속케 함', '일반 국민은 금후 우리 정부 지도하에 제반 산업을 부흥하기를 요망한다'는 내용의 포고문을 발표하였다. 미군정은 이를 '임시 정부의 쿠데타'로 받아들여 신익희를 체포했으며, 임시 정부 요인의 처단과 국외 추방을 검토하였다. 임시 정부 주석 김구와 미군정 사령관 하지가 만나 사태가 수습되었으나, 이후 미군정은 대한민국 임시 정부에 대한 감시와 탄압을 강화하였다"(p.327 '그때 그 사건').… (중략) "미군정 시기 계속된 재정 적자와 과도한 화폐 발행은 인플레이션을 심화시켰다. 1947년 말 물가는 2년 전에 비해 33배나 올랐다. 초기에 자유 시장 정책을 취했던 미군정은 식량 문제를 해결하기 위해 양곡의 수집과 배급을 통제했지만, 식량 수급이 원활하지 못했다"(p.339).

삼화출판사: "일본의 자본과 기술들이 빠져나가고, 노동자들의 자주적 경영을 미군정이 인정하지 않으면서 공업 생산량마저 줄어들었다. 물자의 부족과 함께 물가 상승이 지속되었다. 광복 당시 조선 총독부와 이후 미군정에서의 과도한 화폐 발행도 물가 상승을 부채질하였다… (중략) 노동자들도 열악한 노동 조건과 빈곤에 허덕이는 가운데 미군정의 정책에 불만이 커져갔다. 이는 미곡 수집제 폐지, 토지 개혁 실시, 식민지 교육 철폐, 미군정 퇴진 등을 요구하는 대규모 시위로 확대되었다"(p.314).

천재교육: "미군정은 쌀 공출제를 폐지하여 곡물의 자유 시장제를 실시하고, 소작료를 수확의 3분의 1로 낮춘 3.1제를 채택하여 농민을 보호하고자 하였다. 그러나 미군정의 정책은 토지 개혁, 소작료 인하와 금납제 등을 바라는 농민들의 기대에는 미치지 못한 것이었다. 한편 일부 상인과 지주의 매점매석으로 식량 위기가 오자 미군정은 강제로 쌀을 사들이는 수매제를 시행하였다. 농민들은 강제 수매를 공출로 받아들였고, 이는 9월 총파업과 10월 봉기와 같은 저항 운동의 중요한 쟁점이 되기도 하였다" (p.314).

6.25전쟁 초기 나라가 풍전등화의 위기에 처해 있을 때, 미군이 조기에 참전하지 않았더라면 오늘날의 대한민국은 벌써 공산화되었을 것이다. 그러나 삼화출판사의 교과서는 6.25당시의 전시상황에서 미군의 양민학살을 부각시키면서 반미감정을 부추기고 있다.

"미군, 민간인에게 발포하다.
발포하라! 모두 쏴 죽여라!"
저는 총을 겨누고 있던 사람들이 군인인지 아닌지 알 수 없었습니다. 그런데 아이들이 있었습니다. 목표물이 뭐든 상관없었습니다. 여덟 살이든, 맹인이든 불구자든 미친 사람이든 상관없었습니다. 모두에게 총을 쐈습니다. -미군 제7기병 연대 참전 군인 조지 얼리의 증언-(자료콕콕-군대에 의한 민간인 학살, 삼화출판사, p.322).

미래엔컬처그룹 교과서는 戰後(전후) 경제복구 내용을 다루고 있으나 李承晩 정부의 노력이라고 표현하지 않았고, 제1공화국의 경제안정 정책도 다루지 않았다. 특히 1950년대 미국 원조를 다룬 부분은 왜곡되고 악의적이다. 교과서는 "전후의 경제 재건은 미국의 원조에 힘입은 바가 컸다"고 서술하면서도 원조액(대충자금)의 절반 정도가 미군의 유지비와 무기 구입 자금으로 쓰이면서 미국의 무기 체계에 의존하는 현상이 나타나게 됐다고 왜곡하고 있다.

"미국의 한국에 대한 원조는 미공법 480호(미국의 농산물 무역원조법)에 의해 농산물이 중심을 이루었다. 한국은 원조 받은 농산물을 시장에 팔아 그 대금을 한국은행에 예치하였다. 이 예치금을 대충자금이라고 하는데 정부는 한미합동 경제위원회의 감독 아래 이를 사용하였다. 재정 수입에서 대충자금의 비중은 평균 38%였다. 대충자금은 절반 정도가 미군의 유지비와 무기 구입 자금으로도 쓰임으로써 한국군의 국방력이 강화되었지만, 미국의 무기체계에 의존하는 현상이 나타나기도 하였다.…('알아봅시다', 대충자금과 미공법 480호, p.346).

우선 미국의 對韓원조가 농산물 중심이었다는 記述(기술)은 과장이다. 1950년대 미국 및 유엔을 통해 한국 정부에 제공된 원조는 ECA&SEC, CRIK, FOA&ICA, UNKRA, PL480 등 다양하다. 여러 원조를 통해 수입된 물품 중 농산물은 약 17% 정도였으며, 원료·중간재를 포함한 공산품이 더 많았다.

4. 反企業 정서와 民衆主義 입장

6종의 한국사 교과서는 노동운동가 전태일의 분신자살을 모두 많은 지면을 할애하여 집중적으로 소개·미화하면서도 한국을 대표하는 기업가들인 삼성그룹의 창업자인 이병철 회장과 현대그룹의 창업자인 정주영 회장에 대해서는 단 한 권뿐, 그것도 간략한 사진 설명에 불과하다. 그래서 전국경제인연합회(전경련)가 27일 교육과학기술부와 국사편찬위원회에 건의문을 보내, '교과서에 기업·기업인에 대해 공정하게 써달라'고 요청하였다. 이는 한국인의 反기업 정서를 잘 대변하고 있다. 조선조 시대엔 士農工商이라고 하여 기술자와 기업인들을 멸시하여, 결국 망국의 원인이 되었는데, 이런 과거의 쓰라린 亡國의 경험에서 아무런 교훈을 얻지 못하고 있다.

미국의 경제잡지 포춘이 매년 발표하는 '세계의 500대 기업'에 三星電子가 22등에 올랐다. 매출액 기준인데, 작년 이 회사는 1337억80억 달러를 올렸다. 한국회사는 15社가 500大 랭킹에 들어가 국가별 순위로는 8등이었다. 이런 놀라운 한국기업들의 성장이 한국경제의 견인차 역할을 했음을 전혀 서술하지 않다.

6·25 직후의 최빈국 수준에서 불과 60년 만에 세계 15위권의 경제 규모를 이룩한 '유례없는 성공'이라는 점을 교과서에 실어 대한민국의 경제 발전이 위대한 성취였다는 것을 학생들이 알 수 있도록 해야 한다. 현행 교과서는 대기업이 정부의 특혜로 성장했고, 정경유착 등 부정적 측면만을 지나치게 강조하고 있다. 대기업의 공과(功過)에 대해 공정하게 써야 한다. 학생들이 근로자의 어려운 처지를 이해하는 것도 중요하지만 도전적이고 진취적인 기업가 정신을 배우는 것 역시 중요하다. 학생들이 기업을 일으키는 꿈을 가질 수 있도록 경제 발전에 기업인이 기여한 부분의 서술을 늘려야 한다. 일부 한국사 교과서는 한국이 수출과 자유무역, 세계화로 인해 혜택보다 피해를 더 많이 본 것처럼 써서 대외 개방과 세계화에 대해 부정적 인식만을 심었다.

5. 김대중-노무현 좌익정부의 친북 및 햇볕정책의 옹호 및 찬양

6種의 교과서 중 천재교육과 미래엔컬처그룹 교과서는 90년대 이후 등장한 김대중-노무현 좌익정부의 정책을 소개하면서, 일방적으로 찬양·미화하고 있다. "친일-독재 등 과거사의 정리를 위해 노력하여 상당한 성과를 거두었다", "과거사 진상 규명법을 제정하여 왜곡된 현대사의 어두운 면을 바로잡기 위해 노력하였다"고 기술했다.

"노무현 정부는 정경유착의 단절, 권위주의의 청산, 친일·독재

등 과거사의 정리를 위해 노력하여 상당한 성과를 거두었다. 또 시민단체와의 적극적인 소통을 통해 시민 사회의 의견을 국정에 반영하려 노력하였다. 또한 개성공단을 본격 가동시키고 2007년 10월에는 제2차 남북정상회담을 성사시킴으로써 남북교류를 크게 활성화 시켰다"(천재교육, p.372).

"노무현 정부는 과거사 진상 규명법을 제정하여 왜곡된 현대사의 어두운 면을 바로잡기 위해 노력하였고, 대북지원과 협력 사업을 지속적으로 추진하였으며, 제2차 남북정상회담을 성사시켰다"(미래엔컬처그룹刊, p.372).

대부분의 6종 교과서들은 1차 남북정상회담의 성사와 햇볕정책에 대해 무비판적 찬양일변도로 서술하고 있다. 5억 달러의 대가로 성사된 김대중-김정일간의 1차 남북정상회담은 2000년 3월 남북정상회담 예비접촉 기간 중 5억 달러가 북한에 비밀송금된 사실이 2003년 특별검사팀의 수사를 통해 드러났다는 점도 외면하고 있다. 2003년부터 9월부터 이루어져서 2005년 6월에는 금강산 관광객이 100만 명 돌파했다. 그러나 2008년 7월11일 관광객 박왕자 씨가 북한군의 피격으로 사망하는 사건이 발생하면서 금강산 관광은 잠정 중단되었다. 한국국방연구원은 북한이 금강산 일부를 개방한 것만으로 역대 최고의 달러벌이를 했다고 평가하면서, 금강산 관광 대가로 지급되는 달러는 김정일의 직접 관할로 들어가 군사비나 對南공작비로 쓰일 가능성이 높다고 지적했다.

남북협력사업의 대표적인 사업으로 일컫는 개성공단도 사실상은 국민세금으로 버티고 있는 실정이다. 2004년 12월15일 북한 개성시 봉동리 일대에 조성된 개성공단 시범단지에서 첫 제품이 생산됐다. 현재 개성공단 입주기업은 123개다. 개성공단은 그동안 '통일 모델' 내지 '평화의 상징'으로만 부각되어 왔으나 실상은 부채덩어리다. 약한 경제적 採算(채산)성 및 적자 상황, 경영난은 정부로부터의 각종 천문학적 액수의 지원과 특혜, 융자 등으로 가려져 왔고, 북한 측은 걸핏하면 개성공단 출입제한, 공단 토지 사용료 인상, 임금인상 요구 등을 주장해 기업환경을 악화시켜 왔다. 개성공단에 전력을 공급하고 있는 한국전력은 2005년부터 5년 동안 182억 원의 적자를 내는 등 누적적자 규모 역시 해를 거듭할수록 늘어나고 있다.

또한 평균 약 100달러 정도의 개성공단 근로자들의 월급 대부분은 북한 당국이 가져가 김정일 독재 체제의 유지비로 사용된다는 비판을 받고 있다. 매달 현찰 460만 달러, 즉 약 50억 원이 고스란히 김정일 정권에 흘러가는 현 추세가 계속될 경우 2011년 북한이 개성공단을 통해 버는 돈은 총 6000만 달러(약 650억 원)에 육박할 전망이다.

또 6종 교과서는 엄청난 대북지원과 비전향장기수의 북송에도 불구하고 국군포로와 납북자들이 돌아오지 못하고 있는 현실에 대해서는 침묵으로 일관하고 있다. 2000년 9월, 63명의 비전향장기수가 판문점을 통해 북송됐다. 비전향장기수는 공산주의 사상전향을 거부한 채 7년 이상 장기복역한 인민군 포로나 남파간첩을 의미한다. 이들과 함께 1993년 북송된 이인모(2007년 사망)씨를 포함해 현재까지 총 64명이 북한으로 송환됐다. 이에 반해 정식으로 남한에 송환된 국군포로나 납북자는 아직 단 한 명도 없다. 돌아오지 못한 국군포로는 7만4000명으로, 이 중 개인적인 탈북으로 귀환한 국군포로들을 통해 확인된 수만 500여 명이다. 6·25전쟁 당시 납북자는 8만2641명, 전쟁 이후 납북자는 514명이다.

6. 국군 폄하 및 反軍사상 고취

2010년 천안함-연평도 사태에서 볼 수 있듯이, 국민들의 안보 불감증은 위험수위에 도달했다. 그러므로 무엇보다도 군대에 대한 국민들의 이해와 군민관계의 소통이 필수적이다.

그러나 6種의 고교 한국사 교과서는 이런 시대적 요청에 부응하지 못하고 있다. 建軍(건군) 관련 내용을 기술하면서 建軍, 또는 創軍(창군) 등의 용어를 일체 사용하지 않았다. 創軍을 소개한 교과서도 지학사와 삼화출판사 교과서 뿐이었다. 그러나 이들 교과서도 創軍과정의 어려움과 애환을 설명하기는커녕 매우 간략하게 기술하여 창군이 마치 저절로 순탄하게 이루어졌다는 인상을 심어줄 뿐이다.

이와 함께 6種의 교과서는 6.25전쟁을 서술하면서 백선엽·김종오 장군과 같은 전쟁영웅에 대한 소개가 全無했다. 백선엽 장군은 1920년 11월23일생으로 일제 강점기에 교사로 지냈고, 만주국의 장교로 간도특설대에서 복무하다가 1945년 해방 직후 고당 조만식의 비서로 활동했다. 이내 소련군이 이북지역에 진주하게 되자, 1945년 12월에 월남하게 된다. 1946년 군정기 남조선국방경비대에서 활동하였고, 훗날 대한민국의 창군 주역으로 대한민국 국군 창설에 참여했다. 1950년 6.25 전쟁에서 국군 장군으로 전쟁에 참전해 많은 공을 세웠다.

또 國軍이 大勝(대승)을 거둔 '다부동 전투', '용문산 전투', '영천 전투' 등에 대해서도 기술하지 않았다. 그러다보니 전쟁주역이 없고, 누가 어떻게 해서 승리했는지가 오리무중이다.

6종의 고교 한국사 교과서 가운데 지학사를 제외한 5종의 교과서는 광주사태를 서술하면서 초기 시위과정에서 돌맹이와 화염병의 투척 등 시위대의 폭력성을 일체 생략하면서 계엄군 발포와 관련하여 일방적으로 계엄군이 먼저 사격했다는 식으로 사실을 왜곡하고 계엄군에 대한 무자비한 진압이 이루어졌다는 등 공권력 사용에 대한 일방적 비판에 초점을 맞췄다. 당시 사건의 因果關係를 객관적으로 정확하게 기술하지 않고 일방적으로 민중봉기를 정당화하면서 사실을 왜곡한 사례를 소개하면 다음과 같다.

"박정희 대통령의 죽음으로 국무총리였던 최규하가 통일주체 국민회의를 통해 대통령직을 승계하였지만 민주화는 더 이상 진전되지 못하였다. 그 사이 전두환, 노태우 등 하나회를 중심으로 한 정치군인들이 1979년 12월 쿠데타를 일으켜 권력을 장악하였다…(중략) 신군부의 권력 장악에 가장 격렬하게 맞선 것은 광주의 학생과 시민이었다. 5월 18일 전남대학교 학생들이 시위 진압을 위해 투입된 공수 부대원들에게 무차별 폭행을 당하면서 시위가 시작되었다. 공수부대원들의 과잉 진압은 시위를 광주 전체로 확산시키는 요인이 되었다. 시위가 확산되는 과정에서 21일 계엄군의 집단 발포가 있었고, 시위대는 파출소와 예비군 무기고의 무기를 탈취하여 무장하였다.…(중략) 5.18 민주화 운동은 무력으로 진압되었고, 이후 군사작전권을 가진 미국의 책임 문제가 제기되기도 하였다"(천재교육, p.367).

"신군부의 계엄 선포에도 불구하고 광주에서 대학생들은 5월 18일에도 비상계엄 해제와 민주 헌정 체제의 회복 등을 요구하는 시위를 계속하였다. 이에 신군부는 계엄군을 투입하여 학생과 시민을 무차별 폭행하고, 총격을 가하였다. 분노한 시민들과 학생들은 총으로 무장하고 계엄군에 맞섰다. 그러나 5월 27일 새벽 계엄군의 무력 진압으로 수많은 사상자를 낸 채 5.18 민주화 운동은 끝나고 말았다"(삼화출판사, p.356).

"12.12 사태 이후 점차 정치의 전면에 나서기 시작한 신군부 세력은 5월 17일에 비상계엄을 전국으로 확대하고 모든 정치활동을 금지시켰다. 이러한 가운데 5월 18일, 전라남도 광주에서는 비상계엄 확대에 저항하는 학생들의 시위가 계속되었다. 계엄군은 무자비하게 시위를 진압하였으며 이에 분노한 학생과 시민들의 시위는 점차 시민 봉기의 형태를 띠기 시작하였다"(법문사, p.347).

교과서는 공통적으로 검찰 조사(1995)와 광주청문회(1988)를 통해 당시 계엄군에 발포명령자가 없었던 점, 그리고 시민군에 의해 발생한 국군의 인명 피해에 대해서는 일체 기술하지 않았다.

특히 비상교육(p.357)과 천재교육(p.367)의 경우 "우리는 왜 총을 들 수밖에 없었는가?"라는 내용이 담긴 '광주시민 궐기문'을 게재해 광주시민들이 총을 들고 국군에 맞선 것을 무장항쟁으로 정당화하는 입장을 지지·옹호했다. 심지어 미래엔컬처 교과서는 '단원마무리'(p.402)에서 광주사태를 다룬 反軍영화 '화려한 휴가'를 '더 보기'(교과서 추천영화)로 소개하면서 청소년 선도라는 고교 교과서의 본질적 교육 임무하져 망각한 채 은근하게 청소년들을 선동하고 있다.

문제의 영화 '화려한 휴가'는 1980년 5월21일 전남도청 앞에서 평화적으로 시위를 하고 있던 광주시민들을 향해 계엄군이 '집단적 발포'를 했던 것처럼 사실을 왜곡했다. 그러나 1995년 검찰수사 결과는 "공수부대 발포는 시위대가 탈취한 장갑차를 몰고 군인들을 향해 돌진, 공수부대원을 깔아 사망하게 한 사건을 계기로 자위적, 그리고 조건 반사적 대응차원에서 이뤄졌다"고 밝혀졌고, 그런 사격도, 그런 사격명령을 내린 장교도 없었다는 사실이 확인됐다.

7. 6.25전쟁에서 애매한 兩非論的 입장

6種의 고교 한국사 교과서가 6.25전쟁을 보는 입장은 양비론적이고 중립적인 태도로 일관한다. 공산집단의 침략에 맞서 미군의 신속한 참전을 결단한 트루먼 대통령, 그리고 당시 軍수뇌부의 반대를 무릅쓰고 인천상륙작전을 감행한 맥아더 장군에 대한 언급을 배제했다.

비상교육과 미래엔컬처 교과서의 경우 트루먼과 맥아더에 관한 기술이 全無했다. 左편향 정도가 가장 심한 천재교육의 경우 트루먼과 맥아더에 대한 언급이 한 차례 언급됐다. 그러나 그 내용은 "유엔군 사령관 맥아더는 원자 폭탄 사용을 주장하였지만, 전쟁의 확대를 우려한 미국 대통령 트루먼은 이를 거부하였다"(p.326)는 식으로 맥아더 장군에 대한 부정적 이미지가 부각됐다.

삼화출판사 교과서의 경우, 트루먼 대통령에 대한 기술이 全無했다. 단지 '6.25전쟁의 배경'(p.319) 및 '사진과 지도로 보는 6.25전쟁'(320페이지)에서 맥아더 장군을 각각 한 차례씩 언급했을 뿐이다. 법문사 교과서도 트루먼에 대한 기술이 全無했다. 맥아더에 대해서는 '6.25전쟁의 전개'(p.323)를 기술하면서 두 차례에 걸쳐 소개했다.

중공개입에 대해서도 유엔군의 참전처럼 중립적 입장에서 서술하고 있다. 6종의 고교 한국사 교과서 가운데 4種의 교과서는 6.25전쟁당시 북한을 돕기 위해 한반도를 不法(불법) 침략한 中共軍을 서술하면서 일관되게 '참전', 또는 '파견'이라는 표현을 사용했다. 이와 함께 삼화출판사, 미래엔컬처그룹, 법문사, 지학사 등 4개 교과서는 中共軍, 또는 中國軍이란 표현 대신 '중국 인민 지원군'이라는 표현을 사용하는 親共的 입장을 노출한다. 이 표현은 6.25전쟁당시 중국이 유엔군과 공식적으로 전쟁을 한다는 인상을 피하기 위해 정규군이 군대가 아닌 '지원병'이라고 중국 공산당이 거짓 주장을 한 것에서 유래됐다.

특히 삼화출판사 교과서의 경우 '사진과 지도로 보는 6.25전쟁'(p.321)에서 미군의 사망 사진을 개제하기는커녕 '전투 중에 사망한 중국 인민 지원군의 시신들'이라는 표현과 함께 사살된 中共軍의 屍身(시신)을 게재해 마치 中國이 전쟁의 피해자인 것처럼 소개했다.

6종의 고교 한국사 교과서 가운데 천재교육과 삼화출판사 교과서는 6.25전쟁의 과정을 기술하면서 인민군과 국군·미군을 同格으로 놓고, 이들이 모두 양민을 학살했던 것처럼 서술했다. 즉 6.25는 남북한 모두가 하지 말았어야할 양비론적 입장이다.

일례로 천재교육 교과서는 프랑스 공산당원 출신의 피카소(Pablo Picasso)가 그린 '한국에서의 학살'을 게재하고, 6.25 전쟁 당시 가장 먼저 희생당한 사람들이 남한의 保導聯盟員(보도연맹원)과 형무소 재소자들인 것으로 기술했다. 반면 인민군이 남침 초기인 1950년 6월28일 서울을 점령한 시점에서 서울대 부속 병원으로 난입해 국군 부상자들을 포함해 일반인들까지 학살한 '서울대 부속병원 학살 사건'에 대해서는 언급하지도 않았다.

"6.25전쟁의 과정에서 많은 민간인들이 희생당하였다. 가장 먼저 희생당한 것은 보도연맹원들과 형무소 재소자들이었다. 이들은 위험 요소를 제거한다는 명분하에 대규모로 희생되었다. 좌익 혐의자에 대한 대량 학살은 인민군 치하의 보복을 불러왔다. 치안대와 보도 연맹원 유가족과 인민군 등 좌익 측이 경찰과 공무원 등을 포함한 우익 인사들을 인민군 재판을 통해 학살하는 일이 점령지 곳곳에서 발생하였다. 북한 지역에서도 폭격과 상호 학살에 의해 많은 민간인들이 희생되었다. 전쟁의 비극은 상대에 대한 학살에 머물지 않고 자국민에 대한 협박과 보복으로 이루어졌다. 피난에서 돌아온 자들은 피난 가지 못한 자들에게 인민군을 도왔다는 혐의를 추궁하였다. 거창 사건과 노근리 사건처럼 민간인들이 군사 작전의 희생양이 되기도 하였다.…(중략) 전쟁이 남긴 상처는 이후로도 오랫동안 진행되었다. 월북자 가족과 월남자 가족은 자신이 속한 체제의 끊임없는 감시와 차별을 피할 수 없었다" (천재교육刊, p.327).

"전쟁에 따른 인명 피해도 엄청났고, 전쟁 중에 양측 군대에 의한 민간인 학살 사건이 일어나기도 하였다. 인민군은 지주와 자본가, 군인 및 경찰과 그 가족들을 처형하였다. 국군과 경찰은 좌익 출신의 국민 보도 연맹 소속 원, 교도소 수감자 등을 처형하였다. 국군이 북으로 진격할 때는 다시 인민군에 협조하였던 사람들이 처형되었고, 인민군은 많은 수의 지식인과 정치인 등을 북으로 끌고 갔다" (삼화출판사刊, p.322).

Ⅳ. 북한의 무력도발과 공산독재체제의 실체 누락

6종 교과서는 북한의 대남무력도발에 대해서 적당히 넘어가고 있으면, 북한의 공산독재체제의 실체와 문제점에 대해서 설명하지 않고 있으며 그 책임 소재를, 예를 들어 미국의 강압적 봉쇄정책을 거론하는 등 외부로 돌리고 있다. 또 북한의 대내외의 범죄행위에 대해서도 눈을 감고 있다. 이것은 결과적으로 북한의 체제를 변호·옹호하는 역할을 하는 것이다.

북한의 대남도발의 구체적인 사례를 들면 다음과 같다. 휴전 이후 북한의 정전협정 위반은 연평균 8.2회다. 최근에 들어서는 사이버 테러 등의 신종 대남도발도 발생하고 있다. 앞에선 웃고, 뒤에선 도발을 꾀하는 북한의 화전양면(和戰兩面) 전술은 계속되어 왔다. 1960년대에는 연방제 제의 후 1·21 무장공비 및 울진·삼척 지구 무장공비 침투사건, 미해군 함정 푸에블로호 납치사건(1968) 이 일어났다. 이승복 어린이 살해사건(1969)이 일어났다. 1970년대에는 7·4 남북 공동성명 후 땅굴을 굴착하는 한편 8·18 도끼만행 사건이 일어났다. 8.15 광복절에는 조총련계 재일동포 문세광에 의해 대통령 암살미수사건(육영수 여사 피살사건, 1974)이 일어났다. 1980년대에는 3자회담 제의 후 미얀마에서 아웅산 폭탄테러가 일어났고, '민족단합 5개항' 발표 후 얼마 안 있어 KAL 858기 폭파가 일어났다. 1990년대에는 정주영 씨의 소떼 방북과 차관급 회담 제의 직후 동해안 잠수정침투사건이 일어났다. 1999년 6월15일 서해 연평도 인근 해상에서 벌어진 남북 함정간의 해전이 일어났다(제1차연평해전). 2002년의 서해교전이 있었던 날은 2002년 한일월드컵의 4강전이 있었던 날이었으며, 2010년 3월26일 오후 백령도 인근 해상에서 임무수행 중이던 해군 2함대 소속 천안함(초계함)이 북한의 어뢰 공격에 의해 침몰되었으며, 46명이 전사했다(천안함 폭침사건). 2010년 11월, 연평도 포격 사건은 광저우 아시안게임 중 일어났는데, 군인 2명이 전사하고 민간인 2명이 사망했다. 2009년 11월10일 서해 북방한계선 부근 대청도 동쪽에서 대한민국 해군과 북한 해군 간에 전투(대청해전)가 일어났다.

6종 교과서들은 북한 공산독재정권의 실체와 진실에 대해서도 緘口無言이다. 구체적으로 북한의 실체에 대해 예를 들면 다음과 같다.

첫째로, 1956년 8월 종파사건과 반종파투쟁이다. 북한에서도 소련의 스탈린 우상화에 대한 비판처럼 김일성에 대한 당내의 반발이 있었다. 1956년 8월에 개최된 조선노동당 전원회의에서 연안파가 김일성 우상화를 비판하고 김일성의 중공업 우선정책과 농업집단화 정책에 대한 책임을 물었다(8월종파사건). 그러나 이들은 중국이나 소련으로 망명하거나 숙청되었다. 이후 북한은 본격적으로 김일성 1인 공산독재의 길로 접어들게 되었다.

둘째로, 김일성의 시신이 안치된 금수산 기념궁전이다. 1994년 82세의 나이로 사망한 김일성의 시신은 영구보존 처리되어 금수산 의사당에 안치되었다. 김정일은 금수산 의사당에 화강석 70만 개를 깔고 주요시설을 순금으로 치장하는 데 9억 달러를 투입했다. 이는 당시 북한 주민 대부분을 먹여 살릴 수 있는 큰 액수의 돈이었다.

셋째로, 제1, 2차 북핵 실험의 도발이다. 북한은 1985년 핵무기 확산방지조약(NPT)에 가입한 후 1992년 국제원자력기구(IAEA)와 원자력 설비시설의 감찰에 관한 특별조약 체결을 맺는다. 1994년 북한은 미국과 핵무기 개발에 관한 특별계약을 맺고 북한이 핵무기 개발 포기 약속에 따라 석유 및 경수로를 제공받았다(KEDO 협정). 그러나 2002년 북한은 핵무기 개발계획을 추진하고 있음을 선언하고 2003년 NPT 재탈퇴를 선언하여 국제적 약속을 일방적으로 파기한다. 2004년 6개국(대한민국, 북한, 중국, 미국, 러시아, 일본)과의 6자회담이 시작되지만, 북한은 2005년 핵무기 보유를 선언하고 2006년 10월9일에 제1차 핵실험을 강행했다. 2009년에는 4월 장거리 로켓 발사에 이어 5월25일 제2차 핵실험을 실시했다.

넷째로, 북한 인권문제의 누락이다. 1990년대 심각한 식량난으로 많은 북한 주민들이 餓死(아사)하면서, 목숨을 걸고 식량을 구하기 위해 중국으로 탈출하는 이들이 생기기 시작했다. 이러한 현상은 1996~67년 절정에 달했는데, 당시 재중 탈북자는 20만~30만 명에 달했다. 북한 당국은 탈북자를 심하게 고문하고 정치범수용소에 보내는 등 가혹하게 처벌하기도 했다. 북한 독재체제로부터 탈출하려는 이들의 행렬은 끊이지 않고 있다.

중국으로 탈출한 여성 탈북자의 경우 인신매매의 표적이 되기도 하는데, 인신매매범들은 이들의 처지를 악용하고 있어 심각한 인권침해가 일어나고 있다. 탈북자들은 치외법권 지역인 중국 주재 외교공관에 들어가서 도움을 요청하거나, 동남아시아나 몽골 등을 거쳐 한국으로 오기도 한다.

다섯째로, 북한 정치범수용소가 언급되지 않고 있다. 북한에서는 관리소, 완전통제구역, 닫힌 구역, '0000부대' 등으로 불린다. 전쟁 직후인 1950년대 후반 남한을 도운 치안대나 적대계급을 몰아넣어 수용하기 위해 만들어졌으나, 1970년대부터 김일성 우상화를 위해 반대파를 체계적으로 학살하고 공포정치로 사회를 통제하면서 본격적으로 수용소를 건설한 것으로 알려지고 있다. 신설과 이전, 폐쇄, 통합 과정을 거쳐서 현재는 6곳이 운영 중이며, 약 20만 명이 수용된 것으로 추정된다. 죄명은 정치적 발언, 탈북과 한국행, 반정부행위, 김일성부자에 대한 비판, 연좌제 등이다.

여섯째로, 북한 탈북자 중에서 최고위급 인사인 황장엽(黃長燁)의 망명이 누락되어 있다. 황장엽은 1965년 43세의 나이에 김일성종합대학 총장에 임명되었고, 1970년 노동당 중앙위원이 되었다. 1972년부터 1983년까지 11년간 최고인민회의 의장직을 수행하며 최고위층에 올랐다. 북한의 통치 이데올로기였던 주체사상의 최고 이론가로서 한때 북한 권력 서열 13위에 오를 정도로 핵심적 권력층에 있었던 그는 김정일 및 북한 독재체제로 인한 갈등으로 망명을 결심했고, 1997년 베이징 주재 한국총영사관을 통해 한국으로 망명하였다.

6종 교과서는 북한 정권이 주도한 대내외 범죄행위에 대해서도 애써 눈을 감고 있다.

첫 번째로, 북한의 마약 생산 및 판매이다. 북한에서는 국가가 마약을 만들어 몰래 해외에 팔고 있다. 마약의 생산과 판매는 소규모로 이루어졌는데, 1992년 김정일이 '백도라지 사업'이라고 명명하고 국가 공식 사업으로 부각시키면서 규모가 커지기 시작했다. 김정일은 마약을 100만 달러 이상 판매하는 사람에게 '백도라지 영웅' 칭호를 부여했다. 북한은 마약을 수출하기 위해 중국이나 일본 등 외국의 범죄 조직과 손을 잡기도 했다.

두 번째로, 위조지폐 제작 및 유통이다. 김정일은 체제유지와 통치자금을 마련하기 위해 슈퍼컴퓨터를 이용하여 100달러짜리 위조지폐를 만들었다. 2005년 미국은 중국계 범죄 조직을 단속하면서 북한산 100달러짜리 위조지폐 400만 달러 상당을 압수했다. 2006년 미국 의회의 연구소는 북한이 매년 약 1500만~2500만 달러에 이르는 위조지폐를 찍고 있으며, 지금까지 적어도 4500만 달러 이상의 위조 달러가 적발되었다고 보고했다.

세 번째로, 북한에 의한 국제적 납치사건이다. 북한에 의한 납치 피해자로는 6·25전쟁 당시 납북자 8만2641명, 전쟁 이후 납북자 514명, 10여 개국의 외국인 납북자 286명 등이 있다. 북한은 납치 사실에 대해 '자진월북'이라고 주장하고 있으며, 500여 명이 생존하고 있는 것으로 추정되는 국군포로에 대해서도 생사확인 요청도 거부하며 존재 자체를 인정하지 않고 있다. 외국인 납치의 경우, 김정일이 1976년 외국인 납치를 지시한 이후 납치 행위가 대거 일어났다. 일본인 납치자 17명 등을 포함해 중국, 유럽, 동남아시아, 중동 등지에서 납치 피해가 발생했다. 2002년에 있었던 고이즈미-김정일의 회담에서 김정일은 납치를 시인하고 5명의 일본인 납치자들을 돌려보낸 바 있다.

네 번째로, 불법 무기 판매를 통한 김정일의 비자금 확보이다.

북한은 심각한 외화난으로 허덕이고 있다. 1990년 초 소련과 동구권의 붕괴로 초래된 경제난으로 인해 전례 없는 외화고갈의 시기를 맞게 된다. 그러나 북한은 이러한 와중에도 군비를 끊임없이 유지하고, 해마다 김정일의 비자금은 중단 없이 충전되어왔다. 한국국방연구원(KIDA)에 따르면 김정일이 매년 600~700만 달러의 비자금을 축적하고 있으며 해외에서 관리되는 김정일의 비자금은 20~40억 달러에 이른다. 김정일이 비자금을 벌어들이는 주요 통로는 파키스탄, 리비아, 이란, 이라크 등 제3세계 나라들에 미사일과 핵물질, 핵무기 기술 수출 등을 통한 외화 획득이다.

V. 결론

결론적으로 말한다면, 현행 6종 한국사 교과서는 좌편향적으로 서술되어서 '대한민국 국민'으로서의 자긍심을 고취하기보다는 대한민국에 대한 잘못된 인식을 할 수 있다는 느낌이 든다. 여기서 좌편향적이라는 것은 인물과 사건의 진행 서술에서 사회주의-평등주의-민중민주주의적 입장을 중시하며 자유주의-공화주의-자본주의적 입장을 소홀히 다루어서 균형감각을 상실하고 있다는 것이다. 해방과 대한민국의 건국이후 전개된 산업화-민주화의 과정에서 자유주의와 자본주의적 요소를 강조하기 보다는 사회주의적-평등주의적 민중의식을 강조함으로써 대한민국의 발전과 성공요인을 糊塗·歪曲하는 것이다. 이래서는 한국사 교과서가 국론통일에 기여하기 보다는 계층간의 불신과 분열을 더욱 조장하는 역기능을 초래할 수가 있다.

정치지도자들과 조부모들이 피땀 흘려서 오늘날의 대한민국이 있게 한 건국과 산업화의 공로를 첨하하고 반미주의, 반기업정서, 反軍사상을 선전선동하면서, 자신의 오늘이 있게 한 과거의 정치지도력을 민주와 독재라는 2분법속에서 독재자로 재단하여 과거를 부정하고 멸시하는 自虐史觀이 노출되었고, 오늘날의 경제성장의 공적을 기업가들을 배제하고 민중과 노동자에게만 돌리고 있고, 그리고 민주화에 기여한 경제성장의 物的 土臺는 무시하면서 독재정권에 저항한 4.19학생의거와 5.18 민중항쟁을 도에 지나치게 지면을 할애하는 등 민중사관이 짙게 깔려 있었다.

해방과 건국, 6.25와 경제성장에서 미국 등 연합국의 고마움을 모르는 국민, 배은망덕한 국민이라는 인식에 대외적으로 번진다면 또 다시 불행이 닥쳐왔을 때 어느 나라가 흔쾌히 도와줄 것인가? 대한민국의 建國과 6.25남침을 막아내고 한미동맹을 체결시킨 이승만 대통령, 오늘날 富國과 근대화 기초를 마련한 박정희 대통령! 이 두 분의 업적을 부정·폄하한다면, 이것은 고생한 부모를 차버린 자식의 모습과 대동소이하다. 뿌리가 깊지 않은 나무가 장차 모진 역경과 비바람에 어찌 잘 견딜 것인가? 이승만과 박정희 두 대통령의 功績은 비록 정치를 하는 과정에서 신이 아닌 이상 과오가 있었지만, 그들의 功績은 過誤을 상쇄하고도 남는 것이다. 이승만과 박정희의 정치지도력에 대한 역사적 재평가는 지병으로 사망한 김일영 교수의 『건국과 부국』이란 저서에 잘 나타나있다.

이명박 정부는 한국사를 필수과목으로 만드는 작업에만 만족할 것이 아니라 이와 병행해서 현대한국사를 대한민국에 자부심을 느끼는 내용으로 채워지도록 필요한 행정조치를 취해야 할 것이다. 전세계가 공산화 될 때에, 공산화를 목표로 하는 남한 좌익세력이 민주화의 탈을 쓰고 온갖 교묘한 반란과 적화공작을 할 때에, 현실주의적 정치감각으로 국방과 치안을 지키면서 산업을 일으키고 민주화의 터전을 마련해 준, 이승만, 박정희, 전두환, 노태우 대통령들의 정치적 결단과 공로를 어린 학생들이 이해하도록 만들어야 한다.

그러나 한국사학계가 전반적으로 좌경화된 현실에서 검정심사의 권한을 한국교육평가원에서 국사편찬위원회로 이전한다고 해서 근본적으로 좌경학자들을 집필진에서 배제할 수 있는 방도는 비관적이다. 한국사학회의 좌경학자들은 일종의 카르텔을 형성하여 뿌리 깊은 인맥, 학맥으로 넝쿨처럼 얽혀있기에 사상이 다르고 역사인식이 다르면 철저하게 왕따를 당하게 되는 것이 학계의 냉엄한 현실이다. 역사에서 민중의 역할을 강조하고 남북한의 화해와 협상통일을 주창하면서 수차례에 걸쳐 평양을 방문한 강만길 교수의 친북·민중·통일사학이 학계전반은 물론 운동권에 깊이 뿌리 박혀 있다.

궁극적인 의문점은 두 가지다. 첫 번째로 교육과학기술부 이주호 장관은 전교조의 폐해에 대해서 어느 정도 문제의식이 있는가라는 의문이고, 두 번째로 이주호 장관은 전교조와 과거와 현재 어떤 유착관계를 가지고 있는지의 의혹이다. 이 장관을 보좌하는 교육 핵심 참모들은 전교조와 어떤 관련이 있는가?

'高校 한국사 교과서 좌편향' 문제가 愛國우익단체를 중심으로 제기됐을 때에도 이주호 장관은 그에 따른 분명한 입장을 표명하지 않았다. 국가교육 책임자가 한국사 교과서의 현대사 왜곡과 不正(부정)을 애써 방치·방관한 셈이다. 이명박 정부 출범 이후 청와대 교육과학수석, 교육과학기술부 차관을 역임한 李 장관은 전교조 문제 등 일부 이념적 현안에 대해서는 뚜렷한 견해를 밝힌 적이 거의 없다.

반면, 전교조와의 관계개선을 적극적으로 추진했다. 2011년 1월 14일, 이주호 장관은 장석웅 전국교직원노동조합(전교조) 위원장과 서울 정부중앙청사에서 면담을 가졌고, 교육부와 전교조간의 단체교섭에 대한 논의가 이뤄진 것이다. 교과부는 2006년 9월 이후, 교원노조법 6조 3항의 '교원노조 간 교섭창구 단일화' 조항을 근거로 전교조와의 단체교섭을 전면 거부해 왔는데, 이주호 장관이 앞장서서 전교조와 대화 窓口를 열었다. 이에 대해서 이명박 보수정부 탄생에 앞장서서 투쟁했던 보수세력은 어리둥절해 하면서도 강한 배신감을 떨치지 못하고 있다.

과연 6종 한국사 교과서는 어떤 기준으로 어떻게 개정될 수 있을 것인가?

3.15부정선거, 4.19학생의거 그리고 이승만의 선택8)

목 차

I. 서론: 문제의 제기
II. 50년대 후반의 정치적 위기와 3.15부정선거
III. 재검토해보는 김주열의 사망의혹
IV. 下野(하야)의 主體(주체)와 客體(객체)
V. 결론: 자기 성취의 희생물

I. 서론: 문제의 제기

해방 60년이 지난 후, 두드러진 현상은 80년대이후 역사학계의 좌경화에 커다란 영향을 미치고 또 운동권의 바이블이 된『해방전후사의 인식』9)에 대한 활발한 반성과 재평가이다. 이미 『해방전후사의 인식』에 대한 반론을 제기할 수 있는 대항적 저서로서『해방전후사의 재인식』(2006, 책세상)이 출판되었고, 이와 함께 불가피하게 우남 이승만 대통령에 대한 재평가 작업이

---

8) 이 논문은 2011년 9월 30일 이승만연구원(원장 연세대 유석춘교수)에서 발표한 글이다.
9) 『해방전후사의 인식』은 1979년 10월 발행된 1권을 시작으로 지난 10년 간 임헌영(남민전 사건 연루자), 김남식(남파간첩 출신), 박현채(빨치산 출신 경제학자), 장상환(크리스찬아카데미사건 연루자) 등의 공안사건에 연루된 인사들이 대거 필진으로 참여하여 지금까지 모두 6권으로 완결됐다.

연세대학교에서 우남연구원(과거 현대한국학연구소)이 발간한 여러 연속적인 간행물들을 통해 꾸준히 진행되어왔다. 또 이승만과 해방전후 시대를 연구하는 포럼과 연구단체들이 출범하여 새롭게 재조명하는 작업을 시도하여왔다.

그럼에도 불구하고 한국현대사를 중심으로 한 역사학계에서는 1950년대 후반의 이승만 대통령의 업적과 평가에 대해서는 일반적으로 부정적이고 가혹하다.10) 즉 이승만 개인이 이미 고령화로 인한 판단력 부족, '人의 장막'에 의해 둘러쌓임으로써 장기집권과 부정부패를 방지하지 못했으며, 그리고 결국 측근들에 의해서 3.15부정선거를 야기시켰다는 것이다. 3.15부정선거는 4.19혁명을 불가피하게 했으며, 이는 이승만의 지난날의 화려하고 위대한 업적들, 독립운동과 건국 그리고 유엔의 대한민국 승인 노력, 그리고 북한군의 6.25남침저지와 한미동맹체결 등을 모두 無爲(무위)로 돌리게 한 것으로 파악할 수 있다.

실제로 3.15와 4.19에 이르는 과정은 다 밝혀졌고 이승만에 대한 역사적 평가는 내려졌고 이승만은 역사에서 斷罪(단죄)되었다. 그렇다면 역사적 사실이 모두 밝혀졌음에도 불구하고 이승만 대통령의 하야요인과 그 과정을 이제 와서 재평가한다는 것이 도대체 무슨 역사적 의미가 있는 것일까? 여기서 문득 저명한 영국의 역사가 카(E. H. Carr)가 언급한 "역사란 현재와 과거와의 부단한 對話(대화)"라는 그 유명한 역사에 대한 定義(정의)를 떠올리지 않을 수 없다. 역사가 부단하게 재평가되고 재해석이 되는 필요성은 현재 역사가가 처한 시대적 환경이 바뀌면서 역사가로 하여금 과거를 다시 되돌아보게 하기 때문일 것이다. 실례로서 작년부터 바람이 불면서 세계를 경악시킨 북

---

10) 그 단적인 예로서, 2011년 6종의 검인정 한국사교과서에서 나타난 이승만대통령에 대한 부정적일 기술을 들수 있다.

아프리카의 재스민혁명(Jasmine Revolution)이 북아프리카국가들의 수십년 독재정치를 종식시키는 과정을 바라보면서, 새삼 51년전 이승만 대통령의 퇴진과정을 3.15와 41.9혁명의 과정을 통해 새삼 되돌아보지 않을 수 없게 만들기 때문이다.

II. 50년대 후반의 정치적 위기와 3.15부정선거

50년대 후반기 이승만 정부의 집권이 장기화되었고, 이에 대한 대중의 불만이 누적됨은 물론 사회경제적 위기가 촉발되었다. 대중의 불만은 이승만 정부가 정부의 기본의무, 즉 먹는 것을 제대로 해결하지 못한데서 오는 불만이었다. 이승만 정부의 예산은 미국의 원조에 크게 의존하는 틀을 벗어나지 못했다. 6.25동란을 거치면서 미국의 대한원조가 더욱 증가되었으나 방위부문의 군사원조에 집중되었고 경제 분야에서도 소비재부문에 국한되었다. 미국의 대한정책은 한국을 일본을 중심축으로 한 동북아시아정책의 틀 속에서 관리하려고 했다. 즉 미국과 일본은 경제, 한국은 군사적 방어를 나누어 맡는 동아시아 국제분업 관계로 설정하여 여기에 한국을 묶어두려 했던 것이다. 그러다보니 미국이 한국을 일본과 대등하게 경제적으로 재건 및 자립시키는 것은 애초부터 미국의 구상 속에 들어 있지 않았다. 그러나 한국경제는 미국의 대한원조의 진폭과 내용이 어떠한가에 의해 좌지우지되었다. 즉 한국경제는 미국의 소비재위조의 잉여농산물원조에 의해 간신히 연명하고 있었다.

국민들은 하루하루 먹고 살기에도 쉽지 않았으며, 실업문제를 해결할 수 있는 돌파구가 마련되어 있지 않았다. 설상가상으로 1956년에 닥친 가뭄과 1959년의 태풍 사라와 장질부사 및 콜

레라 창궐은 국민들의 생활을 더욱 어렵게 하고 있었다. 인플레이션으로 인한 물가고에 더하여 자연재해의 피해를 입은 국민들에게 1950년대는 보릿고개와 절량농가로 대표되는 어두운 시대로 인식될 수밖에 없었다. 여기에 다가 1957년을 기점으로 이루어진 미국의 대한원조의 급격한 감소는 한국인들에게 심각한 경제적 위기로 다가왔다.[11] 미국의 대한원조는 점차 차관으로 대처되었다. 1957년 3억 8천만달러였던 원조액이 1958년 3억2천만달러, 59년에는 2억 2천만달러로 감소되었다. 미국의 원조 감소는 바로 한국의 경제위기로 이어졌다. 57년 8.7%였던 연평균 성장률이 58년에는 7.9%, 59년에는 2.1%로 급락했다.[12] 이 당시 한국경제에서 미국의 대한원조가 차지하는 비중이 얼마나 절대적이었나를 가름하게 한다.

이런 상황을 더욱 어렵게 하는 것은 이승만 정부와 자유당의 안이함이었다. 그들은 강경파에 휘둘려 이러한 경제적 어려움을 타개하기 위한 효과적인 대책을 마련하기 보다는 다가올 선거에서 이길 궁리에만 집착하고 있었다.

이승만 정부의 12년 장기집권의 몰락을 가져온 결정적 계기가 된 것은 3.15부정선거와 그에 대한 야당과 민중들의 반발에서 촉발된 것이다. 50년대 후반기 이승만정부의 장기집권에 일반대중들은 염증을 느끼게 되고 야당의 정치공세도 한층 강화되는 양상을 보이게 되었다. 여기에 이승만정부의 오랜 후원자인 미국도 불안감에 쌓인 채 한국정세를 주목하게 되었다.

이때 이승만 대통령은 85세라는 고령화에 접어들었고, 자유

---

11) 문정인, 김세중 편, 「1950년대와 조봉암, 그리고 미국」, 『1950년대 한국사의 재조명』(선인, 2004), p.498.
12) 김일영, 『건국과 부국』, (기파랑, 2010), pp.264-65.

당도 온건파와 강경파로 분열되어서 경무대의 비서들이 실권자로 등장하면서 정국이 혼미할 모든 여건이 갖추어져 있었다.

이승만 정부의 몰락을 초래하게 된 1960년 3월 15일에 치러질 정·부통령 선거에 대한 준비에 착수한 시점은 2년전 1958년 제4대 민의원 선거 직후부터였다. 자유당은 유례없는 폭력과 금권, 막대한 관권과 행정력을 총동원하여 부정선거를 자행함으로써 야당의 진출을 봉쇄하려고 했다. 그러나 야당은 득표율 상승에 따른 지지세력의 증가를 경험했다.

자유당과 내각 및 실권을 장악한 경무대의 강경파는 국가보안법과 지방자치법 개정 등의 제도적 정비를 통해 언론에 재갈을 물리고, 행정력을 총동원하여 권력의 재집권을 향한 수단과 방법을 가리지 않았다. 실제 선거에서 3인조 투표, 9인조 투표 등의 공개투표와 4할 事前投票 등의 노골적인 부정선거를 대대적으로 자행했다. 그 결과 대통령에 이승만이 부통령에 이기붕이 각각 당선되었다. 그런데 사실 자유당으로서는 부정선거를 할 필요가 없었다. 제4대 대통령에 출마한 민주당후보 조병옥이 미국 월터리드 육군병원에서 위암 수술을 했지만 결국 2월 23일 사망하였고, 3.15선거는 부통령에서 입후보한 민주당의 장면과 이기붕과의 싸움이었다. 단일후보였던 이승만 대통령은 상식적으로도 부정선거를 할 필요가 없었다. 3.15부정선거는 자유당 강경파들이 이기붕을 부통령으로 당선시키려고 한 무리수의 결과였다.

4년전 1956년에는 민주당 신익희 후보가 선거유세 중에 열차에서 심장마비로 쓸어져서 사망했는데, 덕분에 진보당 후보 조봉암이 대거 득표했었다. "못살겠다, 갈아보자"고 나선 인기 후보 신익희에 대한 추모표까지 조봉암에게 몰렸던 것이다. "못살겠다, 갈아보자"라는 야당 민주당이 내건 이 선거구호만큼 그 당시 국민들의 절박한 심정을 대변한 말은 없었다. 6.25가 끝난 지 3년, 세계 자유진영 20여국이 참전하여 200여만명의 사상자를 낸 전쟁은 대한민국을 폐허로 만들었다.

3.15선거를 전후하여 부정선거에 항의하는 학생들의 시위가 처음으로 불이 당겨진 것은 2월 28일 대구에서 고등학생들의 시위였다. 4월초에는 경남 등 남부지역에서 시위가 일어났다. 특히 3월 15일, "내 표 내놔라." "왜 투표소에 들어가는 것을 막나?" 등 선거당일 오후 저녁 6시 마산에서 부정선거를 규탄하는 500여명의 시민들은 마산시청까지 가서 시위를 벌였다. 소방차가 시위대에 물을 뿌렸고, 화가 난 시민들은 시청에 돌을 던졌다. 10여분 뒤에 불이 꺼지면서 시청 인근은 암흑천지가 되었고 당황하고 격분한 경찰은 해산을 위해 발포를 했다. 밤 11시경이 되어서야 시위대는 강제 해산되었다.13) 강경진압을 지시한 인물은 당시 내무부장관이던 최인규였다.

III. 재검토해보는 김주열의 사망의혹

프랑스혁명이 바스티유감옥의 습격으로 시작되었듯이, 김주열 (당시 17세)의 사망은 4.19혁명의 기폭제가 되었다. 3월 15일 김주열은 마산에서 형과 함께 부정선거에 항의하는 시위의 와중에 있었다고 한다. 돌덩이가 날아가고 경찰의 총격과 최루탄이 발사되었다고 한다. 그리고 김주열은 행방불명이 되었다. 그런데 경찰이 발사한 최루탄으로 맞았다고 의혹이 가는 김주열의 시체가 4월 11일 마산 앞바다에서 몸이 퉁퉁 붙은 채 눈에는 최루탄 탄피가 박힌 채 떠올랐다. 이것은 부산일보 허종 기

---

13) 3월 15일 1차 마산시위에서 사망자는 8명으로 기록되었다. 3.15의거기념사업회, 『3.15의거사』(휘문출판사, 2004), pp.438-441.

자에 의해 처음으로 보도되었다. 대학생과 시민들은 분노하기 시작했다. 그 분노는 전국으로 확산되었다.

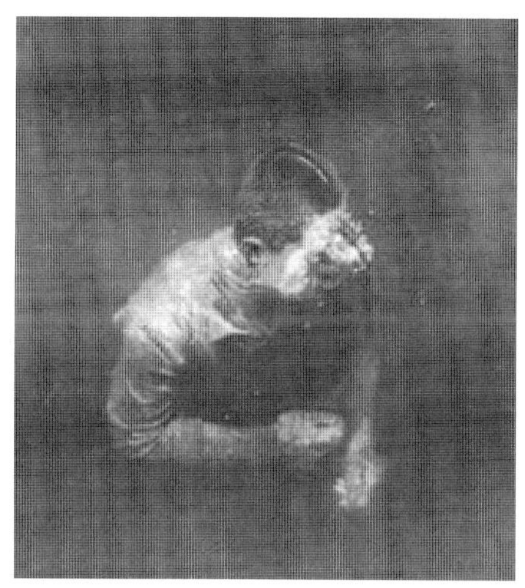

마산 앞바다에서 떠오른 김주열 시신

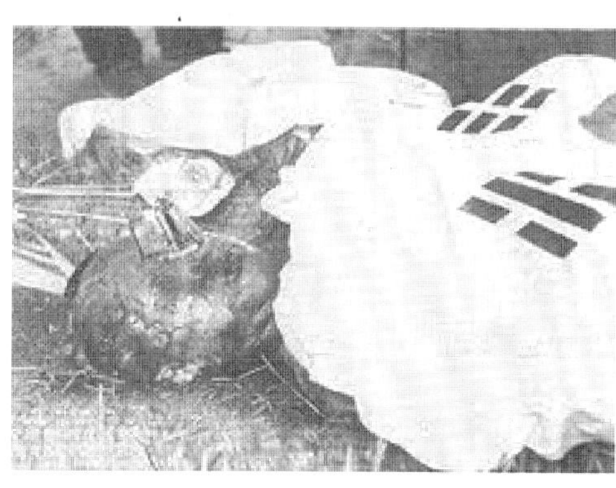

땅에 뉘인 김주열 시신

가장 큰 의문은 잔인하게 눈에 최루탄 탄피가 박힌 채 죽은 시체가 발견되었다는 점이다. 경찰은 "공산당이 꾸민 짓이다. 최루탄 탄피는 눈에 박힐 수가 없다"고 변명했으나 귀담아 듣는 사람은 아무도 없었다. 경찰에 의해 총격을 당한 사상자가 다수 있었는데, 그 시신들과 부상자들은 어떻게 되었나?

김주열의 사망원인에 대해서는 다시 한 번 정밀한 재조사가 필요하다. 아래 사진에서 보았듯이 최루탄이 눈에 깊이 박혔다. 지금 돌이켜 생각해보면, 아무리 지근거리에서 경찰이 최루탄을 발사했어도 총알보다 훨씬 크기 때문에 눈에 박히지 않고 힘의 반동으로 튀어나오게 된다. 누군가가 김주열을 먼저 살해해서 눈에 최루탄을 박아서 민중의 경찰에 대한 분노를 촉발시켰을 개연성도 배제할 수 없지 않을까?

병원에서 剖檢(부검)했을 때, 눈과 머리에서 최루탄 파편이

들어있었기에 시민들이 격분했다고 한다. 그러나 더 중요한 것은 누가 잔인하게 이런 짓을 했는가에 있다. 김주열의 사망당시 목격자가 나오지 않고 있다. 만약 돌에 맞은 격분한 경찰이 시위대를 진압·해산하기 위해서라면 총격을 가해서 사망을 이르게 할 수는 있었을 것이다. 마산의 김주열사건을 제외하고라도 경찰이 사망한 시체를 함부로 유기하거나 던져버린 경우가 있었는가? 일제시대때도 3.15만세운동에서 일본 경찰이 기관총이나 죽창으로 처형하는 경우가 있었지만, 시위자가 최루탄으로 인해 사망한 경우는 없었다. 또 반정부인물이나 시위자에 대한 고문이나 폭행은 50년대까지에도 있었다. 심한 고문이나 폭행으로 사망할 수가 있다. 그러나 최루탄에 의해 눈에 탄피가 박혀서 사망하였다고 거론된 경우는 시위의 세계사에서 전무후무한 일이다. 만약 최루탄을 발사해서 눈알에 맞아서 부상이나 사망에 이를 수는 있다. 그러나 맞아도 눈알에 박히는 것이 거의 불가능하다면, 굳이 경찰이 부상당하거나 사망한 어린 소년에게 최루탄을 박아서 잔인하게 시신을 처리할 이유가 없다. 그것은 17세의 어린 소년에게 개인적 원한이 전혀 없기 때문이다.

김주열군의 시신이 발견되는 과정과 연이은 언론의 보도 결과는 민중의 분노를 폭발하도록 귀결되었다. 처참하게 눈알에 최루탄의 탄피가 박힌 모습은 마산의 제2차 봉기를 촉발시켰던 것이다. 그 분위기는 누구도 부정할 수 없는 '살인경찰'이 한 짓으로 될 수밖에 없는 콘크리트와 같은 증거가 나타난 것이다. 왜냐하면 이미 경찰은 15일 마산시위에서 발포를 했었던 전례가 있기 때문이다.

김주열의 사망원인에 대한 의혹은 현지 마산언론에서 거론된 바 있다. 문제가 된 <마산시보>의 보도(2010)는 "당시 김주열은 입학시험을 치르고 합격한 소년이었다. 그는 3월 15일 밤 이모할머니 집인 자산동 향원다방 맞은편 샛별미장원에서 저녁을 먹다말고 구경나간 것이 27일 후에야 최루탄을 맞은 시체가 되어 나타난 것이다"는 부분이다. 물론 41.9민주화운동세력에 의해 명예훼손죄의 위협하에 곤욕을 치렀다. 그 이유는 김주열이 '불의와 독재에 항거한 민주열사'가 아니라 '시위에 구경하러 갔다가 갑자기 행방불명자'의 모습으로 등장했기 때문이다.

그 이전에 김주열의 행방에 대한 또 다른 언론의 의혹보도가 있었다. 민주화운동기념사업회(이사장 함세웅)가 발행하는 월간지 <희망세상> (2009. 3월호, p.11)에 실린 기사 때문이다. 르포작가 김순천씨가 쓴 '촛불항쟁을 닮은 시민혁명의 첫 효시 마산 3·15의거 현장을 찾아서'라는 글의 한 구절이 문제였다. 이 글은 4·19혁명의 도화선이 됐던 김주열 열사에 대해 "이모할머니 댁에서 시위를 구경하러 나왔다가 변을 당했던 것"14)이라고 되어 있어서, 앞의 <마산시보>와 내용이 비슷하다. 물론 이 잡지도 해명에 진땀을 흘렸다.

---

14) 김순천, 연재물 「다시 보는 역사의 현장」 -'마산 3.15의거 현장을 찾아서' 월간지 『희망세상』 (2009. 3월호), p.11.

3월 15일 저녁 7시 개표가 가까워오자 1만여명이 넘는 청년 학생, 시민들은 시청 앞으로 행진해갔다. 그날 시청은 시위대가 던진 돌로 전면 유리창이 모두 부서져 남아나지 않았다. 지금의 시청은 1991년 새로 지어진 건물이다.

시청 앞을 지나 좌회전, 대한통운 옆으로 가면 당시 김주열이 참혹한 시체로 바다에 떠오른 지점을 대면할 수 있다. 당시 김주열은 남원에서 마산상고에 입학시험을 치르고 합격한 소년이었다. 김군은 3월 15일 밤 이모할머니 집인 자산동 향원다방 맞은편 샛별미장원에서 저녁을 먹다말고 구경 나간 것이 27일 후에야 최루탄을 맞은 시체가 되어 나타난 것이다. 이로 인한 2차 봉기가 전국적으로 번져 마침내 4·19혁명이 일으났고 이승만 독재정권은 막을 내렸다.

마산시보, (2011).

이 기사에 대하여 잡지사는 김주열열사추모사업회의 문제제기와 민주화운동기념사업회의 확인을 거쳐 아래와 같이 정정보도하지 않을 수 없었다.

"김주열은 형 광열(19세, 당해 고교졸업)과 함께 시위대에서 경찰과 대치하여 투석전을 벌이는 도중 경찰이 쏜 최루탄에 피격되어 현장에서 산화했다."

김주열의 시위동기와 행방에 대해서 의혹이 제기되면서 인터넷상에서는 아래와 같은 <참고자료>가 등장하여 김주열이 '민주열사'임을 적극적으로 홍보하기 시작하였다. 인터넷상으로도 알 수 있는 내용은 다음과 같다.

●<김주열의 형 광열의 증언>

…나는 앞장서 한참 투석전을 벌이고 있는데 마침 티셔츠바람으로 길 한복판에서 설치고 있는 동생을 목격하고 "주열아! 뒤로 물러서라!"고 외쳤다. 이 한마디가 동생과의 마지막 작별 인사일 줄이야!… (홍중조 엮음, 『3.15의거』, 1992, p.272).

●<김주열의 어머니 '권찬주' 여사의 증언>

"그 당시 김주열의 형 광열(19세)이가 (동생과 함께 데모에 적극 가담한 사실을) 빨갱이로 모는 바람에 (행방불명 당시에는) 말을 못했다."「(마산시민들과 전국의 어머니들에게 보낸 감사의 편지」1960년 5월 8일, 권찬주).

●<3.15이후 마산의 분위기를 기록한 자료>

"지금 시내는 빨갱이의 소행이라 하여 온 시민이 공포에 떨고 있고 부상자들 중에는 집에서 몰래 치료하는 사람들이 많았다." "(민주당 진상조사단이) 돌아가는 날에는 우리는 죽으니 여기 있어 달라고 애원하는 사람도 있었다."(『3.15의거』, 129~130쪽).

1차 마산시위에서 시위를 진압한 책임자는 마산경찰서 경비주임인 박종표로 알려졌다. 인터넷상에서 상반된 박종표에 관한 세 기록건을 살펴보자. 우선 첫 번째 기록은 위키피아백과사전의 기록으로서 박종표가 발포 명령을 내렸고, 최루탄이 김주열의 눈에 박혔다고 단정한다.

박종표(朴鍾杓, 1914년 ~ ?) 은 일제 강점기 및 대한민국의 경찰 간부였다. 일제강점기때 고등계형사로 노덕술 못지 않는 악질 친일경찰로 유명하며, 1940년대 창씨개명을 아라이 겐베이라고 지었다. 해방이후 미군 경찰청 간부로 활약하여 대한민국 정부 수립후, 1949년에 반민특위로 체포된바 있었으나, 반민특위 해체로 풀려나으며 그 이후 마산경찰서 경비주임으로 복귀했다. 그리고 1960년 3월 15일때 일어났던 3·15 부정선거때는 마산시청에서 **학생들 앞에 발포 명령을 내렸으며 그중 최루탄 한발이 김주열의 눈에 박히면서** 그의 시신를 마산 앞바다에 버렸다.15)

두 번째 기록으로서, 최루탄으로 사망 위치가 인정된 법적 자료도 인터넷에서 볼 수 있다. 1961년 9월 30일 혁명재판소 심판부 1부 재판장 심판관 高영보, 마산발포사건 재판기록에 의하면, "피고인 박종표는 서기 1960년 3월 15일 오후 7시경 …전기 군중에 소휴한 최루탄 12발을 순차 발사함으로써 그 중 한발인 232호 최루탄이 前記지원 앞 노상에서 시위 중이던 군중의 일원인 김주열(17세)의…동인을 살해한 후 동인의 사체를 …"라고 언급하고 있다.

박종표는 이후 혁명재판소에서 최루탄을 발사하고 김주열 열사의 시신을 유기한 사실을 자백하고 사형을 선고받았으나, 나중에 **다시 시신 유기만 인정하고 최루탄 발사는 부인해 무기징역으로 감형된다.** 그는 김주열 열사의 시신 유기 과정에 대해 '3월 15일 밤 10시쯤 교통주임으로부터 **최루탄이 눈에 박힌 괴이한 형상의 시체를 발견했다**는 연락을 받고 손석래 마산경찰서장에게 보고하자, 서장이 '적당히 알아서 처리하라'고 하자 지프차를 타고 현장에 도착, 시체를 담아 싣고 일단 경찰서로 갔다. 경찰서에서 시체를 유기하기로 마음먹은 후 다시 월남동 마산세관 앞 해변가로 시체를 가져가 순경 한대진과 지프차 운전수의 조력으로 시체에 돌을 매달아 바다에 던졌다'고 자백합니다.16)

---

15) http://ko.wikipedia.org/wiki(검색일; 2011.11.24).
16) http://2kim.idomin.com/784(검색일; 2011.11.23).

여기에서도 박종표는 비록 현장에서 발포를 주도한 책임자이지만, "최루탄 발사는 부인했으나 최루탄이 눈에 박힌 괴이한 형상의 시체를 발견했다"는 발언이 나온다. 즉 3월 15일 시위 당시 김주열과 함께 마산경찰서 부근에서 함께 시위에 참여하여 어떻게 사망했는지를 구체적으로 확인하고, 김주열의 눈알에 직접 최루탄을 박히는 것을 본 목격자 내지 확실한 증인이 없다는 점이 큰 의문점이다.

최루탄은 다른 총기같은 발사체무기와는 발사했을 때 눈으로 식별이 가능하고 속도가 그다지 빠르지 않다. 그리고 김주열군에 박힌 최루탄은 직경이 5센치로써 수류탄이상으로 크기 때문에 눈알에 깊이 박힌다는 점은 거의 불가능한 일이다. 이것은 실험을 통해서라도 얼마든지 입증될 수 있다. 김주열군의 사망에 대한 의혹은 필자 혼자만의 생각이 아니다. soncha54라는 필명의 누리꾼이 인터넷에서 올린 아래의 글 속에서 충분히 재확인할 수 있다.

1960년에 일어났던 4.19 학생의거는 어린 김주열의 죽음이 기폭제가 되어 결국 이승만정권을 무너뜨릴 수 있었는데 이 김주열의 죽음에 대해 47년이 지난 오늘까지 아무도 의혹을 제기하는 사람이 없다는 사실이 참으로 기이하기도 하고 놀랍기도 하다.

마산 앞바다에서 불발 최루탄이 눈에 박힌 채 떠오른 김주열의 시신이 찍힌 대형사진을 본 국민들이 이성을 잃고 거리로 달려나와 전국적인 시위를 일으켰고 그 결과로 불법적인 발포명령이 있었고 그래서 많은 희생자가 발생했던 것이 4.19 학생의거의 경과였는데 우리 한번 김주열의 죽음에 대해 한번 생각해 보자.

학생데모는 낮에 일어났고 김주열은 당시 나이가 어려 데모에 참가했다고 보기 어렵고 또 마산에 거주하는 학생도 아니었다. **이 어린 학생이 주먹만한 최루탄이 눈에 박힌 채 물속에서 떠올랐다는 자체가 의혹덩어리지만 무엇보다도 최루탄이 어떻게**

터지지도 않고 눈에 박힐 수 있냐하는 것과 이런 의혹에 대해 언급하는 사람 하나 없다는 사실에 대해 아연해질 때가 많다.

마산에 거주하지도 않는 나이 어린 학생(당시 중1)이 불발 최루탄이 눈에 박힌 채 물속에서 죽은 시신이 되어 떠오를 때까지 아무도 본 사람이 없다는 사실이 이상하지 않은가? 아무도 보는 사람 없는 곳에서 혼자 최루탄을 맞았고 그 최루탄은 터지지도 않고 눈에 박혔다? 최루탄이 어떻게 눈에 박힐 수 있나? 언론먹물들은 죽은 김주열의 시신을 대대적으로 보도하기 이전에 이런 의혹에 대해 먼저 접근했어야 옳다고 본다.17)

IV. 下野(하야)의 主體(주체)와 客體(객체)

4.19혁명의 봉기는 4월 18일 서울의 고려대 3천여명의 시위로 촉발되었다. 이들은 국회에 가서 구속학생 석방, 학원의 자유 등을 요구하면서 연좌데모를 벌리다가, 유진오 총장의 만류로 오후 4시경 귀가하던 중 대한반공청년단 소속의 폭력배들로부터 테러를 당했다. 이튿날 19일부터는 각 대학 학생들이 시위에 참여하였다. 시위대가 경무대 앞까지 진출하자 경찰은 발포했고, 다수의 사상자가 발생하였다. 이후 계엄령이 선포되었지만, 시위는 그치지 않았다. 이기붕일가는 경기도의 육군부대로 피신하였다.

4월 23일에는 잔여임기를 4개월 남겨두고 장면이 부통령직을 사임하였다. 이와 대조적으로 부통령에 당선된 이기붕은 부통령 당선의 사퇴를 고려한다는 성명을 발표하여 사태는 더욱 악화일로를 걷게 되었다. 이날 이승만 대통령은 강경한 경찰의 진압에 의해 시민들이 사망한 것을 알게 되었고, 직접 병원을 방문하여 부상당한 학생들을 위로하였다. 그리고 방송에서 애도의

---

17) soncha54, http://cafe.naver.com/lovehannara.cafe(검색일, 2011.11.24).

뜻을 밝혔다. 25일에는 시내 259명의 대학교수들까지 부정선거를 규탄하고 대통령의 하야를 요구하면서 학생들을 지지하는 시위를 벌였다. 계엄사령관으로 임명된 송요찬 육군참모총장은 어느 편에서 적극적 지지를 유보한 채 유연하게 대처하였다. 송요찬은 시위대가 경무대로 진입함에도 군의 경무대 방비에 소극적으로 대처하였다.

26일 아침 이승만 대통령은 하야성명을 발표하였다. 그 발표 시점은 주한미국대사 매카나기(Water P. McConaughy)와 주한 미군사령관 매그루더(Carter B. Magruder)가 경무대를 방문하기 전에 이루어졌다.

이승만 대통령 대국민 담화문

나는 해방 후 본국에 돌아 와서 우리 여러 애국 애족하는 동포들과 더불어 잘 지내 왔으니 이제는 세상을 떠나도 한이 없으나 나는 무엇이든지 국민이 원하는 것만이 있다면 민의를 따라서 하고자 할 것이며, 또 그렇게 하기를 원했던 것이다.

보고를 들으면 우리 사랑하는 청소년 학도들을 위시해서 우리 애국 애족하는 동포들이 내게 몇 가지 결심을 요구하고 있다 하니 내가 아래서 말하는 바대로 할 것이며, 한 가지 내가 부탁하고자 하는 것은 우리 동포들이 지금도 38선 이북에서 우리를 침입코자 공산군이 호시탐탐하게 기다리고 있다는 것을 명심하고, 그들에게 기회를 주지 않도록 힘써 주기를 바라는 바이다.

- 국민이 원한다면 대통령직을 사임하겠다.
- 3·15 정부통령 선거에 많은 부정이 있었다 하니 선거를 다시 하도록 지시하였다.

- 선거로 인연한 모든 불미스러운 것을 없게 하기 위하여 이미 이기붕 의장에게 공직에서 완전히 물러나도록 하였다.
- 내가 이미 합의를 준 것이지만 만일 국민이 원한다면 내각책임제 개헌을 하겠다.

단기4293년4월 26일
대한민국 대통령 이승만

왜 이승만은 하야했을까? 학생들이 대규모 시위를 벌였기 때문에, 교수들까지 시위에 가담했기에, 다수의 사상자가 발생했기에, 모두 틀린 것을 아니지만 충분한 설명은 되지 못한다. 여기에 세 가지 요인을 추가해야할 것이다. 이 대통령의 하야에 결정적으로 미친 영향력에 대해서는 ① 군부의 정치적 중립설, ② 주한미국대사 매카나기의 압력설, 마지막으로 ③ 이승만 개인의 고독한 결단으로 나뉘게 된다.

첫 번째 요인으로는 군부의 정치적 중립이다. 6.25동란이 터지면서 한국군은 2중지배의 구조하에 놓이게 되었다. 전쟁이 터진 직후 7월 15일 이승만 대통령은 원활한 전쟁수행을 위해 '현재의 적대상태가 지속되는 동안'이라는 단서를 붙여 모든 한국군에 대한 '통수권command authority'을 유엔사령관에게 넘겼다. 이것이 대전협정이다. 그 후 이것은 1954년 11월 17일 체결된 한미합의의사록 제2조에서 "대한민국은 상호협의에 의하여 그렇게 하는 것이 상호이익에 가장 유리하기 때문에 변경하는 경우가 아니면, 유엔군사령부가 대한민국의 방위에 책임지는 한 그 군대를 유엔군사령부의 '작전통제권operational control'하에 둔다"는 내용으로 변경되어 오늘날까지 이르고 있다. 이로써 한국군은 한국 대통령의 통수권 밑에 있으면서도 동시에 유엔군사령관의 작전통제권 아래에 속하는 이중지배 구조 하에 놓이게 되었다.18)

건국이후 한국군은 여러 차례 정치적 압력으로부터 결단을 내려야하는 순간들이 많았다. 5.16군사혁명이 발생하기 전에 두 차례의 정치적 파동인 부산정치파동과 4.19에서 정치적 결단을 내려야했다. 이 두 사건에서 군부는 모두 정치적 중립을 선택하였다.

부산정치파동 당시 이승만은 부산과 경남 일대에 계엄령을 선포하였고, 육군참모총장 이종찬에게 군대출동명령을 내렸다. 그러나 이종찬은 군이 정치에 개입할 수 없다고 아예 출동명령을 거부하였다. 그 결과 이승만은 원용덕이 지휘하는 헌병대에 의존해 친위쿠데타를 감행하였다.

1952년 부산에서 한국군이 보여준 '정치적 중립성'은 1960년 4.19혁명 당시에도 재연되었다. 4월 19일 오후 3시경 계엄령이 선포되자 시내에 군이 투입되었다. 그러나 군은 경찰과 달리 시민들에게 발포를 자제하였으며 오히려 시민들과 우호적 관계를 유지하였다. 당시 AP 통신은 "군대는 정숙히 서울로 들어왔다. 그들은 데모대원들에게 손뼉을 치던 연도의 구경꾼들로부터 환영의 갈채를 받았다. 몇몇 군인들도 미소 짓고 손을 흔들었다"고 보도했다.19) 이러한 군의 정치적 중립은 미국의 압력과 함께 이승만의 하야에 결정적 역할을 하게 되었다는 것이다.

---

18) 위의 책, pp.300-301.
19) 조갑제, 『내 무덤에 침을 뱉어라』, 3권 (서울: 조선일보사, 1998), p.161에 서 재인용.

이 때 한국군부는 적극적으로 이승만 정부를 옹호하지 않고 중립적인 태도를 취했다. 한국군의 중립적인 태도는 한국군의 작전통제권을 가지고 있던 미국의 태도와 무관하지 않다. 4월 19일 서울에서 대규모 유혈사태가 발생하자 김정렬 국방부장관은 가평주둔 15사단의 동원을 위해 유엔군 사령부에 작전통제권 해제를 요청했다. 유엔군사령관 대행 커밍스 장군은 이를 승인하였다. 매카나기와 커밍스 모두 김정렬 국방장관에게 "어떠한 수용 가능한 대가를 치르더라도 시민들에게 발포해서는 안 된다"고 거듭 강조하였다.20) 당시 미국은 치안유지를 위해 한국군이 요청한 군동원을 승인했지만, 군의 신중한 대응을 강조하였다.

당시 육군참모총장으로 계엄사령이 된 송요찬 장군은 4월혁명 직후 기자와의 인터뷰에서 4월 19일 오전 11시경부터 국방부장관으로부터 거의 30분 간격으로 경무대에 오라는 전화를 받았으나 일부러 핑계를 대고 들어가지 않았다고 한다. 그러다가 경무대 앞 발포사건이 발생하고 비상계엄을 선포하겠다는 소식이 와서 오후 3시경에야 경무대에 들어갔다는 것이다. 그리고 잠시 계엄령 발동과 15사단 동원문제를 협의하고 곧바로 경무대를 빠져 나왔다고 했다. 송요찬은 그 이유에 대해 "거기 머물러 있다간 그들 하라는 대로 할 수밖에 없기 때문"이었다고 했다.21) 이것은 이승만 정부말기에 정치권력으로부터 군의 독자적 자율성을 알 수 있게 하는 대목이다.

두 번째 요인으로는 미국측의 압박을 들 수 있다. 미국측의

---

20) "Telegram from the Embassy in Korea to the Department of State #952" April 25, 1960, 795B.00, Central Decimal Files.
21) M 기자, 「4.19와 군부와 경무대-이제야 입을 연 당시의 계엄사령관」, 『주간춘추』 창간호(1961.7.14),p.13.

사료에 의하면, 이승만의 하야과정에 미국측의 설득내지 압박이 주효했다는 주장이다. 이승만은 미국대사의 회유, 압박을 받고 사임했다는 것이다. 이것은 주로 FRUS의 문서에서 그 근거를 찾고 있다.

50년대 후반기, 이승만정부의 붕괴에 결정적인 역할을 자임한 것은 미국의 한반도정책의 변화에서 찾을 수가 있다. 이미 미국은 6.25전쟁 과정에서 여러 차례에 걸쳐서 이승만 대통령의 비협조적 태도에 격분하여 한때 이승만 제거작전을 수립하기도 했으나, 워낙 그 결과가 초래할 정치적 파장의 큼에 부담감이 있었고, 무엇보다도 이승만의 대안을 찾기가 어려웠다는 이유로 인해서 이승만 제거 계획은 유야무야되고 말았다.22) 그러다가 50년대 후반기에 들어오면서, 이승만정부가 한일협력에 완강히 반대의사를 밝히면서 불편한 심기가 재발되었고, 한국민중들의 이승만에 대한 반발이 커지자 미국은 이승만 정부와 동일시 되는 것이 자국의 이익에 더 이상 이익이 되지 않는다고 판단을 하게 되었다. 그 결정적 계기가 된 것이 58년 혁신계의 탄압과 59년 7월, 조봉암의 처형이었다. 미국은 한국정계에서 위험한 혁신세력의 부상을 배제하고 미국처럼 보수세력의 양당제를 선호하였다. 그렇지만 미국은 무리하게 혁신계의 정치적 제거는 위험하다고 판단한 것이다. 미국측에서 조봉암의 처형에 대해서 아무런 조치를 취하지 않은 것은 아니었다. 다울링

---

22) 이승만 제거계획은 두 차례나 있었다. 1952년 6월 초 부산 정치파동을 계기로 로턴 콜린스(Lawton Collins) 육군참모총장에 의해 검토되었던 '비상계획'과 1953년 5월 초 맥스웰 테일러(Maxwell D. Taylor) 미8군사령관이 작성하고, 합동참모본부가 승인한 소위 '상시대비계획'(Plan Everready)이었다. Stephen Jin-Woo(김진우), "The Carrot and the Leash: Eisenhower, Syngman Rhee, and the Dual Containment of Korea", (Ph. D. dissertation, Yale University, 1999), pp.85-87; 홍석률, 「한국전쟁 직후 미국의 이승만 제거계획」, 『역사비평』 26호(1994), p.167.

(Walter C. Dowling) 주한미대사는 조봉암의 사형선고에 대하여 당시 자유당의 책임자였던 이기붕에게 공식적으로 항의했으며,23) 국무부 차관보 딜론(Dillon)은 대사관에 보낸 전문에서 조봉암의 빠른 처형은 이승만과 한국의 권위를 실추시킬 것이라는 논평을 전할 것을 지시하였다.24)

4.19학생의거가 발생하자, 미국은 신속하게 움직였다. 59년 12월에 새로 부임한 주한미국대사 매카나기는 시위가 확산되자 분주하게 이승만을 만났다. 미국측 자료에 의하면, 그는 세 차례에 걸쳐 이승만과 면담했는데, 면담 횟수가 거듭될수록 그의 발언은 단호해졌다. 4월 26일, 마지막 면담이 있기 전에 매카너기는 김정렬 국방장관에게 전화를 걸어 이승만에게 결단을 내릴 것을 촉구하라고 요청했다. "이승만이 학생대표를 만나야 하며, 새로운 선거를 실시하고, 자신의 장래 정치적 역할을 고려해 보겠다는 성명을 발표하라"는 것이 미국의 요구였다. 이에 밀려서 이승만은 같은 날 오전 "국민이 자신의 사임을 원하면 그리할 것이며, 선거를 새로 실시하겠다"는 성명을 발표했다.25) 성명 발표 직후 마지막으로 이승만과 면담한 매카나기는 그를 몰아붙였다. 성명에 담긴 조건부적 내용 (국민이 원한다면)이 지닌 애매함을 보다 명확하게 하기를 요청한 것이다. 매카나기는 현재의 상황은 '미국의 이익American interest'까지 위험에 처할 정도가 되었다고 지적하였고, 이승만을 조지 워싱턴에 비

---

23) "Editorial Note," *FRUS 1958~1960, Vol. 18*, pp.461~462.
24) "Telegram to Embassy Seoul," 795b.00/7-3159. RG 59, Decimal File, National Archive.
25) "Telegram from the Embassy in Korea to the Department of the State," April 26, 1960, *FRUS, 1959~1960, Vol. XVIII: Japan, Korea* (1994), pp.639~640.

유하면서 "한국 민족의 진정한 아버지"라고 칭찬하는 한편, "너무 오래동안 너무 많은 일을 해 온 연로한 정치가는 그의 책무로부터 벗어나서 존경받는 자리로 은퇴하고, 특히 지금과 같이 복잡하고 어려운 시기에는 정부의 부담을 젊은 사람에게 넘겨주어야 한다고 국민이 믿는 때"가 한국에 도래하였다며 그의 사임을 직접적으로 권유했다. 이에 대해 이승만을 이러한 미국 측의 우려 표명에 대하여 깊이 인식한다고 동의했고, 27일 오후 국무원 사무국을 통해 대통령 사직서를 정식으로 국회에 제출했다.26)

미국은 이와 같이 이승만에 대한 지지 철회 즉, 절연정책(dissociation policy)을 취함으로써 4.19 이전부터 우려해 온 대중들의 미국에 대한 환멸, 즉 반미감정을 잠재울 수가 있었다.27) 4월 26일 아침 매카너기가 경무대를 향할 때 사위군중들은 박수를 치며 그를 환영하였고, 그가 나올 때는 '미국만세'와 '매카너기 만세'를 부르며 그의 차를 따라 미국대사관까지 행진하였다. 그리고 그날 저녁 학생들이 이기붕의 집에 들어가 가재도구를 꺼내 대형 성조기를 발견하고는 마침 취재중이던 미국 기자들에게 건네주기도 하였다.28) 다음과 같은 미국대사관의 보고는 한국민들이 4.19 당시 미국의 역할을 어떻게 보았는지를 잘 설명하고 있다.

---

26) "Telegram from the Embassy in Korea to the Department of the State," April 28, 1960, *FRUS, 1959~1960, Vol. XVIIIL Japan, Korea* (1994), pp.640~644.

27) 미국의 이승만정권과의 절연정책에 대해서 더 자세한 것은 이철순, "이승만 정권기 미국의 대한정책 연구(198-1960)", (서울대學교 대학원 박사학위논문, 2000), pp.370-383을 참조할 것.

28) 이상우, 『군부와 광주와 반미』(청사, 1988), pp.225~226, 231~232.

어제 시위가 절정에 달했을 때, 서울에 있는 맥아더 장군의 동상에 감사의 메시지가 담긴 커다란 화환이 놓여졌다. 그것은 쌍안경을 들고 있는 그의 손에 걸려 있었다. 서울 시민들에 의한 이러한 자발적인 행동은 미국인에 대한 한국의 태도를 상징한다.29)

이와 같이 당시 한국의 대중들은 미국이 한국의 민주주의를 지켜준 은인으로 여겼던 것이다. 그러므로 미국은 주한미국대사를 통해 이승만과의 면담에서 압박과 설득을 통해서 대중들의 극단적인 해결책, 즉 극단적인 좌익이나 우익 정권이 등장하는 것을 막을 수 있게 되었다.

세 번째 요인으로는 미국측의 압박보다는 이승만 대통령의 주체적 결단을 강조한 것이다. 이승만 대통령의 측근들의 증언은 매카나기 대사가 자신의 역할을 강조한 점과는 전혀 다른 증언을 남기고 있다. 초대 공군참모총장과 국무총리를 역임한 건국의 원로 김정렬의 회고록, 『항공의 경종』에 의하면, 이승만 대통령의 하야는 자신의 '고독한 결단'의 소산이었다고 전한다.

대통령의 이러한 위대한 결단(하야를 지칭함)은 세간의 의혹처럼 누가 권고해서 한 것이 아니고, 대통령 스스로의 판단에 의한 독자적이 것이었다. 이러한 결단이 가능했던 것은 그분이 우리나라의 독립을 위하여 자신의 젊음을 바치셨고, 건국 이후 항상 조국 발전에 우국애국의 충정으로 사심없이 기여하셨으

---

29) Donald Stone Macdonald, *U.S-Korean Relations from Liberation to Self-Reliance: The Twenty Year Records*, (Westview, 1992). p.208.

며, 지도자란 개인의 영예나 권세보다도 국가와 민족을 위해서 자신을 희생시킬 줄 알아야 한다는 그분의 신념 때문이었다고 생각한다.30)

과도정부의 수반이었던 허정의 증언도 국방장관 김정렬의 증언과 유사하다. "내가 알기로는 이 대통령 자신이 「불의를 보고도 궐기하지 않는 민족은 죽은 민족」이라고 하며 독자적인 결단을 내린 것이다."31) 김정렬과 허정은 둘 다 매카나기 대사가 경무대를 세 번째로 방문하기 전에 이승만은 영문으로 매카나기에게 사임의사를 밝혔다고 증언하고 있다.

김정렬의 회고에 의하면, 이승만은 자유당 강경파들이 경찰과 공무원들을 부추겨서 3.15부정선거는 상상하지도 못했다고 한다. 그 이유는 혼자 대선에 출마했었기 때문이다. 그래서 김정렬은 이 대통령에게 부통령 선거에서 경찰이 선거 부정을 저질렀다고 보고를 했다. 일부 야심을 가진 사람들이 윗사람에게 잘 보이려고 비정상적인 방법으로 과잉충성을 하고 결국 부정선거까지 저지르게 된 것이다.32)

4.19이후 이승만 대통령은 직접 병원을 방문하여 부상 학생들의 참상을 본 연후에 몇 번이고 다음과 같은 독백을 되새겼다. "학생들이 왜 이렇게 되었어? 부정을 왜 해? 암! 부정을 보고 일어서지 않는 백성은 죽은 백성이지, 이 젊은 학생들은 참으로 장하다!"33)

김정렬의 회고에 의하면, 이승만의 하야결심에 이르기까지 미

---

30) 김정렬, 『김정렬 회고록: 항공의 경종』, (대회, 2010), p.237.
31) 허정, 『내일을 위한 증언』, p.218.
32) 김정렬, 『항공의 경종』, pp.213-214.
33) 앞의 책, p.233.

국주한대사 매카나기의 영향력은 미미했다. 허정의 증언도 김정렬의 증언과 비슷하다.

4월 26일, 매카나기 대사는 대통령이 하야성명을 대사관 출발 직전에 듣게 되었다고 말하였다. 이윽고 이 대통령께서 학생들과의 회견을 마치고 응접실로 들어오시자, 매카나기 대사는 "이 대통령 각하께서는 한국의 조오지 워싱턴이십니다"라고 찬사를 올렸다.

그러자 대통령께서는 천장을 보시면서 우리말로 "저 사람 무슨 잠꼬대야?"라고 혼자 말씀을 하셨다.[34]

주한미국대사들이 본국에 보고할 때, 자신의 功績(공적)을 높이기 위해 보고서에 자신에게 유리한 증언을 얼마든지 기술할 수가 있다. 비록 미국무부가 발행한 권위있는 1차 사료로서 외교사학자들로부터 높이 평가받는 미국무부가 편찬해 온 대외관계공문서(FRUS)가 연구의 1차 사료임에도 불구하고 보고자들의 정치적 성향과 동기, 그리고 정확성을 냉정하게 분석·재검토하지 않으면 안될 것이다.

어쨌든 이승만이 4월 26일 아침, 매카나기와 매그루더가 경무대에 도착하기 전에 하야 성명을 발표한 것에 대해 "국민이 원한다면"이라는 단서를 붙여 사임하겠다고 표명한 것은 폭발하는 민중의 불만을 일단 막아놓고 보겠다는 23일의 이기붕의 사퇴 '고려' 성명과 맥락을 같이 하는 일종의 미봉책이었다는 주장도 있다.[35]

---

34) 앞의 책, pp.236~237.
35) 이재봉, "4월혁명과 미국의 개입," 『사회과학연구』(조선대, 1995), pp.82-83.

　그런데, 이승만 대통령이 하야를 처음으로 언급한 시점은 훨씬 이전으로 거슬러 간다. 이승만 정부의 기록문서인 『제1공화국 국무회의록』에는 처음 하야를 언급한 시점은 마산의 김주열 시신이 발견된 다음날인 4월 12일로 기록되어있다. 4.19 일주일전이다. 이날 경무대 국무회의의 시국안정대책에서 이 대통령은 부정선거에 대해서 각료들을 질책하였다.

○ 이승만 대통령: "정부가 잘못하는 것인지 민간에서 잘못하는 것인지 몰라도 아직도 그대로 싸우고 있으니 본래 선거가 잘못된 것인가?"

○ 홍진기 내무장관: "(마산 김주열)사건의 배후는 다음과 같이 추축하고 있다."고 보고.

　① 민주당이 타지방의 데모는 선동하고 있으나 금번 마산사건의 직접 배후라는 확증은 잡지 못하고 있으며,

　② 6.25사변 당시 좌익분자가 노출 정리되지 않은 지역이니만큼 공산계열의 책동 가능성이 많다고 보며 따라서 군경검의 합동수사반을 파견하여 두려고 한다.

○ 이승만 대통령: "학생들을 동원하였다고 하는데 사실인가?"

○ 김정렬 국방장관: "학생들이 주동하는 있는 것은 아니다."고 보고.

○ 최재유 문교부장관: '배후에 공산당이 있어서 조종하고 있는 것이 아닌가 하며 학교에서 이같은 일을 단속하는 조례를 만들도록 추진"이라는 보고.

○ 이승만 대통령: "그것은 누가하는 운동인가?"

○ 홍진기 내무장관: "민주당 신파가 극한투쟁이니 하며 하고 있는 일이라"는 보고.

○ 이승만 대통령: "그것이 정당 싸움이라고 할 수 있는가?"

○ 홍진기 내무장관: "소요가 거기에 있다고 본다"는 견해.

○ 이승만 대통령: "이번 선거 때문에 그런 일이 생겼다. 즉 선거가 없었으며 일이 잘 되어 갔으리라고 생각할 수가 있을 것인가?"

○ 김정렬 국방장관: "민주당 극렬분자의 장난이지만 민주주의 발전 과정에 있는 우리나라 실정으로는 완전 FAIR PLAY를 기대하기는 어렵다"는 의견.

○ 이승만 대통령: "나로서는 말하기 부끄러운 일이지만 우리 국민은 아직 민주주주의를 하여 나가기까지 한참 더 있어야 할 것이며, 정당을 하여 갈 자격이 없다고 보며 정당을 내버리고 새로 ○○하여 본다는 것도 생각을 할 수 있는 일이지만 무슨 생명이 좀 보여야지 .... 어린 아이들을 죽여서 물에 던져놓고 정당을 말하고 있을 수 없는 것이니 만큼 무슨 방법이 있어야 할 것인 바 <u>이승만이 대통령을 내놓고 다시 자리를 마련하는 이외는 도리가 없다고 보는데</u> 혹시 선거가 잘못되었다고 들은 일은 없는가?"

○ 김정렬 국방장관: ".... 정부가 너무 유화책을 써온 것이 이같이 된 이유의 하나이기도 하나 이제는 홍 내무가 지혜 있게 처리하여 가고 있으니 잘 될 것"이라는 의견.

○ 곽의명 채신장관: "국회를 열어놓고 자유당이 손들어 하나씩 처리하여 가면 되고 민주당의 데모도 이젠 문제가 안되며 다만 공산당의 책동을 막는 방책이 필요하다"는 의견.

○ 송인상 재무장관: "정부로서도 이 이상 더 후퇴할 수 없으니 대책을 강구하여 가야 할 것"이라는 의견.

○ 이승만 대통령: "할 일이 있어야 하지. 지금 말들 하는 것을 들어서는 안정책이 못된다고 보며 이 대통령을 싫다고 한다면 여하히 할 것인가를 생각할 필요가 있는데 나로서는 지금 긴급

히 또 좋다고 생각하는 것은 내가 사면(사퇴라는 뜻)하는 것이라고 생각한다. 잘 생각해 보라."[36]

4월 28일, 이승만은 이화장으로 은퇴했다. 당일 부통령으로 당선된 이기붕 일가가 경무대에서 일가족들이 모두 사망하는 사건이 발생하였다. 이 비극은 이승만의 양자가 되었던 이기붕의 장남 이강석(당시 육군소위)이 주도하였는데, 가족들을 권총으로 사살하고 자신은 자살하였다.

그해 5월 29일, 이승만은 과도정부 수반 허정과 매카나기의 도움으로 비밀리에 하와이로 망명하였다.[37] 이것은 결국 이승만의 하야에서 차지하는 미국 압력설의 비중을 더욱 높이는데 기여했다. 그러나 이승만은 향수병과 실어증과 걸려서 회고록을 남기지 못한 채 65년 이역만리에서 숨을 거두었다. 그리하여 이승만이 자신의 하야 결정에서 군부의 비협조적 동향과 주한미대사 매카나기의 압력에 어느 정도 영향을 받았는지는 정확하게 알 수가 없게 되어버렸다.

V. 결론: 자기 성취의 희생물

흔히 인보길(뉴데일리 대표)[38]나 조갑제(조갑제닷컴 대표)와 같은 우익논객들은 이승만의 몰락을 '자기 성취의 희생물'로 표현한다. 한마디로 말한다면, 이승만은 국민대중들을 북조선인민공화국의 인민들처럼 주체사상만으로 세뇌시켜서 바보로 만들

---

36) 이희영 편찬, 『제1공화국 국무회의록』 (시대공론사),
37) 허정, 『내일을 위한 증언』, pp.227-232.
38) 인보길, "4.19는 이승만의 마지막 성공이다." 『지저스아미』 (복의근원),
    2011.8, 58-67.

지 않고 너무 똑똑한 시민들로 교육시켜서 자신의 권력을 붕괴시키는 부메랑으로 돌아왔다는 논리이다. 어쨌든 이승만 정부시절부터 초등학교의 의무교육제를 도입하여 국민교육의 혁신을 이루었고 보통선거의 실시와 언론의 자유가 허용됨으로써 민주주의의 기본적 토대가 마련된 것은 부정할 수 없다.

1945년 일제의 노예상태로부터 해방된 당시 13세 이상 인구의 80%가 어떤 형태의 교육도 받지 못한 상태였다. 그러나 1952년부터 실질적인 의무교육이 시작된 결과 1959년에는 순문맹률이 22.1% 대로 낮아졌다.[39] 같은 기간 고등교육 이수자도 크게 증가[40]함으로써 1960년대 이후 노동집약적 산업화의 밑바탕이 되는 양질의 풍부한 노동력의 풀이 형성되었다. 그리고 1960년이후 산업화를 이끌고 갈 엘리트 관료들이 재무부와 부흥부 주변에 속속 충원되기 시작한 것도 이때였다.

언론의 자유도 서구민주주의 국가의 수준은 아니었지만, 2차대전이후 신생국들 중에서는 소련을 비롯한 중공이나 북조선과 같은 공산진영의 국가들과는 비교할 수 없을 정도로 가장 활발한 언론의 자유를 누리도록 허용되었다.

1958년 5월 2일 4대 민의원 선거에서도 자유당은 유례없는 폭력과 금권, 막대한 관권과 행정력을 총동원하여 부정선거를 자행함으로써 야당의 진출을 봉쇄하려 했다. 부정선거에 의한 야당의 투쟁과 공세로 말미암아 3건의 당선무효, 8건의 재선거가 이루어지게 되었고, 그 과정에서 이승만 정부 치하 자유당의 추악한 모습은 언론에 의해 소상하게 폭로되었다.[41]

---

39) 김종서, 「문맹자조사: 1959년 12월 31일 현재」, 『중앙교육연구소 조사연구』 5(1961), p.17.

40) 학생수가 중학생은 10배, 고등학생 3.1배, 대학생은 12배로 증가했다. 안해균, 「교육문화행정」, 이한빈(외), 『한국행정의 역사적 분석: 1948~1967』 (서울: 한국행정문제연구소, 1969), pp.333~344.

그 당시 야당의 입장은 대변한 논조로 정평이 있는 경향신문은 「정부와 여당의 지리멸렬상」이라는 사설과 1959년 2월 4일자 칼럼 「여적」 등으로 정부의 심기를 불편하게 만들었다. 강영수 편집국장이 문초를 받았고, 압수수색이 행해졌고, 필자 주요한이 입건되었다. 형법 90조 반란선동죄가 적용되어 구속영장이 신청되었으나 법원측으로부터 거부되었다. 결국 경향신문은 4월 30일, 폐간되었다.

4.19혁명의 기폭제가 된 마산의 김주열 사건을 부산일보가 처음으로 보도하면서 동아일보 등 다른 언론사들이 함께 대서특필할 수 있었던 것은 언론이 대한민국 건국초기부터 제헌헌법에서 규정한 표현의 자유를 누렸기 때문이다. 아무리 자유당의 강경파들이 언론을 억압하려 했어도 원천적으로 언론의 봉쇄는 불가능했다.

작년 겨울 북아프리카 튀니지에서 怒濤(노도)와 같이 번지게 된 재스민혁명은 쓰나미처럼 이웃 나라의 독재정권을 차례차례 붕괴시키면서 북아프리카의 혁명적 상황을 연출시켰다. 북아프리카의 독재자들은 그들은 권력을 놓지 않으려고 온갖 수단과 방법을 총동원하였다. 기관총과 비행기, 곡사포, 탱크까지 동원하여 민중들의 봉기를 무참하게 짓밟으려 안간힘을 썼다. 그들은 수십년의 독재와 부정축재로 민중들의 원성을 사고 마침내 몰락하였다. 87년부터 23년동안 철권통치한 튀니지의 제인 알아비디네 벤 알리 대통령이 사우디아라비아로 망명했고, 이집트의 무바라크(Muḥammad Ḥusnī Sayyid Mubārak) 대통령은 집

---

41) 『동아일보』, 1958년 5월 3~17일.

권한지 30년만에 물러났다. 42년동안 리비아를 통치한 독재자 무아마르 카다피(Muammar Qaddafi)의 통치도 막을 내렸다. 40여년동안 권력을 장악한 시리아의 바샤르 알아사드(Bashar al-Assad) 대통령 일가는 대중들의 시위를 무자비하게 진압하고 있다. 시리아에서는 3월이후 반정부시위와 강경진압으로 인해 약 1700여명이상이 사망한 것으로 보도되고 있다.

북아프리카의 이런 사태를 바라보면서, 3.15부정선거와 4.19 이후 긴박하게 돌아가는 정세속에서 매듭지어진 이승만의 하야 과정을 재음미하게 된다. 이승만은 이집트의 무바라크나 시리아 대통령, 리비아의 카다피와 같은 철저한 독재자가 될 수가 없었다. 그 이유는 이승만 자신이 카리스마적 리더쉽을 통해 국민들의 압도적 지지를 기반으로 정치를 한다고 굳게 믿었기 때문이다. 그의 하야 결단은 내란을 방지하고 더 이상의 커다란 희생자를 막았던 점에서, 또한 급진혁명세력의 집권을 막았던 점에서, 또 한국처럼 분단국가에서 안보가 불안했던 점에서 범인이 쉽게 하기 힘든 勇斷이었다.

3월15일부터 4월 26일까지 이승만은 전방위적으로 사퇴 압력을 받고 있었다. 누가 사퇴를 종용했는지는 중요하지 않다. 거리의 군중으로부터, 미국으로부터, 민주당과 장면으로부터, 한국군부로부터 모든 사퇴압력이 시시각각으로 다가오고 있었다. 결국 그 압력에 대한 처리는 이승만의 결단에 속하는 것이었다.

사태의 심각성을 깨닫고 스스로 하야를 결심한 이승만 대통령의 결단으로 더 많은 희생자의 발생을 미연에 방지했을 뿐만 아니라 차짓하면 내란으로 돌입할 국가적 불행을 방지한 점에서 다행스런 일이라 아니할 수 없다. 비록 이승만은 3.15부정선거와 4.19에서 사상자 발생의 궁극적인 정치적 책임을 피해갈 수는 없지만, 하야조치로서 더 큰 국가적 재앙을 막았던 것이다. 하야라는 이승만의 선택은 이승만의 그의 정치적 과오와 실책에도 불구하고 최후에는 대한민국의 수호와 보존이란 책무에서 최후의 決斷(결단)을 내렸다는 점에서 나름대로 역사적 의미를 부여할 수 있다.

2011.11.26

북한이 본 4.19의 성격

I

북한당국은 4.19를 어떻게 인식했으며 그 결과를 어떻게 평가했는가? 이는 남한의 인식과는 상당한 편차를 보인다. 남한 사회에서 일어난 중요한 사건에서 북한의 시각을 알 수 있는 문서를 찾기란 쉽지 않다. 그런데 『북한이 공개한 북의 지령 따라 움직이는 남쪽 사람들; 해방이후 5.18광주사태까지 북한의 대남적화통일 공작사』(비봉출판사, 2010)라는 귀중한 책이 나왔는데, 여기에서 4.19에 대한 북한의 시각을 잘 알 수 있다. 이 책은 1980년 5.18광주사태가 끝나고 2년후에 북한에서 발행된 『주체의 기치에 따라 나아가는 남조선 인민들의 투쟁』(평양, 조국통일사, 1982, 4월) 이란 책이 기본 자료가 되었다.

이 책은 북한의 대남적화통일공작과 관련하여 북한의 입장에서 북한의 언어로 자세히 소개하고 있다. 이 책은 남에 침투시킨 혁명가(간첩)들 및 <북의 지령에 움직이는 남쪽 사람들>을 대상으로 출간한 것이기에 관련된 사건 내용의 서술을 과장하거나 축소, 은폐, 허위조작, 왜곡한 것들이 상당히 많다. 남한사회에서 이루어진 반정부 활동이나 시위행위 등을 모두 <위대한 김일성 수령의 정치>를 떠받들기를 원하는 남한 인사들의 투쟁인 것처럼 서술함으로써 남한 국민들의 순수한 민주화 운동까지 왜곡하고 있는 것이 많다. 그럼에도 불구하고, 이 책은 한국사회에서 벌어진 중요 사건에 대한 북한의 대남인식을 간파하는데 도움이 될 것이다. 중요한 부문만 발췌하면 다음과 같다.

II

북한당국은 4.19를 반미적 자주화 통일을 여는 구국투쟁으로 파악하였다. 이승만정부는 미제의 통치를 받는 식민지 정권이므로 타도되어야하고, 또 주한미군을 철수시켜서 북한이 주도하는 공산화통일의 기반을 다지자는 계산이 근저에 깔려있다.

"<4.19인민봉기>는 미제 식민지 통치의 아우성을 밑뿌리로부터 뒤흔들어 놓았으며, 이승만 정권에 결정적 타격을 안기는 더욱 대규모 인민봉기를 불러일으킬 정치적, 정신적 터전을 닦아놓았다. 그 숭고한 정신은 자주, 통일, 민주주의를 위해 투쟁하는 남조선 인민들의 가슴마다에 길이길이 살아 있을 것이다"(pp.242-243).

"4월 인민봉기는 폭동적 성격을 띤 대중적인 정치투쟁이었고, 애국적인 반미 구국 항쟁이었다. 4월 인민봉기에서 주동적 역할을 한 것은 청년학생, 지식인들이었으며, 그와 함께 도시의 소자산계급과 일부 노동자, 농민들이 참가했다"(p.250).

위대한 수령 김일성의 교시에 의하면,

<남조선의 청년학생, 지식인들을 비롯한 광범한 인민들은 원수들의 총칼의 탄압에도 굴하지 않고 영웅적으로 투쟁하여 이승만 정부를 뒤집어 엎었습니다. 이것은 남조선 인민들이 미제와 그 앞잡이들을 반대하는 투쟁에서 이룩한 커다란 첫 승리입니다.>(<남조선혁명과 조국혁명에 대하여>,p.204).

"미제의 식민지 통치와 침략정책에 커다란 타격을 가한 4월 인민봉기는 우리 인민의 혁명적 기개를 온 세계에 펼쳤고 자주성을 지향하는 우리 시대의 해방투쟁의 역사에 빛나는 한 페이지를 수놓았다. 이 영광스러운 투쟁에서 발휘한 남조선 인민들의 영웅적 기상은 민족의 태양이신 위대한 수령 김일성동지의 품을 그리는 그들의 불같은 지향의 산물이었다"(p.252).

"그들은 4월 인민봉기를 통해 남조선 인민운동에서의 선구자적 역할을 훌륭히 수행했을 뿐만 아니라 혁명운동과 노동자, 농민 사이에 다리를 놓는 교량적 역할도 일정하게 하기 시작했다"(p.255).

III

그러나 북한당국은 "4월인민봉기를 완전한 승리를 달성하지 못했다"고 파악한다. 여기에서 남조선인민들은 심각한 교훈을 얻게 되었는데, 더 철저한 혁명투쟁에 돌입해야하며, 그러기 위해서는 혁명정당을 가져야한다고 선동한다.

위대한 수령 김일성동지의 교시에 의하면,
<남조선 인민들의 이번 투쟁은 끝까지 철저히 진행되지 못했으며 완전한 승리를 거두지 못했습니다. 그것은 이 투쟁에 광범한 노동자, 농민들이 참가하지 못했기 때문입니다. 그리하여 아직도 남조선 인민들은 자유와 민주주의를 쟁취하지 못했으며, 그들의 요구는 실현되지 못하고 있습니다.
남조선 인민들이 완전한 민주주의적 승리를 쟁취하기 위해서는 노동자, 농민을 비롯한 광범위한 인민대중이 투쟁에 참가해야 하며, 이 투쟁은 반드시 철저한 반제국주의적, 반봉건적 투쟁으로 되어야 합니다.>(<남조선 혁명과 조국통일에 대하여>, p.204).

"남조선 혁명의 주력군은 혁명적 당 주위에 결속된 노동자, 농민이고 영도계급은 어디까지나 노동계급이다. 혁명에서 최후의 승리를 이룩하자면 혁명에 절신한 이해관계를 가지고 가장 혁명적인 노동계급과 그의 가장 믿음직한 동맹자인 농민대중이 널리 참가해야 한다. 그러나 남조선의 노동자, 농민들은 4월인민봉기의 주동세력으로 참가하지 못했으며, 봉기는 철저한 반제 반봉권적 투쟁으로 발전하지 못했다"(p.262).

"그러므로 철저한 반제 반봉건 투쟁을 수행하지 않고서는 남조선 사회의 근본적인 모순을 해결할 수 없으며 혁명의 최후 승리를 이룩할 수 없다. 4월 인민봉기는 또한 남조선 인민들이 참다운 자유와 해방을 얻기 위해서는 반드시 노동계급의 혁명적 당을 가져야 한다는 뼈저린 교훈을 남겨주었다"(p.263).

위대한 수령 김일성동지의 교시에 의하면,

<혁명적 당과 뚜렷한 투쟁 강령이 없으면, 따라서 기본 군중인 노동자, 농민이 항쟁에 널리 참가하지 못했기 때문에 4월인민봉기는 철저히 조직적으로 전개되지 못했으며 남조선 인민들은 그들이 흘린 피의 대가를 미제의 다른 앞잡이들의 손에 빼앗기지 않을 수 없었습니다.>(<김일성저작집> 3권, 제2판, p.142).

"남조선 인민들이 반제 반봉건 투쟁을 성과적으로 진행하고 이 투쟁에서 승리하기 위해서는 우리 시대의 혁명의 참다운 지도사상인 주체사상을 지도적 지침으로 하고 노동자, 농민을 비롯한 광범한 인민대중의 이익을 대표하는 혁명적 정당을 가져야 한다. 그러한 혁명적 당이 없이는 인민 대중에게 명확한 투쟁 강령을 줄 수 없고 혁명군중을 굳게 묶여 세울 수 없으며 군중투쟁을 조직적으로 벌여나갈 수 없다. 혁명적 당의 영도는 남조선 혁명의 승리를 위한 기본 담보이다"(pp.263-264).

"남조선 인민들은 그들이 흘린 피의 대가를 미제의 다른 앞잡이들의 손에 빼앗기게 되었다. 혁명에서의 기본문제는 주권에 관한 문제이다. 4월인민봉기에서 남조선 인민들은 이승만 정권을 타도했으나 주권은 인민의 손에 들어오지 못하고 여전히 원수들의 손에 남아 있었다"(p.264).

2011.10.30

제 2부
천안함 폭침과 연평도 포격사건

제 2 부

천안함 폭침 이후 북한의
대남위협과 그에 대한 대응책

3·26 천안함 사태는 2010년 3월 26일 백령도 남쪽 부근을 초계하던 우리 해군초계함 772호 천안함이 북한의 잠수함정이 발사한 어뢰에 의해 폭침된 사건으로서 이는 명백한 '대한민국을 공격한 군사적 도발'이다. 이는 북한 해군이 참패하고 퇴각한 대청회전(2009.11.10)에 대한 보복적 차원에서 북한의 무력시위용 성격이 강하다고 볼 수가 있다. 북한 주간지인 통일신보는 2009년 11월 10일 발생한 서해교전과 관련해 "선의에는 선의로, 도발에는 무자비한 보복으로 대응하는 것이 북한군의 일관된 자세"라고 밝혔다.

그런데 천안함 폭침이후 북한 당국이 발표한 내용을 보면 ① "천안함 사태는 북한과 관련이 없고, 남한의 날조극이다."라고 하여 자신들의 행위를 전면으로 부정하고 있다. 또 ② 국방위원회에서는 "검열단을 한국에 파견하겠다"고 했다. 여기에서 '검열단'이란 상급제대에서 하급제대를 대상으로 하는 용어로서 이는 위압적이고 부적절한 용어이다. '참고인단'이란 표현이 더 적절할 것이다. 그리고 살인 강도단이 현장검증을 하겠다는 것은 언어도단이고 그들이 조사결과를 검증한다 해도 북한의 소행임을 절대로 인정하지 않을 것이 분명하다. 심지어 ③ "만일 남한이 제재를 가하면 전면전도 불사하겠다."고까지 위협했다.

북한의 향후 위협양상을 분석해 본다면, '전면전 불사 발언'

이 순전히 엄포만은 아닐 것이다. 그 이유는 북한은 핵을 보유했다고 장담하기에 어떤 식으로든지 핵무장 위협을 담보로 하여 저강도 도발에서 고강도 도발로 발전시킬 소지가 다분하기 때문이다. 해군 전문가들은 차후의 고강도 도발로서 서해 5도에 대한 무력화 기도내지 봉쇄조치를 취하거나 육지에서 서울 수도권에 대한 장사정포의 공격을 거론하기도 했다. 여기서 가장 우려되는 것은 북한의 전면전 도발계획이다. 단기전으로는 3일이내에 서울을 포위 공격한 후 협상으로 시간을 벌면서 2-3주내에 다시 공세를 취하여 전후방 동시 戰場化를 통해 한반도를 석권하는 것이다.

전직 군수뇌부와 북한전문가들은 이구동성으로 이번 천안함 사태에 대하여 단호한 조치를 취하지 않는다면, 북한은 서해 5도 봉쇄 및 무력화 기도 등 더욱 무모한 고강도 도발을 자행할 것이고 더 나아가 수도 서울을 공격하는 전면전까지도 불사할 수 있음을 경고하여 왔다.

그러나 우리의 군사적 보복 조치는 이미 失機를 한 상태이다. 차후 도발시 단호한 군사적 응징조치를 단행할 결심과 대비를 하는 것만이 남아있는 것이다.
① NLL 침범시: 경고사격후 격파사격을 즉각 실시한다. 해안포 등의 도발시에는 북한지역의 발사진지를 격파공격한다. ② 서해 5도 도발시: 황해도 일대의 해군 기지와 공군 비행장 그리고 포병진지를 초토화한다.
③ 全面戰 도발시: 김정일 등 전쟁지도부를 전략적 중심의 타격목표로 삼아서 공군기를 통해 폭격하고, 전장터를 북한지역으로 상향조정한다. 이런 목표를 위해서는 한미연합군의 특수군과 최첨단 미사일을 동원한다.
2010. 5.6

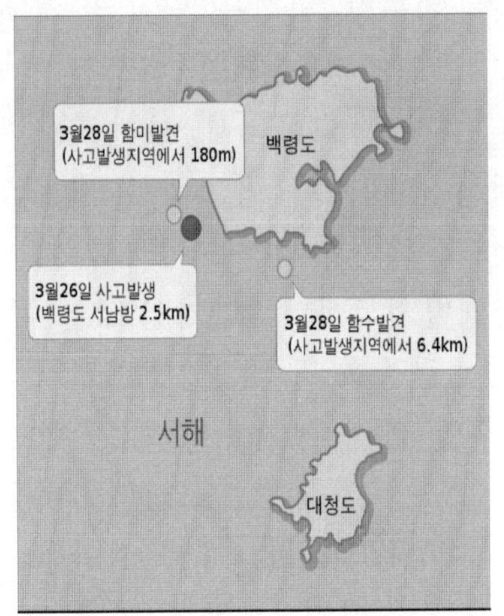

3월28일 함미발견
(사고발생지역에서 180m)
백령도
3월26일 사고발생
(백령도 서남방 2.5km)
3월28일 함수발견
(사고발생지역에서 6.4km)
서해
대청도

장산곶
북방한계선
(NLL)
백령도
26일21시22분
사고발생
서해
대청도

천안함 사태와 미국의 입장

2010년 3월 26일, 46명의 한국 해군장병들의 목숨을 앗아간 천안함사태 발생이후 북한의 어뢰공격으로 격침된 사실이 알려지기까지 우리는 주변 이웃 나라들의 움직임을 주목해야만 할 것이다. 천안함 사태는 누가 진정한 대한민국의 동맹국인지 그 속내가 여실히 드러나게 한 사건이었다. 주변 국가들의 반응과 태도를 면밀하게 검토하여 이것을 토대로 하여, 장차 한반도에 닥칠 통일의 과정에서 충분히 대비하는 외교전략을 만들어 나가야 할 것이다. 즉 천안함 사태라는 비극을 통해서 주변국들의 정보를 충분한 수집 분석하여 그것을 교훈으로 삼아서 내부 분열을 극복하고 국론을 통일하여 장차 한반도 통일의 자산으로 축적되어야 할 것이다.

주변국가들 중에서 우리의 동맹국인 미국이 가장 신속하게 움직였다. 미국의 폭발전문가, 해군, 의회 그리고 행정부가 한국 정부를 지원하기 위해 각자 역할분담을 해서 한국을 지원했다. 미국은 어느 주변국가들보다 먼저 한국정부를 위로하고, 천안함 사태 실종 수색작업, 천안함 선미 및 선수 인양 작업, 그리고 천안함 피습에 대한 증거물 확보 및 해석 작업에 가장 적극적으로 동참해 준 나라이다. 심지어 실종된 해군장병을 수색하는 작업 중 최후를 맞이한 한주호 준위의 마지막 치료를 위해 승선했던 선박이 바로 천안함 침몰 해역에서 한국 해군과 함께 구조 작업을 벌리고 있던 미 해군 소속 구조함 살보(Salvor)였다는 사실은 미국의 동맹국 한국에 대한 관심을 보여주는 상징적인 것이었다. 북한의 공격을 입증할 수 있는 결정적 증거인 북한제 어뢰가 발견된 장소 역시 미국전문가들의 조언 결과였다고 한다. 즉 Bubble Jet 폭발을 일으킨 어뢰의 잔해는 폭발 지점 수직 아랫부분에 떨어진다는 조언이다. 미국의 상원은 만장일치로 천안함 관련 결의안을 발의했다.

5월 19일(현지시간) 한국정부가 북한 소행임을 밝혀낸 이후 백악관은 즉각적으로 북한을 비난하는 성명을 발표했다. 백악관은 "오바마 대통령은 전적으로 한국을 지지하고 있음을 이 대통령에게 지난 17일 명백히 했다"면서 "추가적인 공격 행위로부터 (한국을) 방어하려고 노력할 것"이라고 강조했다. 백악관은 "북한은 이웃들에 대한 호전성과 국제사회에 대한 도발이 강함이 아닌 약함의 신호라는 것을 알아야 한다"고 지적했다. 백악관은 "그런 용납할 수 없는 행위는 북한의 고립만 심화시킬 것이며, 모든 도발들에 맞서 역내 평화와 안정을 지키기 위한 이웃 국가들의 협력 의지를 강화시킬 것"이라고 밝혔다.

클린턴 국무장관은 이미 예정된 미중 경제전략 대화를 위한 아시아 순방에서 북한의 이번 도발 행위를 걸코 좌시하지 않을 것을 분명히 했다. 이제 미국은 천안함 사건을 "동맹국(한국)에 대한 공격행위"라고 정의하고 한미동맹이 강력하게 발동될 수 있는 상황임을 분명히 했다.

미국은 천안함 폭침사건을 통해 오래전부터 反테러전쟁의 표적국가로 삼았던 북한이 얼마나 위험한 나라인가를 새삼스레 실감한 것이다. 미국은 이번 천안함 사태를 북한이 終末로 향하는 과정에서 저지른 '단발마적 행동'으로 인식하고 있다. 미국은 지난 2월 1일에 간행된 GDR(4년 연차 국방보고서)에서 미국의 가장 중요한 관심사는 현재 진행 중인 2개의 전쟁(이라크, 아프가니스탄)에서 승리하는 일과 함께 "핵무기 화학 무기 등 대량살상무기를 보유하고 있지만 통치력이 허약한 불량정권이 붕괴될 경우, 그 정권이 보유하고 있던 대량살상무기가 (알카에다와 같은) 테러리스트 집단 등에게 흘러 들어가는 일을 방지하는 일"이라고 명기한 바 있다.

천안함 사태의 수습하는 과정에서 우리는 진정한 친구가 누구인지를 다시 한번 재확인해보는 귀중한 기회를 얻었다. 진정한 친구일수록 평상시보다는 정말 어려운 지경에 처했을 때, 발 벗고 나서서 도와주는 친구가 진정한 벗이기 때문이다.

2010년은 한미동맹의 중요성을 재확인하는 계기가 된 시점이 되었다. 개인적 友情이나 국가간의 동맹도 지속적으로 유지가 되려면, 관리를 잘해야 위급할 때 활용할 수가 있다. 또 양자는 일방적이거나 시혜적인 종속관계가 아니라 평등한 상부상조의 관계가 되어야한다. 그러기 위해서는 상대방의 입장에서 생각해보고 평상시에 배려할 줄 알아야한다. 평상시에 우호적인 협력관계를 원만하게 유지하면, 위급시에도 일을 더 잘 해결해 나갈 수가 있을 것이다.

2010. 5.29

"선배님, 이민가시지요!"

　이번 주말 서울에 있으면서 우연히 대학 후배 L씨와 만나서 대화할 시간을 가질 수 있었다. 대학후배인 L씨는 필자의 칼럼과 책을 읽고서 필자의 사상과 주의주장에 적극적으로 동조·찬성해 온 열성 보수팬이다. 그는 평생동안 공무원으로 재직하다가 이제는 대학에 겸임강사로 출강하면서 만학의 열정을 가지고, 대학생들을 가르치는데 인생의 기쁨을 만끽하고 있다.

　처음부터 우리의 화제는 당연히 6.2중간선거였다.

　"어차피, 2012년 대선에서 야당이 집권할 가능성이 크니까, 이제 친북좌파가 득세하게 되는데 (친북좌파 척결을 외친 선배님이) 그들로부터 눈밖에 나서 (처신하기) 힘들게 되었어요. 차라리 선배님은 이민을 가시는 것이 좋을 것 같습니다." 한나라당의 무능과 MB의 중도실용주의가 내포한 독선적인 정국운영, 또 이번 유권자의 투표행태로 볼 때, L씨의 눈에 비친 대한민국은 이제 '희망이 없는 나라'가 된 것이다. 어쨌든 필자는 내심으로 경악했고 당황스러웠다. 아무리 집권당이 참패했지만, 자신의 거취에 대해서 그 정도로까지는 생각해 볼 여유가 없었기 때문이다. L씨의 눈빛을 보니까 농담조가 아니고 어느 정도 진심이 담겨 있었다.

　"2003년 미국대학의 교환교수 시절 기러기 아빠가 되어 다시 미국으로 갈 수 있는 좋은 기회를 모두 놓쳤다오." 이렇게 농담조의 응답을 주고 받았지만, 기분은 씁쓸했다. 돌아오는 버스칸에서 "보수가 한나라당이 6.2중간선거의 참패에서 받은 충격이 크긴 크구먼…" 필자는 이렇게 혼자서 독백했다.

고속버스 운전수는 출발부터 MBC 저질 코메디 프로를 틀면서 승객의 청취를 강요하면서, 차내를 저질 PD의 저질스런 소음을 유발시켰다.

운전기사가 TV를 트는 이유 중 하나는 운전 중 졸음운전을 예방하기 위해서란다. 외국에서는 있을 수 없는 일이다. 그러니 꺼달라고 요구할 수도 없다. 2시간반 뒤에 어느 덧 고속버스는 익산에 도착했다.

2010. 6. 5

천안함 爆枕 사건의 全貌

사건개요

2011년 3월 26일 21:22분경에 백령도 서남방 2.5km 해상에서 NLL 경비중이던 우리 해군의 천안함(PCC-722, 만재 1200톤)이 갑자기 水中 폭발물에 의해 선체가 두 동강이 나 침몰했다. 승무원 104명 중에 58명은 구조되었으나. 46명은 침몰함체와 함께 수장되어 순직했다. 침몰원인에 대해 구구한 억측이 인터넷상에서 난무하였다. 심지어 ①선체가 노후하여 피로에 의해 침몰했다는 선박피로설, ②암호에 의해 침몰했다는 암초좌초설, ③한미 연합사 훈련도중 誤爆에 의한 침몰설 등이 등장하였다. 그러나 ④군수뇌부와 북한전문가들은 북한의 소행일 것이라는 의혹을 강력하게 추정하였다.

이명박 정부는 위와 같은 근거가 희박한 악성루머가 시중에 번지면서 국론분열이 일어나는 점을 우려하여 사고원인의 발견에 총력을 기울여 나갔다. 그리하여 국제民軍합동조사단이 결성되었고, 그 조사결과 천안함은 북한잠수정(연어급, 130톤) 어뢰공격에 의해 침몰되었다고 발표하였다(2010.5.20). 천안함은 백령도 영해 내에서 평상적인 초계활동을 하던 중에 기습을 당했던 것이다.

천안함은 우리 해군 2함대사령부 소속의 초계함(Patrol Combat Corvette)으로 1989년에 취역했다. 전장 88m, 전폭 10m, 최대속력 32노트(시속 57.6km), 항속거리 4,000해리(7,200km)에 달한다. 추진기관은 디젤엔진 2기와 가스터빈 1기를 사용한다. 무장화력은 함대함유도탄 4기, 76m 함포 2문 및 40m 2연장 함포 2문, 대잠수함용 어뢰(6기)와 폭뢰를 보우

하고 있었다.[42]

이에 반해 천안함을 공격한 북한의 연어급 잠수함정은 북한이 자체 설계 및 건조한 130톤급으로 신형이다. 이것은 상어급 소형잠수함(325톤)과 유고급 잠수정(85톤)의 중간급에 해당된다. 길이 29m, 폭 2.75m, 디젤엔진-배터리 추진방식으로 속력은 수상 11노트(20km), 수중 8노트(14.8km)이다. 무장화력은 533mm 어뢰발사관 2기(重어뢰)이다. 최근 수출용으로 건조해 야간투시장비 등 고성능 장비를 구축했고, 선체 은밀성(Stealth)을 위해 특별한 구조를 갖추고 있다. 북한이 이란에 3척을 수출한 가디르(Ghadir)급과 같은 것으로 보인다.[43] 천안함을 공격한 어뢰는 북한산 'CHT-02D'로 음성향적 및 음향수동 추적방식으로 확인되었다. 길이 7.35m, 무게 1.7톤, 폭발장약 250km인 重어뢰다. 최대 사거리는 10-15km이다.

천안함의 피격상황

국제합동조사단의 발표(5.20)에 의하면 다음과 같다. 천안함은 어뢰에 의한 수중폭발로 발생한 충격파와 버블효과에 의해 절단되어 침몰하였다. 폭발위치는 가스터빈실 중앙으로부터 좌현 3m, 수심 6-9m 정도이며, 무기체계는 북한에서 제조한 고성능폭약 250km 규모의 어뢰로 확인되었다.

北연어급 잠수정과 이를 지원하는 모선(母船)이 천안함 공격 2-3일후 기지로 복귀한 것으로 확인되었다. 北잠수정은 3월 23일 백령도에서 80여km 떨어진 황해남도 비파곶 잠수함기지를 모선과 함께 출항, 韓美 정보당국의 감시를 피해 이동했다. 모선은 이 잠수정에 각종 지원을 하고 잠수정 안전에 문제가 생길 경우에 대비하여 함께 출항한 것으로 알려졌다.

---

42) 국방부, 『국방저널』(2010년 5월호).
43) 『조선일보』, 2010.5.21.

北잠수정은 공해상으로 'ㄷ'자 형으로 우회하여 3월 25일 오후 백령도 서쪽 해저에 도착하여 수중에서 하루 동안 공격 목표를 기다린 것으로 추정된다. 군당국의 추정에 의하면, 다음날 26일 천안함을 발견한 北잠수정은 천안함 왼쪽으로 3km쯤 떨어진 해저의 수중 10m 쯤 깊이에서 잠망경으로 천안함 움직임을 확인한 뒤 CHT-02D 어뢰를 발사한 것으로 보고 있다. 군 소식통은 "3월 26일 밤 9시 22분경이 조류의 흐름이 느린 정조시간대로 공격에 용이한 시간대를 노려 공격한 것같다"고 말했다. 北잠수정은 천안함을 공격한 뒤 3월 28일 오후 비파곶 기지로 복귀했다.

북잠수정 기습공격의 성격: 전쟁도발 행위

이명박 대통령은 5월 21일 국가안전보장회의(NSC)에서 천안함 침몰에 대해 "국민이 휴식을 취하는 늦은 저녁시간에 북한으로부터 무력기습을 당했다"라며 "이는 군사적 도발행위이며 유엔헌장과 정전협정, 남북기본합의서를 위반한 것"이라고 말했다.[44]

첫째로, 북한은 유엔헌장을 위반하는 국제법적 범죄행위를 태연하게 자행하였다. 유엔헌장 제2조(무력행사 금지)에 의하면, "모든 회원국은 타국의 영토보전과 정치적 독립을 무력으로 위협하거나 무력을 행사하는 것을 삼가야 한다."고 규정하고 있다. 북한 해군 소속의 장수정이 매복해 있다가 합법적인 초계활동을 하던 천안함을 어뢰로 비열하게 기습 공격한 것은 이를 위반한 것이다.

둘째로, 북한은 정전협정을 위반하였다. 1953년에 체결된 정전협정 제2조 12항에는 "(남북한 사이에) 적대행위를 완전히

---

44) 『중앙일보』, 2010.5.22.

정지한다”고 명시되어 있다. 또 15항은 “한국육지에 인접한 해면을 존중하며”라고 명시되어 있다. 북한 잠수정이 백령도 인근의 우리 영해에 잠입한 것 자체가 정전협정 위반이다. 더욱이 천안함을 공격한 것은 협정을 더욱 위반한 불법무력행위이다.

셋째로, 북한은 1992년에 발효된 남북기본합의서도 포괄적으로 위반했다. 그 합의서 명칭은 “남북 사이의 화해와 불가침 및 교류협력에 관한 합의서”다. 그리고 불가침에 관한 부속합의서를 두고 있는데, 제2장 9조에 의하면, “상대방을 武力으로 침략하지 않는다”고 되어있다. 북한은 이를 모두 위반하였다.

천안함이 기습당한 이유는?

(1) 천안함은 잠수함 탐지능력이 부족했다. 천안함은 함수선저에 잠수함정 탐지용 고정형 水中音探器(Sonar: Sound of Navagation and Ranging)를 장착하여 적잠수함을 탐지하고 식별하는 중요한 근무체제를 24시간 가동하였다.

그러나 천안함 소나는 성능이 부족하여 연어급 잠수정(130톤)을 원거리에서 탐지하기가 어렵다. 국방과학연구소(ADD)의 시뮬레이션 결과 사건 발생 당일인 3월 26일 백령도 근해 수심 30m 기준으로 해양환경을 대입해 판단할 때 약 2km 전후에서 탐지할 수 있는 확률은 70%이다.[45]

적 전술, 당일 기상, 해양환경 등으로 분석한 결과 적잠수정은 약 3km 거리에서 어뢰를 발사한 것으로 추정된다. 그러므로 천안함은 적잠수함의 접근을 사전에 탐지할 가능성이 거의 없었다. 그리고 당시 해상은 파고 2.5m, 남서풍 20노트로 평소보다 기상이 불량했다. 파도로 인한 소음이 소나에 강하게 들

---

45) “침몰사건 의혹관련 국방부 입장”, 『국방일보』(2010.4.6).

어온다. 그래서 적 어뢰의 접근도 탐지가 어려웠다.

(2) 한국군의 정보 분석의 실패다.

천안함 침몰 전후한 3월 23-27일 닷새간 23일 6회, 24일 3회, 26일 1회 등 북측 비파곶에서 북잠수함정의 기동이 있었다. 2척 가운데 1척은 비파곶 인근에 있었던 것으로 통신상 확인이 되었으나, 다른 1척의 행방은 알 수가 없었다는 내용이 국회에서 공개되었다.46)

합동참모부는 북잠수함정 2척이 지원모선과 함께 3월 23일 비파곶기지를 이탈한 것을 알고 있었다. 한미 정보당국은 북한 잠수함기지를 하루 2. 3회 위성사진으로 촬영해 분석하고 있다. 한국군은 '백두·금강' 정보자산을 운용하고 있다. 그리고 한국군은 북잠수함정이 서해에서 3월초에 해상훈련을 한 것도 알고 있었다. 그러나 한국군은 이것을 평시 해상활동으로 간주하'고 아무런 대비를 하지 않은 것으로 알려졌다.

(3) 안이한 합동참모본부의 대처

결국 군 작전지휘부인 국방부와 합참이 수집된 정보에서 북한군의 기습의도를 정확히 분석하지 못한 점에 있었다. 북한군의 기습의도를 간파했다면, 대잠능력이 우수한 함정을 서해에 배치했을 것이다. 대잠헬기가 탑재된 신형구축함과 잠수함(209톤급 혹은 214톤급)을 백령도 근해에 배치하면 기습을 방지할 수 있었다. 이 해역은 대잠(對潛) 취역구역이기 때문에, 북잠수함이 기습공격하고 단시간에 북으로 도주가 가능한 지역이다. 이번 사건은 한국군의 합참 합동작전본부의 정보분석 능력과 병력운용의 배치면에서 심각한 문제가 있음을 말해주고 있다. 2010.6.10

---

46) "군, 군사기밀 노출 대응책 마련 착수", 『연합뉴스』(2010.4.19).

MB는 정녕 합려(闔閭)의
길을 걸으려는가?

I

춘추전국시대의 오왕 합려(闔閭, 기원전 514년~496년)는 중국 춘추전국시대 오나라의 제6대 군주이자, 春秋 五覇의 1인이다. 이름은 광(光). 신하인 손무, 오자서 등의 도움을 받아 오나라를 강국으로 성장시키고 覇權主義를 주창하였다. 말년에 월나라를 쳐들어갔으나 월왕 구천(句踐)에게 패배하여, 아들 부차에게 복수를 맹세하게 하고 죽는다.

오왕 합려는 초나라에서 망명해 온 오자서의 도움을 받아서 형을 물리치고 왕위에 올랐다. 그는 중원제패에 야망이 있어서 널리 인재를 모았는데 오자서의 천거로 제나라 출신 孫武를 대장군에 임명하였다. 그는 오자서, 손무 등을 인솔하여 친히 강대국 초나라와 몇 번이나 싸워서 기원 전 506년에 초나라의 수도를 함락시키는 전과를 두었다. 그곳에서 주색에 빠져서 시간을 허비하였다. 그러는 동안 본국이 월나라에 침략 당하고, 동생 부개가 왕을 칭하고 쿠데타를 일으켰기 때문에 가까스로 도망친 초왕을 추격하지 못하고, 허둥지둥 다시 본국에 돌아와 난을 평정했다. 미인을 좋아하고 허영심이 강한 합려는 초나라의 아름다운 궁녀와 휘황찬란한 궁궐을 잊지 못했다. 결국 그는 초나라의 궁궐을 모방한 대역사를 일으켰다. 그 책임자로 제나라에서 망명한 寵臣 백비를 임명하여 수많은 정자와 누락으로 구성된 고소대를 건축하도록 하였고 결국 국력을 탕진하였다. 그의 아들 부차의 시절에는 월나라와의 전쟁에서 결국 패망했다. 춘추전국시대의 패권다툼 중에서 吳越의 쟁패가 가장 유명한데, 그 이유는 두 나라의 흥망성쇠가 너무 드라마틱하고 상대방을 멸망시키기 위한 온갖 책략이 총동원되었기 때문이다. 臥薪嘗膽이란 유명한 고사도 이 시절에서부터 연유되고 있다. 오나라왕 부차(夫差)가 부친의 원수를 갚기 위해 장작더미위에서 복수를 맹세했고, 다시 월왕 구천이 부차에게 당한 패배를 항상 기억하고 쓸개를 먹으면서 복수의 칼을 갈았던 시절이 있었다.

한때 중원을 차지할 뻔 했던 춘추 5패의 인물 오나라의 합려는 왜 결국 실패한 군주가 되었고 아들 부차의 시절에는 월에게 멸망당했나? 그 원인은 합려의 성격에서 찾아 볼 수 있다. 합려는 부지런했지만 자만심과 허영심이 강했기에 말년에 이르러서 간신과 충신을 구별하는 혜안을 잃었다. 한마디로 합려 정권은 오자서와 손무 등 충신과 백비라는 간신이 뒤썩인 동거정권이었기 때문이다. 합려는 忠臣 오자서와 손무를 기용했지만, 동시에 백비라는 奸臣을 重用, 말년에는 백비가 제안한 화려한 고소성을 건축하여 국력을 소진시켰고 그 공을 인정하여 백비에게 太宰의 벼슬을 내린다.

백비란 인물은 초나라출신 망명객인데, 오자서를 찾아가서 도움을 청했고 오자서가 합려에게 천거한 인물이었다. 그러나 별다른 재능이 없어서 시기심이 강하고 여색을 탐하면서 뇌물을 무척이나 좋아했다. 주군에게 아첨을 능사로 하여 주군의 귀를 즐겁게 했으며 여색을 밝히는 주군에게 항상 미인을 갖다 바치는 채홍사 역할을 마다하지 않았다. 백비의 간교한 인간성을 간파한 손무는 초나라 수도에 입성했을 때 軍政의 失策을 물어서 몇 차례 백비의 제거를 건의했지만, 인정에 끌린 오자서가 반대하여 간신 제거의 좋은 타이밍을 놓쳤다. 합려의 말년, 고소성 축성 공사에 공을 세운 백비가 太宰로 임명된 이후는 오자서도 백비를 견제할 수 없을 정도로 세력이 커졌다. 백비에 대한 합려의 신임은 절대적이 되었다. 그러나 백배는 권세를 악용하여 월나라로부터 정기적으로 뇌물을 받았고 오나라의 정보를 건네주었으나, 누구도 감히 왕에게 백비의 정체를 알리지도 못했고 그를 제지하지도 못했다.

기원전 496년, 합려는 10년 전의 침략당한 원한을 풀기 위해 월나라로 쳐들어간다. 그러나 사형수를 전선에 투입하여 적군의 목전에서 자결케하는 할복 전략을 구사한 월나라의 장군 범려의 책략에 말려 승리의 목전에서 패배하고, 다리에 상처를 입고, 사망하게 된다. 아들 부차에게 "구천이 부친을 죽였던 것을 잊지 말라"고 유언하고, 복수를 맹세하게 했다.

II

왕이 된 부차는 오자서가 대장에, 백비를 부장으로 임명하여 오월전쟁에서 군사를 지휘하도록 했는데, 이 당시 손무의 기록은 나오지 않는다. 아마도 이 시기에 백비의 국정농단과 정계에 환멸을 느끼고 정계에서 은퇴한 것으로 추측된다. 복수의 칼을 갈았던 부차와 방심한 구천과의 오월전쟁에서 월왕 구천은 大敗하였다. 멸망직전에 월왕 구천의 일급 참모 대종과 범려는 생존책략을 준비했다. 백비라는 카드를 활용하는 것이었다. 백비가 재물과 여색에 탐한 인물임을 간파하고 그에게 접근하여 재물과 미인들을 상납하면서 백비로 하여금 구천의 구명운동에 앞장서도록 설득 공작을 진행했다. 그들의 공작은 적중했다. 뇌물공세에 눈이 어두워진 백비는 월나라 구천을 살려주고 신하로 삼도록 오왕 부차에게 간청했으며 구천은 십년교훈과 십년쟁취의 구호를 내걸면서 장장 20년을 臥薪嘗膽, 切齒腐心하여 오나라의 감시를 피하면서 국력을 배양하였다. 구천은 미인 西施와 궁녀들을 부차에게 바쳐서 정력을 빠지게 만들었으면, 한때는 마굿간에서 부차의 마부로서 일하기도 했다. 부차의 경계심을 풀게 하기 위해서 부차의 건강을 점검한다고 부차의 대변까지 먹으면서 자신의 의도를 감추면서 철저히 충성심으로 위장하였다. 그러는 동안 오자서는 월의 구천에 대한 감시를 게을리 하지 말 것을 충고했으나 西施의 여색에 빠진 오왕 부차는 판단력이 흐려져서 오자서를 내쳤다. 그러는 동안 무리한 각종 토목사업과 이웃나라와의 전쟁으로 국력은 피폐해졌다. 백비는 忠言을 마다하지 않는 오자서를 반역죄와 불충으로 모함하여 자살하게 만든다. 구천은 오나라의 방심을 틈타 국력을 기르고 오나라가 제나라를 침공한 기회를 활용하여 방어가 허술한 오나라 수도를 치면서 역공했다. 부차는 오자서의 말을 듣지 않았던 자신을 원망하면서 자결했다.

오나라의 멸망 중심에는 월과 내통하여 미녀와 재물을 상납 받은 반역자인 奸臣 백비가 있었다. 아첨꾼 간신 백비를 두둔하고 키운 것은 오왕 합려였고 막강한 권력의 장막으로 그를 비호했다. 당대에 뿌린 禍根의 씨앗이 아들 부차대에 오면서 종양처럼 커졌고 오나라 멸망이란 비극을 초래한 것이다.

III

MB는 530만표의 압도적인 지지를 받고 10년만에 좌파정권을 청산하였다. 그러나 左右翼 同居政權으로 출발하면서 1년반만에 中道實用主義를 천명하여 우익 시민단체와 보수인사를 국정운영에서 철저히 배제하였다. 미국쇠고기 협상완료, 2012년 G-20정상회의 서울유치, 아랍에미레이트(UAE)로부터 400조원에 이르는 원전수주 확보, 중앙-동남아시아와의 자원외교 정착 등 부지런히 해외에 다니면서 세일즈외교에서 혁혁한 성과를 거두면서 경제대통령의 닉네임을 얻었다.

그러나, 미국쇠고기-광우병파동에 이은 불법폭력세력에 대한 응징과 친북좌파척결에 미흡, 사법부의 좌익성향의 판사들의 무더기 좌경판결에 대처가 미흡했고, 성남비행장을 무력화시키면서까지 롯데재벌의 롯데월드 2차 신축 허가를 강행하여 軍心의 이반과 保守의 불만을 自招했으며, 세종시 수정, 4대강사업 밀어부치기 등 토목사업에 과도하게 집착하여 국론분열과 국력소모를 초래하였다.

MB는 자신이 군복무 미필에 대한 열등감 때문인지, 청와대 참모수석과 장차관들 중에서 군복무를 하지 않은 인물들이 대량으로 포진하여 국민들의 실망과 좌파의 공세에 허점을 노출하였다. 4대강사업에 골몰한 MB는 반대세력을 달래기 위해서 골수친북좌파를 사회통합위원회에 감투를 주어서 정책에 협조하도록 무마하려했다. 심지어 김일성과 국수를 먹었다는 국가보안법 위반자 황석영을 무엇이 아쉬운지 중앙아시아로 동행했으며 사회통합위원회에 기용하였으니, 좌파정권 교체에 헌신한 보수-뉴라이트가 MB의 이념과 정체성에 문제를 제기하는 것은 당연하다고 하겠다. MB는 전투의 나팔소리를 올리려는 결정적인 순간에 친북좌파와 싸우기를 거부하고 그들과 거래하거나 타협하려고 했다. 특히 김정일과의 협상으로 남북한의 긴장과 교착상태를 타개하기 위해서 제3차 정상회담을 권고하는 청와대 참모의 감언이설(甘言利說)에 넘어가면서 보수를 실망시켰다. 또 좌파척결에 미온적인 중도-좌파-기회주의 성향의 인물은 은밀하게 좌파를 청와대로 끌어들여 기용하였다. 장사꾼 정치가의 약점이 그대로 노출되었다. 이것은 530만 지지자들로 하여금 MB정부에 대한 신뢰감을 상실하게 만든 주요 원인이 되었다.

천안함 사태에서 북한 김정일의 소행이 밝혀졌는데도 불구하고, '유엔안보리 회부' 이외는 별다른 조치를 취하지 못하고 엉

거주춤 하면서 우유부단한 겁약한 지도력의 약점을 그대로 노출하고 있다. 김정일에게 맞서기를 두려워하는 중도-좌익 참모들에 둘러 쌓여있기 때문이다. 이들이 주장하는 표면적인 구실은 "북한 김정일과 싸우게 되면 한반도에 무력충돌 등 크고 작은 분란이 발생하여 사회적 혼란과 경제적 손실이 초래되고 또 MB의 지지도가 더 떨어지게 되기에 어떤 일이 발생하더라도 전쟁을 막겠다"는 것이다. 보수의 생각과는 정반대다.

6.2중간선거에서 집권당의 참패는 MB에게 국민들이 주는 경고장이다. MB의 독선적인 국정운영 방식과 적과 아군의 경계가 불확실한 중도실용주의 노선을 강조한 기회주의성향의 지도력이 보수를 분노하게 하여 한반도 좌익으로부터 협공을 당하면서 한반도 좌익의 공세로 인해 샌드위치 정부가 되었다. 결국 지지세력의 이탈과 좌익의 공세가 어울려져서 화근을 키운 것이다. 이대로 가면 친북좌파의 정권의 재등장은 불을 보듯 뻔한 이치다. 정권이 다시 친북좌파세력에게 넘어간다면. 청계천 복원과 4대강 사업, G-20 국제회의 유치, 아랍에미레이트(UAE)로부터 원전수조 등 MB의 탁월한 업적은 어둠속에 묻히게 될 것이다.

재차 강조하지만, 일 잘하는 것이 정치의 핵심은 아니다. 아무리 MB가 세일즈외교를 통해 업적이 많을지라도, 사람을 잘 써야한다. MB의 측근에는 좌고우면(左顧右眄)하면서 여론과 김정일의 눈치만 살피는 애국심이 부족한, 이념적으로 의혹투성이인 중도-좌익-기회주의자들이 다수 포진되어있지 않다고 장담할 수 있는가? 즉 월나라와 내통하여 오나라를 멸망시킨 간신(姦臣) 백비처럼, 북한의 김정일에 내통하거나 북한의 대남주장에 동조하는 반역성향의 모리배들이 절대로 없다고 자신있게 말할 수 있는가? 간신을 잘 선별하여 이들을 정리하지 않는다면, 후일 이들이 대한민국을 망치지 않을 것이라고 누가 장담할 수 있을 것인가?
2010년 6월 11일

월드컵축구를 통해 본
MB의 '아리송한' 대북관

I

이명박 대통령에 대해서 그를 지지했던 국민들이 가장 궁금해 하는 사항 중 하나가 그의 대북관이다. 이 대통령은 햇볕정책의 공식적 폐기를 선언하지는 않았지만, 취임초기에는 '비핵개방 3000'과 '그랜드바게인'을 통해서 북핵의 폐기를 남북협상의 조건으로 상정하여 대북압박을 가했던 것은 사실이다. 그러나 6.15/10.4남북공동선언에 대해서는 존중한다는 식으로 언급하여 폐기에 대해서 분명한 입장을 밝히지 않으면서, 중도실용주의를 천명하고 있었다.

그런데 이명박 대통령은 월드컵축구에서 대북관의 놀라운 단면을 잘 드러내었다. 그는 16일 월드컵축구 조별리그에서 북한이 세계 최강 브라질에 1-2로 패한 것에 대해 "북한이 2-1로 이겼으면 좋았을 텐데…"라고 말했다고 참모들이 전했다. 이날 '2010 동아시아기후포럼' 행사에 참석한 뒤 청와대로 돌아오는 버스 안에서 이 대통령이 창밖을 바라보며 이런 얘기를 했다는 것이다. 천안함 침몰로 남북 간 대립이 고조되는 상황이지만 같은 민족에 대한 동질감을 이 대통령이 표시했다는 게 참모들의 설명이다. 청와대 관계자는 "이 대통령이 북한의 승리를 진심으로 응원한 것 같다"고 말했다. 이 대통령은 이날 새벽 북한과 브라질의 G조 1차전 경기를 직접 시청했다고 한다.

II

  그러나 2010년 3월 26일 밤 9시 22분 김정일이 지시한 매복된 잠수함의 어뢰 암습(暗襲)으로 NLL 초계임무 중 천안함이 두 동강이 나고 국군 46명이 전사 했을 때 이 대통령이 북의 만행에 "격노하고 적개심을 보였다"고 전해 준 참모는 한 명도 없었다는 점은 정말 불행한 일이다. 북한의 어뢰공격으로 46명의 국군이 전사한 천안함사건은 '정치'문제에 불과하고 북한 축구의 패배에 대한 안타까움을 드러낸 이 대통령의 심경을 '한 핏줄 민족애'로 숭고하게 포장하는 인물이 대통령을 측근에서 보좌하는 참모라는 점에 경악과 분노를 금할 수 없는 것이다. 이것은 이미 청와대의 핵심부서가 중도-좌파에 의해 장악되었음을 웅변해 주는 좋은 사례이다.

  더구나 놀라운 점은 이 대통령이 새벽 5시에 일어나서 야밤 12경에서 취침을 하는 등의 부지런함으로 인해 청와대비서관들이 '수면부족증상'을 외부에 호소하는 바람에 대통령의 '일중독증' 증세가 있다는 소문이 자자했었다. 그런데, 이 대통령이 얼마나 한가했기래, 새벽을 설치면서 북한팀과 브라질팀의 월드컵 경기를 시청했다는 것인지 필자로서는 정녕 이해가 되지 않았다. 일국의 지도자라면 자신의 말 한마디, 행동거취가 엄청난 파장을 일으킨다는 점을 알아야한다. 천안함 피폭 이후 격앙된 국민들의 정서를 생각한다면, 홀로 조용히 시청했어야하고, 참모들에게 자신의 이런 속내를 말하지 않았어야 마땅하다. 6.2 지방선거 참패이후, 당청협의체를 구성하여 안보강화, 세종시 수정안, 새만금, 4대강사업 등 현안문제를 협의해도 시간이 부족할 텐테.... 아마도 머리를 식힐 시간도 필요했을 것이지만, 새벽에 북한팀의 월드컵 중계방송의 시청은 전혀 이해가 안된다. 물론 "어뢰는 어뢰고, 축구는 축구"라고 항변하면서 따진다면 할 말은 없다. 하기야 북한축구팀이 천안함 암습을 저질렀다고 여겨지는 북한 해군정찰국과 무슨 상관이 있는가? 북한축구 경기를 애써 외면한다고 해서, 또 김정일에 대해서 비분강개한다고 해서, 사망한 46명의 해군장병들이 살아 돌아오는 것은 아닐 것이다. 그러나 천안함이 피폭된 지 불과 3개월도 되지 않아서 정치와 축구가 분리되어야하고, 남과 북은 한민족이라는 우리민족끼리라는 식의 얄팍한 감상주의적 민족감정에 젖어버려서 천안함 사태를 얼버무리려고 한다고 한다면, 역사에 大罪를 짓게 될 것이다. 왜 대통령은 46명 전사자의 계급과 이름을 일일이 호명하면서, 눈물을 흘렸나를 묻고 싶다. 일종의 정치쇼였나? 정녕 전사한 유가족은 물론 국민들의 경악된 분노를 어떻게 달래려고 하는지 알 수가 없다.

III

결국 이것은 남과 북은 한민족이므로 아무리 북한의 김정일 정권이 악독해도 북한의 아사사태를 방지하기 위해서라면 인도적 지원을 할 수 있다는 이 대통령의 의중을 나타낸 것이아닐까? 문제는 천안함 사태로 악화된 여론을 달래는 일인데, 이것은 여론을 선도하는 방송사, 시민단체와 종교인, 지식인들이 앞장서서 대북인도적 지원을 나서면 굳이 청와대에서 반대하지 않는다는 입장인 것이다.

결국 천안함 피폭에 대해 이명박 정부가 공언한 대북응징은 시간이 흐르면서 물타기식으로 전개될 공산이 커지면서, 유엔 안보리에 대북제재를 요청한 것으로 마감이 되는 점으로 해석되는 것이다.

그 이유는 무엇인가? 1대2로 브라질팀에 패한 북한축구팀으로 보내는 대통령의 안타까움과 동정심이 절절히 묻어있는데, 여기에 북한동포들의 대량아사사태가 언론을 통해서 청와대에 보도된다면, 또 종교지도자들이 집단행동을 보이면서 "대북인도적 지원을 재개(再開)하라"고 요청한다면, 또 청와대에 초청받은 親北牧師가 주일 예배도중 기도하면서 "대통령께서, 마음의 문을 여시어서, 아사(餓死)직전의 불쌍한 북한동포를 도와주시기를 하나님의 이름으로 기도합니다. 아멘!!!"을 줄기차게 외친다면, 평양과학기술대학의 설립을 위해 수백억원을 헌납한 곽선희 원로목사가 키운 소망교회의 長老出身인 이명박 대통령이 어찌 이를 무한정 방관·거절할 수 있겠는가? 이 시점에서 이 대통령에게는 성경에서 와전(訛傳)되어 오용(誤用)·남용(濫用)되어온 "원수를 사랑하라"는 숭고한 가르침(?)을 실천에 옮길 수 있는 천재일우(千載一遇)의 기회가 도래하는 것이다. 실제로, 금강산관광객 박왕자씨의 북한군총격사건에도 불구하고, 야밤의 북한댐 무단 방류로 인한 水攻急襲으로 영문 모르는 여러 명의 낚시꾼들이 익사했음에도 불구하고, 그리고 천안함 피폭사건으로 46명의 해군장병들이 폭사(暴死)되었음에도 불구하고, 통일부에서는 "인도적 대북지원의 창구는 항상 열려있다"고 反對不可를 공언해왔다.

북한팀의 월드컵경기를 바라보고 나타난 이 대통령의 '아리송한' 대북관을 검토해보니, "이제 현 정부의 대북응징에 대한 큰 기대는 접어야할 것 같다"는 심경을 가지게 되었다. 이것은 필자 혼자만의 인식은 아닐 것이다. 어느덧 두 달전의 천안함 피폭을 잊어버리고 월드컵축구의 광풍(狂風)으로 올인하는 한국사회!!! 대중들은 그렇게 월드컵 광란의 분위기에 빠져든다고 하더라도, 일국의 지도자만은 주관(主觀)을 가지고 中心은 잡아나가야 하는데, 현실을 그렇지 못한 것 같아 못내 안타깝다. 참으로 월드컵축구란 남북한을 맹목적으로 하나로 뭉치는 마법 (魔法)의 스포츠경기인 것 같다.

2010. 6. 20

전시작전통제권 전환 延期와 향후 展望47)

목 차

I. 전작권 연기의 대내외적 배경

II. 전작권 연기 이유와 다양한 반응

III. 한미연합사의 역할과 기능

IV. 한미연합사 解體와 左派의 속내

V. 결론: 과제와 전망

---

47) 2010년 7월 5일 안보전략연구소와 자유기업원 공동주관으로 열린 <전시작
전권 전환 연기의 당위성과 필요성을 강조하는 긴급 현안 세미나>에서 발표한
글이다.

I. 전작권 연기의 대내외적 배경

캐나다 토론토에서 열린 G20(주요 20개국) 정상회의에 참석 중인 이명박 대통령과 버락 오바마 미국 대통령은 26일 오후 (현지시간) 한미정상회담에서 '2012년 4월 17일로 예정된 전시작전통제권(이하 전작권) 이양 시점을 2015년 12월 1일로 3년 7개월 연기하기로 합의했다'고 청와대가 밝혔다.

이른바 노무현 좌파정부가 반미감정에 편승하여 자주국방을 공약한 '안보 포퓰리즘'의 대못을 뽑아내려 했다는 점에서 그 의미가 적지 않다. 이명박 대통령이 국가안보의 불안감을 불식 시키기 위해 민의를 수렴하고 노무현 정권이 박아놓은 오기의 대못을 4년여 만에 뽑아낸 결단으로 명분보다 실리를 택한 실 용외교의 쾌거다. 전작권 이양의 문제는 2002년 반미감정에 편 승하여 집권한 노무현 참여정부가 출범하면서, 인수위원들이 대거 청와대로 들어가면서 노 대통령을 직접 보좌하고 자주국 방과 민족공조를 주장하게 되면서 불거졌다.

노 대통령은 사이비 군사전문가의 자문을 받으면서 전작권 이양이라는 선거공약을 무리하게 실천하려는 가운데, 아무런 준비도 갖추지 않은 채, '군사주권 회복'이라는 妄想으로 국민 적 자존심을 부추기면서 추진되었다. 2005년 10월 1일 노무현 대통령은 계룡대에서 열린 제57주년 '국군의 날' 기념식에서 행한 발언에서 그의 전작권에 대한 國粹主義的 安保觀이 잘 드 러났다. "나는 그동안 자주국방을 강조해 왔습니다. 이것은 자 주독립국가가 갖추어야 할 너무도 당연하고 기본적인 일이기 때문"이라고 전제한 후 "전시작전통제권 행사를 통해 스스로 한반도 안보를 책임지는 명실상부한 자주군대로 거듭날 것"이 라며 '자주국방'에 대한 강한 신념을 밝혔다.

다음 해 2006년 8월, 노무현 대통령이 전시작전권을 환수하기로 방침을 정하자, 한나라당과 군 원로 등 보수진영의 반대로 논쟁이 있었으나, 2009년 10월 22일 한미안보연구회 국제회의(SCM)에서 당초 2012년 4월 환수를 재확인하였다. 그리하여 2012년 4월 17일에 전작권은 한국측으로 넘어오게 될 예정이었다. 한미연합사의 작전통제권은 평시와 전시로 구분되는데, 평시 작전권은 노태우 정부시절에 1994년 12월 1일을 기해 한국측으로 이양되었다.

이번 전작권 유보는 올해 3월 26일 천안함 사건이후 안보에 대한 한국측의 불안한 입장을 미국측이 수용한 결과라고 볼 수 있다. 이명박 정부 등장이후부터 천안함 사건이전까지에도 한미양국은 은밀하게 전작권 이양 유보에 대한 물밑접촉이 이루어져왔다. 다만 천안함 사건이 미국으로 하여금 전작권 이양을 잠시 유보하도록 설득하는 강력한 무기가 되었다. 특히 6.2지방선거이후 親盧잔존세력들의 화려한 政治的 復活로 인해 친북좌파의 득세가 더욱 우려되는 현실에서 한미 양국 정상의 전작권 이양 유보 결정은 안보불안감만이라도 어느 정도 해소할 수 있는 시의적절한 조치라고 아니할 수 없다. 이 점에서 이명박 대통령이 추진한 대미외교의 성과를 높이 평가하지 않을 수 없다.

전작권 연기의 필요성에 대해서 한국측만이 아니라 미국측의 우려도 있었다. 미국 싱크탱크인 브루킹스연구소의 마이클 오핸런 선임연구원은 24일 전시작전통제권(전작권) 전환 유예문제와 관련, "한반도 안보상황을 감안할 때 전환 시기를 늦출 게 아니라 전환 계획 자체를 폐기해야 한다"고 주장했다.

오핸런 선임연구원은 이날 민주평화통일자문회의(사무처장 김병일)가 워싱턴에서 개최한 '6·25전쟁 60주년과 한반도 평화, 안보문제' 한미합동 세미나에서 '전작권 전환이냐 전작권 혼란이냐'는 제목의 주제발표에서 "8~10개의 핵무기를 보유한 것으로 추정되는 북한이 급변사태를 맞거나 붕괴될 경우, 한국전쟁 때보다 더 심각한 안보상황이 조성될 가능성이 있는데 전작권을 전환할 경우 그런 위기에 적절하게 대처할 수 없다"면서 이같이 주장했다. 미국의 일개 연구원이 한국의 안보를 더 걱정하는 상황이 벌어지고 있다.

II. 전작권 연기 이유와 다양한 반응

이양 연기가 타당성이 있는 이유를 거론하면 다음과 같다. ① 천안함 사태에서 불거지고 6.2지방선거에서 표출된 젊은 층의 전쟁 공포증 일시에 극복하기 어렵다. 군장병조차도 전쟁위기설에 두려움에 떨자 애인들이 달랬다는 점이나, 모친에게 직접 전화를 걸어서 "전쟁 안나려면 2번을 찍어야 한다"고 난리를 피운 것이 선거이후 여론조사에서 밝혀졌다. 일부 한국인들은 "전쟁나면 이민을 간다"는 소란을 떨었다. 이들의 전쟁공포증을 달래는 방안은 한미연합사의 존속으로 전쟁억지력을 유지하는 것이다.

② 한국군은 아직 독자적인 전쟁능력의 제고에서 준비가 되어 있지 않다. 자력으로 북한의 비대칭무기 즉 핵무기, 화생방무기, 독가스, 중장거리 미사일 등에 대적할 힘이 있나? 재래식 무기에 대해서는 대적이 가능하지만 特殊戰에 대해서는 미흡한 점이 많다고 한다. 미군의 장비와 화력이 간신히 군사적 균형을 유지하고 있다는 점을 잊어서는 안된다. ③ 대외신인도를 확고히 하려면 한미연합사의 존속이 당연히 필요하다. 외국인 투자가들은 한국의 안보가 불안에 빠지면, 기존의 자본투자를 회수하고 철수할 수 있다. 그렇게 된다면 한국경제의 공황상태가 발생할 수도 있다. 1997년말에 IMF외환위기를 경험했던 쓰

라린 사례를 잊어버려서는 안된다.

전작권 이양 연기 소식에 가장 반긴 단체가 안보단체인 대한민국재향군인회와 성우회였다. 그 두 단체는 수년동안 전작권 전환에 대해 반대하는 서명과 가두집회를 주도해왔는데, 나름대로 고생한 보람이 있었는지 성과를 거두었다.

대한민국재향군인회(회장 박세환)가 29일 아침 이를 환영하는 광고성명을 게재했다. 향군은 이 날자 중앙일간지(조선일보)에 게재한 성명에서 "이명박 대통령과 버락 오바마 미국 대통령이 전시작전통제권 전환을 2015년 12월1일까지 연기하기로 합의한데 대해 850만 향군회원은 전적으로 지지한다"며 전시작전통제권 전환 연기를 환영했다.

전작권 전환 연기소식에 정치권 반응은 크게 엇갈렸다. 여당은 환영했고, 야당은 국방 주권 포기라며 비판했다. 여야간 입장이 첨예하게 맞서면서 전작권 전환 문제가 세종시문제에 이어서 정국의 새로운 爭點으로 떠오르고 있다.

한나라당은 전작권 전환 연기로 국민의 안보 불안이 해소될 것이라며 환영했다. 또 노무현 정권의 대표적 失政을 바로잡게 된 바람직한 결정이라고 평가했다. 김무성 한나라당 원내대표는 "역사상 유례없는 好戰性을 지닌 김정일 정권으로부터 우리 국민의 보호라는 차원에서 봐야 할 것이다"라고 환영했다.

이에 반해 민주당은 자주 국방을 포기하는 것이라고 비판했다. 특히 이번 합의가 공론화 없이 진행된 밀실 외교라며, 합의 과정을 공개하라고도 촉구했다. 정세균 민주당 대표는 "방위비 분담과 관련해서 혹시 거래가 있었던 게 아닌가? 의혹이 확산되고 있는 것이 현실이다"라며 개탄했다.

자유선진당 이회창 대표는 전작권을 국방 주권과 연계하는 것은 좌파 대중 인기영합주의의 산물이라고 지적했다. 이 대표는 또 "민족자주론에 근접한 좌파적 포퓰리즘의 산물이다. 이러한 편협한 시각에서 벗어날 때가 되었다"고 주장하여 정부에 힘을 실어주었다.

지식인 사회에서도 좌우익으로 양분되었다. 6월 26일 송파문화센터에서 원탁토론아카데미(원장, 강치원교수)의 주최로 열린 '전작권 문제에 관한 좌우익의 입장'이라는 주제로 토론회에서도 역시 좌우익을 대표하는 학자들간의 입장차가 크게 드러났다. 이날 토론회에는 우익논객으로 양동안 전 한국학중앙연구원 교수와 유호열 고려대학교 북한학과 교수, 좌익논객으로 강정구 전 동국대학교 교수, 김근식 경남대학교 정치외교학과 교수가 참여했다.

우익진영은 '명분'보다는 전쟁수행능력 즉 '실효성'을 고려하고 또한 천안함 사태와 같은 실질적 안보위협에 따른 충분한 대비가 우선돼야 한다는 입장인 반면, 좌익진영은 "주권문제"이고 전쟁가능성도 희박하다며 전환이 필요하다는 데 의견을 모았다. 우익을 대표하는 양동안 교수는 "전작권은 명분보다 전쟁수행의 실효성으로 판단해야 한다"며 "한반도 전쟁에서 한미연합군이 전작권을 가지는 것이 전쟁수행 능력에 있어 월등한 우위를 가질 수 있다"고 말했다. 그는 "(전작권 전환 시기는) 전쟁이 났을 때 단독적인 전쟁 수행능력을 가졌는가를 우선적으로 판단해야 한다"며 "'군사적 주권을 타국에 넘겨주는 것이 타당한가?'라는 의문은 명분일 뿐, 명분보다 효율성이 중요하다. 누가 전작권을 가지느냐보다 전쟁에서 이기느냐 지느냐가 더 중요하다"고 강조했다. 그러면서 양 교수는 "전작권은 언제든 가져올 수 있다. 다만 거기에는 두 가지 조건이 필요하다"면서 "북한의 도발 능력이나 수행능력이 저하될 때와 한국이 단독으로 북한을 압도하고 저지 시킬 수 있을 때"라고 강조했다.

유호열 고려대 교수는 천안함 사건과 같이 현재 북한의 도발행위를 지적하며 "북한의 비대칭 공격에 의한 상황을 심각하게 생각하고 이에 대한 대비가 필요하다"고 강조했다. 그는 "천안함 사건을 놓고 보더라도 북한의 군사력을 장비나 비용으로만 이야기하는 것은 비약"이라며 "북한이 핵이나 생화학 무기 등 각종 테러용 군사 장비를 개발해 놓고 있기 때문에 주권의 문제보다는 안보와 국익의 문제로 봐야한다"고 강조했다. 유 교수는 이어 "지금 상황은 정전체제다. 천안함 침몰 사건을 보더라도 한반도는 언제든지 전쟁이 일어날 수 있는 위험지대"라며 "한반도는 언제든지 전면전으로 비화될 상황에 놓여있는 지역"이라고 설명했다. 때문에 "미국이 전작권을 가지는 것은 불가피한 상황"이고 "전작권을 환수하려면 평화 협정 상태 등 완전히 전쟁이 종식된 후에야 환수하는 것이 당연하다"고 주장했다.

반면 좌익진영의 대표적 학자인 강정구 교수는 전작권 문제를 자주적인 측면에서 봐야 한다고 피력했다. 강 교수는 "전작권은 나라의 운명을 좌우할 수 있는 주권의 문제"라며 "이것을 남에게 맡긴 나라는 대한민국 밖에 없다"고 주장했다. 강 교수는 "나라와 나라사이에 일어나는 전쟁을 한국만이 효율성 위해 남에게 맡긴다는 건 명분의 문제가 아니다"라며 "우리의 목숨이 달린 문제를 어떻게 남에게 맡길 수 있느냐"라고 말했다. 강 교수는 "마치 지금 전쟁을 치르고 있는 것처럼 이야기해서는 안되고 현재 상황은 실제 전쟁이 일어나는 상황도 아니다"라며 "한반도 전쟁은 미국이 유발시키고 있다"고 미국의 책임을 거론했다. 그는 또 남북간 비대칭 戰力에 대해서도 "북한의 군사비가 한국과 50배차가 난다"며 "전작권을 우리가 바로 가져오더라도 북한의 도발 능력에 대처할 수 있는 능력은 압도적"이라고 말했다.

김근식 교수는 "전작권 환수연기를 위해 우리정부는 미국에 다른 형태로 대가를 지불하고 있다. 아프칸 파병이나 이라크 파병들이 그 대표적 예"라며 전작권 환수 연기에 대해 반대 입장을 피력했다.

양측의 입장은 한미동맹을 강조하는 실리실용주의파와 민족공조를 강조하는 친북자주파를 대변하는 것으로 대화의 공통분모를 찾기는 어렵다. 세종시문제와 더불어 국론분열의 또 다른 모습을 보는 것이 안타깝다.

III. 한미연합사의 역할과 기능

유럽에서는 NATO가 창설된 이후, 평화와 안전이 가장 길게 유지되고 있으며, 회원국들이 증가하고 있다. NATO 사령관직을 미국이 독점해 왔으나, 국방주권을 침해당했다고 항의하고 오해하는 회원국은 찾아보기 어렵다는 점에서 한국의 상황과 너무 다르다. 지휘(Command)와 작전통제(Operational Control)의 차이를 일부러 인정하지 않으려는 국수주의적 안보관이 禍根을 自招한 것이다. 한미연합사는 NATO를 모방한 것으로 한반도에서 북한의 전쟁 도발을 억제하면서 아시아 각국이 한국의 군사외교의 성공을 부러워한 대표적인 군사조직이다. 그런데 노무현 참여정부는 좌익세력의 부추김을 받고 자진해서 이것을 해체하려고 한 것이다. 스스로 안보상의 무장해제(武裝解除)를 자초한 것이다.

전작권 이양-한미연합사해체로 이어지는 수순은 한미동맹의 근본적인 修正과 無力化를 기도하는 것으로 자칫하면 김정일의 誤判을 불러일으킬 수도 있다. 국정원의 보고에 의하면, 뇌졸중을 앓고 있는 김정일은 노망-치매끼가 있다고 하는데, 여기에 김정일의 狂氣가 가세된다면 한반도에 어떤 狂亂의 武力挑發이 再現될지 전혀 장담할 수 없는 실정이다. 2차대전말기 광기와 정신착란이 심해진 히틀러가 지시한 끔찍한 군사작전 명령으로 참전국들 모두 엄청난 사상자가 발생한 戰史의 예를 보더라도, 핵을 가진 김정일이 어떤 행태를 보일지 아무도 모른다.

1950년 1월 12일, 6.25남침 6개월전 미 국무장관 애치슨은 "한반도와 대만이 미국의 방위선 밖에 있다"고 폭탄선언했다. 이 애치슨라인(Acheson Line)은 김일성으로 하여금 남침해도 미군은 한반도로 남한을 지원하러 오지 않을 것이라는 잘못된 판단을 내리게 했다. 6.25 60주년의 올해 이 교훈을 결코 망각해서는 안될 것이다. 천안함 사태와 전작권 이양 유예결정이 아무쪼록 국민들의 안보의식을 고양시키고 다시는 애치슨라인의 망령(妄靈)이 되살아나지 못하도록 쐐기를 박는데 일조하기를 바라는 마음 간절하다.

1978년 한미연합사의 창설은 60년대 중반 베트남전쟁이 악화되는 과정에서 불거진 국제정세의 악화에서 그 원인과 배경을 찾을 수 있다. 한미연합사는 미국의 베트남 공산화 방치로 인한 우방으로부터의 신뢰감 상실의 회복과 1968년이후 북한의 지속적인 도발들(1968년 김신조 일당의 박정희 대통령 암살을 위한 청와대 습격사건, 동년 미해군정보함 푸에블로호 납치사건, 1976년 판문점 미루나무 미군학살사건)을 억제하고 또 한편으로는 카터행정부가 취한 일련의 주한미군철수 조치에 극도의 불안감을 가진 한국의 안보 불안감을 해소시키기 위해 유엔사가 능동적으로 대처할 수 없는 전쟁억지력과 전쟁수행능력을 강화하기 위해서 한미양군의 지휘부가 NATO를 모델로 하여 합동으로 만들어낸 연합방위군사조직이다.

한미연합사에 보직된 한국군 장교들은 세계최강의 군사대국인 미국의 선진군사교리와 다양한 경험을 교환 습득하는 중요한 교육과정을 밟아왔었다. 지금까지 북한의 남침도발의 野慾을 억제하면서 한반도에서 대규모 무력분쟁이 없었던 것도, 동아시아에서 중국과 소련의 武力示威가 없었던 것도, 한미연합사의 존재덕분이라고 단언할 수 있다. 그러기에 한반도 공산통일의 미련을 버리지 못한 김일성-김정일 부자에게는 한미연합사의 존재가 눈에 가시일 수밖에 없다.

재향군인회와 보수단체에서는 한미연합사 해체를 그토록 반대하는 것은 당연하다. 우선 연합사 임무와 기능을 되돌아보면 그 이유를 알 수 있다. 평시에 정전협정 관리(유엔사)를 통해 한반도에서 전쟁을 억제하고, 억제 실패시 한미연합군을 작전통제하여 북한군을 최단 기간에 궤멸하고 한반도에 한국이 원하는 자유민주주의 통일을 완성하는 것이다. 추가로 서해5도 방어와 북한 급변사태 발생에 대비하는 임무도 부여받고 있다. 한마디로, 한미연합사는 한국군과 미군이 연합작전을 하기 위한 군사지휘기구이다. 앞으로 만약 한미연합사가 해체되면 한국군과 미군이 더 이상 연합작전을 하기 어렵다. 또 즉각 미군의 지원이 와도 효율적인 작전이 불가능한 것이다.

IV. 한미연합사 解體와 左派의 속내

우리가 간과하지 말아야 할 논쟁의 근본적 핵심은 전작권 이양 문제가 아니라 '한미연합사 해체'라는 점에 있다. 정확하게 말해서, 전작권의 이양 보류는 한미연합사(CFC)의 폐지가 잠정적으로 보류된 것으로 보면 된다. 이것은 마치 중환자실에서 인공호흡기를 부착하고 시한부 인생을 사는 식물인간의 모습과 비유해 볼 수 있다.

노무현 참여정부가 2007년 2월과 10월에 미국과 합의한 문구는 다음과 같다

"2012년 4월 17일에 한미연합군사령부를 해체하고, 이와 동시에 미군과 한국군간 새로운 지원(Supporting)-주도(Supported) 지휘관계로 전환하기로 하였다. 그리고 유엔사와 한국군간 정전관리 책임 조정을 2012년 전작권 전환 이전에

완료하기로 하였다.”

또 한미연합사 해체로 인해 유엔군사령부의 핵심 임무를 한국군이 인수하는 것으로 적시하고 있다. 결국 연합사의 해체가 본질이다. 그런데 참여정부는 이런 사실을 국민이 알지 못하도록 유도해왔다. 오히려 ‘전작권은 국방자주권이다’라는 궤변으로 국민을 기만했다고 볼 수 있다. 좌익들의 주무기인 ‘용어혼란’이라는 특유의 기만전술에 국민들이 덜렁 속아 넘어간 것이다.

그렇다면 좌익세력이 자주국방, 국방주권 심지어 우리끼리, 민족끼리 등의 그럴듯한 대의명분을 내세워 전작권의 이양을 하라고 강요하는 그들의 속내는 도대체 무엇일까? 명분적으로는 자주국방을 외쳐대지만, 궁극적으로는 반미감정을 부추겨서 한미동맹의 변질·폐기와 주한미군의 無力化-주한미군의 철수-남북연방제의 수립에 있다고 보아야한다. 이것은 북한의 대남선전선동과 그 궤를 함께 하는 것이다.

이 시점에서 국내의 좌익은 북한과 유유상종(類類相從)하는 관계라고 볼 수밖에 없지 않는가? 전작권 이양의 연기에 반대하는 좌익세력들은 하나같이 이구동성으로 천안함 사태에 대해서 북한의 소행이 아니라고 하면서 북한을 두둔하고 국방부를 공격하면서 대한민국의 정체성을 뒤흔들어왔다. 그들은 북한의 참혹한 인권상황, 수령독재체제에 눈을 감고 외면해 왔다. 이런 태도는 일시적 일회적 현상만은 아니었다. 해방이후 60여년동안 국내좌파와 북한의 대남주의주장은 기묘한 ‘공명관계(共鳴關係)’를 이루어왔다. 좌익은 전작권 이양 연기를 기회로 하여 국내의 반미감정을 재점화(再點化)시킬 절호의 기회로 삼을 것이고, 내친 김에 MB정부에 대한 정치적 공세를 가할 것이 분명하다.

벌써부터 3월 천안함이 북한 잠수정 어뢰의 폭침으로 이어진 안보불안과 그 이후에 전개된 6.2지방선거에서 한나라당의 참패와 세종시 수정안 국회통과 부결로 인해 한반도좌익(북한 김정일의 공산독재+남한의 친북좌익)의 협공을 받고 샌드위치 정권이 된 MB정부의 레임덕 현상이 가속화될 불길한 조짐이 여기저기서 보이고 있다. 친북좌파들은 전작권 이양 연기를 통해서 MB정부의 事大主義 성격을 부각시키면서 자주국방을 포기한 대외정책의 失政으로 트집잡아 맹공격할 것이다. 벌써부터 좌파가 운영하는 인터넷사이트에서는 전작권 이양 연기에 대한 비난이 쇄도하고 있다. 그들은 세력을 결집하여 또 다시 길거리에 촛불시위를 부추길 D-day만을 남겨두고 있다.

결국 국가보안법이 형해화(形骸化)되고 사법부가 좌경화(左傾化)된 이 시점에서, 한국과 같은 표현과 행동의 자유가 극단적으로 개화(開花)된 대중민주주의 시민사회에서는 어느 쪽이 대중들을 잘 설득하는가에 정권의 成敗와 나라의 命運이 달려있다고 해도 과언이 아니다.

V. 결론: 과제와 전망

10월에 예정된 한미국방장관회담에서 본격적으로 한미간의 협상이 논의될 것이다. 여기에서 국제관계에서 공짜가 없다면, 미국측에 유예 대가를 지불해야만 할 것이라는 주장이 제기되고 있다. 예를 들어서, 이라크전쟁과 아프간전쟁에 한국군의 증파문제가 불거질 수도 있다. 또 주한미군의 주둔비용 증가 압력이 발생할 수도 있고, 그 과정에서 예기치 않게 반미감정이 다시 분출될 소지가 있다.

이번 한미정상 회담에서 결정된 전작권 이양 유예는 반쪽의 성공작에 불과하다. 즉 3년 7개월 限時的으로 유예(猶豫)된 것이다. 아쉬운 점은 전작권 전환계획 그 자체를 폐기하는 방향으로 강력하게 밀고 나가지 못한 점이 못내 아쉽다. 그 이유는 한반도 무력충돌의 위험이 사라진 것이 아니고, 한미간에 북한 문제의 급변사태에 대해서 근본적인 대책이 수립된 것이 아니기 때문이다. 적어도 ①북핵 문제의 완전 해결 또는 ②한반도 통일 시기까지 연기하거나, ③완전 폐기하는 방안 등 보다 장기적이고 근원적인 대책이 수립되었어야 마땅했다고 보기 때문이다. 이제 2015년에 가서 재연기는 불가능하게 되었다.

'국방주권의 포기'라는 좌파의 논리는 망상에 사로잡힌 대중에 대한 선동적 용어라고 아니할 수 없다. NATO군 사령관이 계속 미군 장성이 임명되었다고 해서, NATO의 28개 가맹국의 군사주권이 미국에게 넘겨졌다고 보기 어렵다. 주권국가냐, 종속국가냐는 것이 이분법 차원에서 전작권 이양 유보를 판단하는 우를 범해서도 안될 것이다. 어디까지 국가안보의 증진국가이익의 차원에서 판단되어야 할 중대 사안이다.

산업혁명이후 전쟁이 다발적으로 진행되고, 군대의 대량화와 치명적 무기의 개발로 대량의 사상자가 순식간에 발생하게 되었다. 그리하여 각 국가들은 자국의 안보를 집단적으로 블록을 형성하여 체계화시키는 것이 2차대전이후 세계적인 추세로 자리매김하게 되었다. 미국, 중국, 소련과 같은 군사강국들도 자국의 안보를 '나홀로 서기'식의 고립을 자초하지 않으면서 국제적 집단안보 속에서 체계적으로 운영하고 있다.

야당이 주장하는 '밀실외교'라는 비판도 가당치 않은 것이다. 공식 외교는 그 결과를 추인하는 의전과정이라 할 수 있다. 한-미 간 물밑 접촉은 훗날 다 밝혀질 수 있는 기록과 자료를 갖추고 있는 것이다. 그러나 이 물밑 접촉은 김대중-김정일의 40분간 한 車에 수행비서관이나 경호원도 없이 홀로 동승(同乘)한 것과 같은 증거인멸성 '밀봉(密封) 행태'와는 차원이 전혀 다르다.

3년 7개월의 이양 연기가 완벽하게 국가안보의 불안감이 해소된 것은 아니다. 미국은 더 이상의 연기는 없다고 못 박고 있다. 2015년 이후 전작권 단독행사에 대비한 정확한 조기경보 시스팀의 도입, 대북 정보 능력 확충, 자체 정밀 타격능력의 구비, 연합·합동작전 태세의 확립을 지금부터 차근차근 준비해 나가야 할 것이다.

더불어 전작권 연기 결사반대를 외치는 좌파들의 허황된 논리를 일반대중으로부터 고립·차단시킬 수 있는가가 정부의 또 다른 과제로 등장하고 있다. 또 새만금, 혁신도시, 세종시, 4대 강사업 등의 國策事業으로 막대한 국가부채가 날로 증가되고 있는 와중에서 단독의 자력국방을 위해서 막대한 국방비가 소요될 것으로 예상된다.

2010.7.5

6.2지방선거이후 등장한
'지방공동정부'의 정체

6.2지방선거에서 야당의 약진은 집권여당의 분열과 이명박 정부에 대한 불신이 투표로 반영된 결과라고 볼 수 있다. 특히 세종시수정안에 대한 충청권에서의 반발과 경남에서의 노무현 전 대통령에 대한 추모 열기가 있었고, 강원도, 인천, 군부대 전방에서 "전쟁 나면 나 어떡해"식의 불안감이 천안함 사태의 역풍을 강하게 불게 했다. 이런 요인들이 여당의 참패원인으로 거론되고 있다. 그 결과 인천, 충남, 강원, 경남 등 광역단체 4 곳이 야당이 승리하였다. 16명의 광역단체장 가운데 한나라당 은 불과 6명, 나머지 10명은 민주당을 비롯한 야당 소속이면 기초단체장도 한나라당은 82명으로 크게 줄었고, 야당이나 무 소속이 146명이나 되었다. 지방권력의 변화가 본격화되고 있 다. 그러나 불행하게도, 법원에서 '집행유예' 등 유죄판결이 났 음에도 불구하고 강원도지사로 출마를 강행한 이광재후보의 경 우는 민주주의를 우롱한 처사라고 볼 수밖에 없다.

6.2지방선거이후 언론에서 소위 '지방공동정부'라는 것이 공 공연하게 회자되고 있는데 기대보다는 우려가 앞선다. '공동정 부'란 표현 그대로 선거를 통해 집권세력으로 선택받는 경우 단독으로 행정권을 행사하는 것이다. 이런 점에서 공동정부는 정치권력을 둘러싸고 경쟁하는 둘 이상의 동등한 정치세력이 공동으로 행정권을 공유·행사하는 것이다. 이것은 일종의 정 치적 실험으로서 지자체를 정부로 혼동하는 폭인데 야당과 좌 파, 좌파언론이 의도적으로 지자체의 역할을 크게 부풀려서 대

중을 기만하는 용어이다. 이것은 수직적인 중앙정부의 권력을 제한하려는 정치적 의도를 가진 것으로 볼 수 있다.

첫째, '공동정부'라는 개념은 대한민국 헌법에 존재하지도 않는 정치적 개념이다. '공동'이란 용어도 타당치 않은 것이다. 지방자치단체가 업무의 효율상 상호 수평적으로 협조하는 것은 가능하지만, 이번의 경우처럼 정치적 이념이 동일하다고 해서 국가조직기관으로서의 수직적 구조와 차별되는 수평적 구조를 가지는 것은 원래 헌법과 행정법에 명시된 지자체의 기능과 역할을 무시한 것이다.

둘째, 현란하게 등장하는 '인수위원회'라는 용어도 타당하지 않다. 대통령인수위원회와 혼동을 줄 우려가 있으므로, 차별화하기 위하여 '업무인계위원회' 등 다른 용어를 사용해야할 것이다. 또 야권 단일화에 참여한 정당 관계자들이 인수위에 참여하면서 인수위가 무리한 요구를 해서 점령군 행사를 한다는 불만이 공무원사회에서 들려오고 있다. 인수위의 늘어난 수만큼 논란도 끊이지 않고 있다. 인수위 자체는 법적 근거가 없기 때문에 당선자의 '사조직'이라는 지적도 나온다. 이 때문에 인수위는 지자체 인수인계에 대한 법적인 근거와 규제가 있어야 할 것이다.

그렇다면 야권은 헌법상 존재하지 않는 지방공동정부라는 정치적 용어를 만들어 낸 이유가 무엇인가? 이것에는 야권의 정략적 의도가 있다. 인천, 경남, 충남, 강원 등 광역지자체 단체장의 당선으로 지방행정을 장악하게 된 야권은 이 기세를 몰아서 세종시와 4대강 사업 등 국책사업에 대한 반대를 합리화하고 2012년 총선, 대선을 겨냥하여 대중을 총동원하려 할 것이다.

이것은 필자로 하여금 마오이즘(Maoism)이라 불리게 된 모택동식 전략을 생각하게 만든다. 30년대 모택동의 공산당은 장개석 국민당의 국부군에 밀려서 연안으로 도피했다. 그래서 모택동은 勢不利를 느끼고 우선 농촌을 공략하고 토지개혁으로 민심을 얻은 이후(농촌혁명), 정개석 국민당 정부가 장악한 도시를 포위·점령한다(도시혁명)는 전략을 수립하였다. 이 전략은 전후 중국대륙에서 장개석 군대를 물리치는 데 기초가 되었다. 모택동의 전략처럼, 야권은 지방부터 차근차근 장악한 후 경기, 서울을 점령하겠다는 선거전략이다.

어쨌든 민주당-민노당이 연대한 야권의 이러한 정치적 구상으로 인해 무상급식 실시, 교원평가, 노골적인 4대강 사업 반대 등으로 중앙정부와의 정책 조율보다는 사사건건 마찰과 갈등이 예상된다. 특히 4대강은 국가하천인데, 국회에서 예산까지 확정된 국책사업이어서 법적으로 자치단체장들이 개입할 여지가 많지 않다. 또 단체장의 권력교체로 인사태풍과 함께 전임자가 추진해온 정책 변경 등 혼선도 우려하지 않을 수 없다.

지자체는 기본적으로 행정가의 성격이 강하다. 만약 행정가로서 지자체 단체장이 생활정치의 현장에서 주민들의 고달픈 삶의 여건을 향상시키도록 노력하기는커녕, 중앙정부에 대북정책을 포함하여 안보문제 등 지역현안과 동떨어진 정책에서도 사사건건 비판·저항하고 정치적 목소리를 내게 된다면, 지차제의 본질을 훼손시키는 행위가 될 것이다.

서유럽과 달리, 내각책임제도 아닌 국가에서 정당을 통합하

지도 않고 정당이념이 다른 정당들이 선거를 함께 치러 공동정
부를 구성한다는 생각 자체부터 잘못된 것이며, 재정자립도가
열악하고 지방정부 권한이 워낙 작은 한국 현실에서 현재 추진
되는 공동정부는 어떤 큰 정치적 의미가 있는지 이점에 대해서
지자체 단체장들은 깊이 유념해야할 것이다.
2010. 7. 10

천안함 폭침과 한국사회의 분열상

외신기자들은 3.26 천안함 피격사건을 어떻게 보는가? 특히 미국기자들은 한국의 천안함 침몰을 보면서, 2001년 9월 11일 비행기로 뉴욕의 쌍둥이 무역센터와 펜타곤을 테러하고 펜실베니아에서 비행기가 추락하여 3,000여명의 사망자를 내게 했던 테러행위가 떠오르게 된다. 천안함 사건의 사상자 수자는 9.11테러에 비해 훨씬 적지만 그 불안감은 9.11테러와 상황이 비슷했다. 놀라움과 알 수 없는 힘에 의한 공격이라는 점에서도 그렇다. 두 사건 모두 누구의 소행인지 알 수가 없도록 치밀하게 진행되었고, 일종의 선전포고가 없이 구체적 이유도 없이 은밀하게 진행된 무력도발행위였다.

9.11테러는 미국 역사의 전환점이 되었다. 공항 입국에서 보안이 강화되었고 과거에는 자유롭게 삶을 허용했던 이주민과 단기 비자로 입국한 외국인들에 대한 검색이 한층 강화되었다. 미국 국내에서 암약하는 테러리스트들의 근거지를 발본·색출하는 작업이 서둘러 진행되었다. 그리하여 미국도처에서 방어조치가 강화되었고, 그와 동시에 미국인들을 테러의 원인을 놓고 분열상을 보이기도 했다. 또 대외정책에서 선제전쟁을 실시하여 이라크와 아프간에서 전쟁을 벌였다. 이러한 대응은 국내에서 애국심의 고양과 미국 군사력, 그리고 군대 및 경찰에 대한 지지를 낳았다. 이렇게 9.11테러는 미국인들을 무기력에서 흔들어 깨워 자유민주주의의 허점과 안보의 취약함에 대한 경각심을 고취시킨 것이다. 그래서 어느 미국역사가는 진정한 미국의 21세기는 9.11테러이후부터 시작되었다고 해석하였다.

그렇다면 천안함 사건은 우리들에게 안보에 대한 어떤 교훈을 남겨주었나? 첫 번째로, 남북한 간에는 전쟁의 위험이 상존(常存)하고 있다는 점을 일깨워주었다. 전쟁의 가능성이 적지만, 전쟁이 일어날 수도 있다는 점이다. 천안함 사건이 만약 2차대전 전의 혼돈의 국제질서속에서 터졌더라면, 피해국의 선전포고로 전쟁으로 갈 수 있는 구실이 되는 무모한 무력도발행위였다.

두 번째로, 9.11테러이후에 미국이 보안을 강화했듯이, 우리 정부도 최소한 북한과의 경계선을 따라 해상과 육지에서도 엄격한 경계와 통제조치를 강화조치를 실시해야만 했다. 미국이 9.11테러에서 국내의 테러리스트들을 일망타진(一網打盡)했는데, 우리는 한국에서 암약하는 북한 정보원이나 파괴 공작원들을 찾아내는 어느 정도 소기의 성과를 거두었던가? '왕재산 간첩단'사건이 적발되었지만, 거물급선은 수사도 제대로 못했고 일망타진은 실패하였다.

9.11테러의 경우, 테러리스트의 이름과 그들의 출신, 자금 출처, 동기, 지시자 등이 즉각적으로 알려졌다. 미국의 막강한 정보력의 덕분이다. 이와 반면에, 천안함 침몰의 원인은 5월 25일 민간합동조사단에 의해 북한의 도발이라는 것이 밝혀지기까지 천문학적 비용이 들었고 무려 2달이상의 기간이 흘렀다. 그 과정에서 한국사회의 분열상은 심화되었고, 올바르게 여론을 형성하고 주도해야할 정계, 학계, 연구소에서 포진한 무책임한 친북좌익성향 인물들이 '억지와 궤변'을 토해내면서 우리 사회를 더욱 혼란스럽게 만드는데 일조했다. 그들의 대표적인 妄言 시리즈를 소개하자면 다음과 같다.

(1) 정치인

① 강기갑 민노당의원은 폭침사건이 일어난 지 1주일도 되지

않은 3월 31일 민주노동당 의원단총회에서 "북한의 연계 가능성을 언급하는 것은 책임회피일 뿐만 아니라 위험천만한 일"이라고 했고, "섣부르게 북한을 연계시키는 것은 옳지도 않고 어리석은 일"이라고 주장하면서 북한 연계를 사전에 차단하고 나섰다. 강 의원은 또 4월 6일 최고위원회에서 4.3사건과 노근리사건에 언급하며 "천안함 사건을 접하면서 또 가리고 은폐시키려고 하는 일이 재현되는 것은 아닌가 하는 생각이 든다"면서 정부와 군의 진상파악 노력을 폄하했다. 또 4월 9일에는 최고위원회에서 정부여당이 노골적으로 북한공격설을 흘리고 있다면서 일부 수구세력이 이에 발맞춰 대북 증오심을 부추기고 있다고 비판했다. 심지어 강 의원은 4월 9일 임시국회 비교섭단체대표 연설에서 서해평화협력지대의 구상을 포함한 10.4공동선언의 이행을 주장하기까지 했다. 천안함 합동조사이후에도 정부의 조사결과를 부정하는 행동을 계속하였다.

② 김효선 민주당의원도 사건초기부터 어뢰가 아닌 좌초에 의한 것이라고 주장하며 북한과의 연계 가능성을 부인했다. 4월 13일 김 의원은 민주당 대책회의에서 "아무 증거없이 북한 소행으로 여론몰이를 하는 것은 안보불안을 조성하려는 것"이고 "경제적 이득을 취하려는 것"라고 분석했다. 심지어 4월 20일 원내대책회의에서 어뢰에 맞아서 절단되지는 않는다고 하며 천안함이 피로나 좌초에 의해 침몰한 것이 라고 주장했다. 또 5월 20일 정부 발표 이후에는 정부에 대한 공격으로 방향을 선회했다. 그는 북한에 대한 정부의 단호한 태도를 비판하고 비판하면서 "外資의 철수로 투자가 위축되고 이는 무역과 내수 위축을 불러 극단적인 상황에서는 서울불바다 상황으로 돌아갈 수 있다"고 주장했다.[48] 이후에도 그는 정부 조사결과를 반신

---

48) 『내일신문』, (2010.5.26).

반의(半信半疑)했으며 북한조사단의 수용을 주장했고, 6월 29일 대북규탄 결의안에도 반대표를 던졌다.

③ 노회찬 진보신당대표는 "북한이 했기를 바라고 그로 인해서 안보정국이 조성되고 북한에 대한 냉전적인 긴장국면이 되살아나는 것을 바라는 사람이 있지 않는가"라는 견해를 제시했고, 4월 26일 평택해군 2함대를 찾아 천안함 희생자를 조문할 때에는 "방향을 미리 설정하고 맞춰가듯이 하는 조사가 아닌가?" 우려스럽다고 주장하였다. 그는 또 언론이 여러 가지 정황을 갖다가 소설처럼 써댄다고 하면서 언론의 선동을 몰아갔다. 그는 지방선거를 앞둔 5월 26일 백범기념관에서 열린 「한반도 평화를 위한 시민, 종교단체, 정당 비상시국회의」에서는 "평화가 두려운 사람들이 조성한 것이자, 전쟁이 날지도 모른다는 불안감이 국민들 사이에 팽배하기를 바라는 사람들이 조성한 것"이라고 선전, 선동했다. 또 그는 이 자리에서 조사결과 발표를 지방선거용으로 폄훼하고 냉전정략시도라고 호도했다.

④ MBC 앵커출신의 박영선 민주당의원은 "군사정권과 보수언론이 이런 사건이 나면 적의 소행으로 단정하고 공포 분위기를 확산했던 경험이 있다"면서 정부를 불신하도록 선전, 선동했고, "특히 정보를 통제하면 사건의 자의적 재구성이 가능하다"면서 "디도스(DDos)" 해킹을 당했을 때도 북한의 가능성에 대한 확진이 없는 상태에서 일부 언론에 흘려가지고 기사를 굉장히 키운 적이 있다"[49]고 언급하면서, 북한의 도발 가능성조차 차단하려고 노력했다. 박 의원은 또 4월 23일 국방부청사에서 미 해군 핵(核)잠수함과 충돌 관련이 있는 것이 아니냐고 질문을 하여 나중에 사과를 하기까지 했다.[50] 또 최종보고서가 나온 날 열린 비대위회의에서도 정확한 정보를 확인할 위치에

---

49) PBC, <열린세상, 오늘! 이석우입니다>, (2010.3.31).
50) 『동아일보』, (2010.4.26).

있지도 않은 도널드 그레그 전 주한미대사의 부정확한 발언을 언급하면서 다시금 천안함 조사에 의혹을 제기했고 "천안함 사고의 결과에 대해 의혹을 제기했다. 10월 15일, 국방부에서 열린 국정감사에서는 북한의 도발행위가 아닌 기뢰에 의한 침몰 가능성을 제기하기도 하면서 국민들의 불신감을 증폭시켰다.

⑤ 박지원 민주당의원 역시 사건 발생초기부터 북한에 대한 면제부를 주기에 앞장섰다. 그는 "천안함 침몰사고에 대해 일부 언론과 보수층에서 북한소행설로 연기를 피우고 있다"[51]면서 "과거 우리 국민들은 쿵 소리만 나도 북한의 소행이라고 믿었지만 민주정부 10년을 지나면서 우리의 성숙된 국민은 속아 넘어가지 않는다"[52] 며 북한도발 가능성의 제기를 차단하면서 사건의 본질을 호도하려했다.

그는 또 합동수사단의 발표 전날이 되자, "과학적으로 입증된다 하더라도 이명박 대통령은 군통수권자로서 책임을 져야한다"며 북한에 물어야 할 책임을 군과 정부의 책임으로 몰아가기 시작했다. 그러면서 "반드시 대국민 사과를 하고 국방부장관을 즉각 해임하고, 합참의장 등 지휘부 군 관계자들은 군법회의에 회부해야 한다"고 주장했다.[53] 더 나아가 그는 북한의 천안함 사건에 대한 인정이나 사과가 없음에도 불구하고, 금강산 관광이나 개성 관광의 재개를 주장하면서[54] 북한을 두둔하고 옹호하기까지 했다.

⑥ 송영길(민주당) 인천시장은 북한의 천안함 폭침의도를 의도적으로 외면하고 오히려 국방부장관에게 책임을 물었다. 송시장은 당선되자마자 천안함 폭침 이후 전면 중단시켰던 정부

---

51) 민주당 제67차 고위정책회의, 2010.4.1.
52) 민주당 제45차 원내대책회의, 2010.4.6
53) 민주당 의원총회, 2010.5.19.
54) 민주당 비대위회의, 2010.9.27.

의 조치 철회를 요구하면서 남북교류사업을 시작하겠다고 밝혔다. 아울러 그는 독자적인 교류사업에 있어 문제가 발생하면 "모든 책임은 이명박 정부에 있다"고 억지주장을 하기도 했다.55) 이것은 천안함 폭침 사건에 대한 합당한 대가를 치르게 함으로써 북한을 올바른 방향으로 변화시키려는 정부와 국제사회의 노력에 찬물을 끼얹는 언동이었다. 이후에도 송 시장은 북한에 대해 사과를 요구하기 보다는 남북관계의 개선이 필요하다는 주장을 반복하였다.

⑦ 유시민 전 복지부장관은 폭침 사건이 발생하고 얼마 되지 않은 4월 2일 자신의 홈페이지에 "해군이 천안함 침몰이 사고인 것을 알면서, 그 사고를 북의 도발로 몰고 가려고 했던 것이 아닌지 저는 의심합니다"라면서 북한을 두둔하고 군과 정부의 책임으로 몰았다. 유 전 장관 역시 합동조사단의 결과가 나오자 정부무능론을 제기하며 군과 정부를 비난하는데 집중했다. 5월 20일 발표가 있던 그 날, 그는 MBC 100분 토론에 나와 정부와 군을 폄훼하는 발언을 서슴치 않았다. 그는 "정부의 모든 발표가 진실이라고 가정하면 합조단 사람들도 군법회의에 넘겨야한다"고 했다. 그는 또 경기도지사후보 토론회에서 정부가 천안함 폭침사건을 거짓말로 대체해 왔고, "거짓말을 감추기 위해 전쟁공포 분위기로 몰고 가고 있다"고 선전, 선동했다. 그 이후 그는 천안함에 대한 논란을 계속해서 부추겼다.

⑧ 이강래 민주당 의원은 폭침 사건에 대해 정부와 군이 정보를 차단하고 정부의 안위를 위해 특정상황으로 몰고 가고 있다고 일종의 '정권안보론'을 주장했으며, 정부와 군에 대한 노골적인 불신을 표출하면서 합동조사단의 발표도 믿지 않았다. 또 그는 "일부 보수세력들이 이미 내려놓은 결론에 짜맞춰서

---

55) 조선일보, 2010.6.18.

천안함 사태에 대응하게 되면 중국, 미국과의 국제공조에서 차질이 빚어질 것이고, 6자회담에서 고립상태를 면키 어려울 것"이라고 했다.56)

⑨ 한때 대통령 후보이기도 했던 민주당의 정동영 의원은 천안함 폭침 사건을 '철 지난 북풍(北風)'으로 매도하며, "지금도 냉전주의 세력이 북풍을 선거에 이용하려는 발상을 하는 것이 참으로 시대착오적이고 안타깝다"고 하여 안보와 직결된 문제를 국내정치 문제로 선전했다. 또 그는 북한에 책임을 추궁하지는 않으면서 "서해를 평화협력지대로 만들기로 했던 10.4공동선언을 물거품으로 만든 이명박 대통령의 정치, 경제, 정책의 실패가 이번 비극의 근본 원인"이라며 대정부 공세를 가했다. 그는 또 5월 28일 여의도 공원에서 열린 '수도권 광역단체장 후보 긴급 기자회견'에서 집권당을 전쟁세력으로 몰아세우면서 "20대 청년에게 호소한다. 여러분께 호소한다. 전쟁을 각오할 준비가 됐나"라고 선전, 선동하기도 했다. 정의원은 또 "민주정부 10년간 쌓은 평화의 탑은 무너지고 그 자리에 또다시 증오와 적대가 들어섰다"며, "대북정책을 변경하고 6.15정신으로 돌아가야 한다"고 주장하고 남북정상 회담추진을 제안했다.57) 이는 안보문제를 정략적으로 악용했으며, 46명의 군장병의 목숨을 앗아간 북한에게 사과도 받지 않고 먼저 머리를 숙이고 들어가야한다는 친북적 주장이라고 보지 않을 수 없다.

⑩ 천정배 민주당의원은 집권세력과 보수진영이 북한의 어뢰공격을 기정사실화하려는 의도로 파악하고 "新北風 뒤에 숨어서 이득을 보려는 탐욕세력의 얄팍하고 간악한 술수"라고 비판했다. 심지어 그는 "북한소행에 대한 집착은 우리 스스로 동북아의 '왕따'를 자초할 수도 있는 일"이라고 주장했다. 그는 또

---

56) 민주당 제49차 원내대책회의, 2010.5.4
57) 연합뉴스, 2010.6.15

합조단의 조사 발표에 대해서, "북한이 조사결과 발표에 매우 격앙된 반응을 보이고 있다"면서 북한을 납득시키기 위해서는 중국, 러시아 등이 포함된 유엔진상조사단의 추가 조사가 필요하다고 주장하면서 북한의 대변인 노릇을 자청했다. 말하자면 공격받은 우리가 폭력적이고 불법적인 행위를 자행한 북한을 설득시켜야한다는 주장이었다.

⑪ 한명숙 전 총리는 합조단의 결과이후 공동기자회견에서 "합조단은 아직도 추정과 억측으로 일관하면서 생존 장병들의 외부접촉을 차단하고 핵심자료들을 철저히 은폐하고 있다"고 주장하여, 명백한 증거가 나온 상황에서도 이를 억지로 부정했으며 북한을 옹호하고 두둔하였다. 또 한 전 총리는 5월 23일 서울시장후보 방송연설에 "남북 모두 전쟁 위기를 조장하는 발언을 즉시 중단할 것을 촉구한다"고 했다. 이는 정부의 당연한 군사적 대응조치를 정략적으로 문제삼은 것이다. 그녀는 천안함 관련 대통령 담화도 "명백한 국내 선거용"이라고 폄훼했다. 또 그녀는 "이 정부 2년 반 동안 이렇게 전쟁 먹구름이 우리 앞에 돌아오도록 전쟁 위협을 몰고 갈 수 있나"라고 선동했다. 심지어 한 전 총리는 지방선거 연설 방송에서 "정권유지와 선거 승리의 수단으로 시작한 불장난"이라고 선전하고, '전쟁위기설'을 유포해 국민들을 불안에 떨게 하기도 했다. 그녀는 선거에 이기기 위해 수단과 방법을 가리지 않고 국민들에게 전쟁공포증을 불러일으켰다. "지금 대한민국은 전쟁이냐 평화냐의 극단적 선택을 강요받고 있습니다." 그녀는 선거기간 내내 "한나라당을 찍고 전쟁을 선택하겠습니까"라는 선거구호를 스스럼없이 사용하며 유권자들을 불안하게 만들었다. 심지어 그녀는 더 나아가 "중국이 제안한 4자(남·북·미·중) 천안함 공동조사단 구성을 수용해야한다"고 주장하였는데, 이는 범행을 저지를 범인으로 지목되고 범행에 사용된 흉기가 발견된 상황에서 그 범인

에게 수사를 맡기자는 격이었다. 이처럼 그녀는 북한의 폭침 사실을 부정하고, 북한을 옹호하기에 급급하였다.

⑫ 창조한국당의 유원일 의원은 4월 29일 폭발에 의한 버블 제트로 천안함이 침몰했다면 "삽시간에 배가 상당한 높이로 들어 올려졌다가 떨어지기 때문에 생존 장병들이 현재처럼 경상에 그치기 어렵다"고 주장하여 암초에 의한 사고라고 주장했다. 그는 또 6월 29일 민주당의 신학용 의원, 유성엽 의원 등과 함께 '북한의 천안함에 대한 군사도발 의혹에 관한 진상규명 및 한반도 평화수호 촉구 결의안'을 발의해 본회의에 제출하기도 했다.

(2) 학계

야당 정치권에서 무분별하게 마구 쏟아져 나온 북한을 옹호하는 친북주장들이 한편으로는 이명박 정부를 깍아내리고 또 한편으로는 중간선거에 즈음하여 안보정국의 불리점을 만회(挽回)하려는 정략적 차원에서 나온 몸부림으로 이해가 된다고 하더라고, 소위 학계와 연구소에 포진한 북한전문가들의 친북성의 김정일 옹호 발언을 우리 국민들은 어떻게 이해할 수가 있을까?

① 동국대의 고유환 교수는 처음부터 북한의 소행 가능성에 의문을 제기했다. "김정일 국방위원장이 6자회담 재개와 경제지원을 이끌어 내기 위해 중국 방문을 앞두고 있는 상황에서 북한이 국제사회의 비난을 무릅쓰고 도발했을 가능성은 낮아 보인다"고 했다. 그는 합조단 조사 결과 이후에도 "북측이 자체 검열을 통해 공격의 주체를 찾아내야 할 것"이라고 하여 북한 지도부에게 면제부를 주는 분석을 반복했다. 고 교수는 또한 천안함 사태가 남북 관계는 물론 한미관계에도 부정적 영향

을 미칠 수가 있다고 진단하고 북측의 아무런 사과나 재발방지의 약속도 거론하지 않고 긴장완화의 방향으로 가야한다고 주장하면서 오히려 이명박 정부의 대북정책의 전환을 압박했다. 그는 "이명박 정부가 북한 정권과 남북관계를 진전시키려면 과거 합의문에 대한 이행의지가 전제돼야한다"면서 "6.15 및 10.4 선언의 이행을 먼저 선언하고 이명박 정부의 철학에 맞는 새로운 합의를 만들어서 사업을 추진하면 될 것"이라고 주장했다.

② 북한대학원대학교의 김근식 교수 역시 초기부터 북한과의 연관 가능성을 배제하려고 안간 힘을 썼다. "내부 원인을 일반 배제하고 외부로부터 원인을 찾다 보니 인간 어뢰, 6.25 기뢰. 잠수정 어뢰 등 북한연루설이 힘을 얻고 있다"면서 북한이 그럴만한 능력이 없는 데도 북한의 소행으로 몰고 있는 것이라고 주장했다. 더 나아가 김 교수는 "(이명박 정부와 한나라당이) 정치공작에 워낙 능하기 때문에 활용을 잘 하겠지만 천안함 사고는 '공작(工作)의 향기'가 너무 진하기 때문에 국민들의 분노를 조작하고 선동에 성공할 수 있을지 의문"58)이라고 해 천안함 사고를 정부의 공작으로 몰고 갔다.

김 교수는 "이명박 정부가 남북관계 중단을 불사하며 북을 몰아붙였지만 북은 굴복이 아닌 고슴도치식 강경 대응으로 응수한 것이다. 남북관계 중단은 북이 아니라 이명박 정부를 궁지로 몰 수 있다"고 하여 북한의 입장을 이해하고 옹호하려고 했으며, 정부의 대북정책에 대해 불만을 노출했다.

③ 또 다른 북한대학원대학교의 양무진 교수는 사건 초기부터 북한 관련설을 부인하면서, 이를 거론하는 것 자체가 "한반도 상황의 안정관리에 도움이 되지 않고 남남갈등과 남북갈등

---

58) 오마이뉴스, 2010.5.19.

을 야기시킬 수 있다"고 주장했다. 그는 또 "같은 민족을 근거 없이 의심한 남측의 행동에 대해 그동안 남북간 합의를 내세워 (북한이) 논리적으로 따지고 사과를 요구할 것"이라면서 남북관계에서 주도권을 잃는 일이 벌어질까 우려된다는 불필요한 걱정까지 토로했다. 또 그는 합조단 조사 발표이후에도 국제조사단에 대한 신뢰와 지지를 외면하였다.

④ 동국대의 김용현 교수도 역시 북한의 도발가능성을 배체하는데 급급했다. 그는 사건 발생 초에 "김정일 국방위원장 방중 임박 등 북한이 대외관계 개선을 서두르는 상황에서 군사적 도발을 감행했을 가능성은 낮다"고 주장했다. 김 교수는 합조단 조사 발표가 나오자 "중국이 바로 북한의 소행으로 단정 짓기에는 상당 시간이 걸릴 것"이라고 밝혀 중국의 입장이 중요함을 강조하면서 구체적 물증에 대한 의혹을 새로이 제기했다. 또 그는 같은 날 "북한이 이례적으로 신속한 반응을 내놓고 검열단을 파견하겠다고 한 것은 국제사회를 향해 자신들의 결백을 주장하기 위한 행동"이라면서 정부의 수용을 촉구했고, 북한의 전면전(全面戰) 거론 역시 '시위용'으로 해석하며 북한의 입장을 이해·옹호하는 대변인 노릇을 자처했다. 심지어 김 교수는 천안함 사고에 대한 북한의 인정이나 사과가 없음에도 불구하고 우리 정부가 서둘러 출구(出口)전략을 고려해야한다고까지 주장했다.

⑤ 6.25를 "김일성이 일으킨 통일전쟁"이라고 하여 한때 물의를 일으킨 동국대의 강정구교수는 정년퇴임 강연에서 "천안함 사건을 한미일 수구세력이 만들어낸 것이라 '천안함 사건화'라고 표현해야 한다"며 사건이 조작되었다는 식으로 언급했다.

⑥ 원광대의 김용옥 석좌교수는 5월 23일 봉은사 일요집회 강연에서 합조단 조사 결과에 대해 "나는 0.0001%도 사실은 납득이 안된다"면서 "우리 역사를 한번 생각해봐라. 노태우가

선거하기 직전에 김현희가 돌아왔다. 자국민 몇 백명이 어떻게 죽었는지 지금까지 모른다. 잔해도 못 찾았다.… 문세광 사건이 뭐냐.… 결국 이런 사태에 대해서 만약 북한이 이것을 안 했다면 얼마나 북한 사회가 억울하겠나"면서 북한의 폭침 사실을 부인하고 북한을 옹호했다.

⑧ 백낙청 서울대 명예교수는 '정부의 장난'으로 치부하고 북한을 옹호하였다. 6월 10일 프레시안 인터뷰에서 "5월 11일 시점에서 '북한-어뢰 프레임'에 갇히지 말자고 말할 때만 해도 나는 정부가 어떤 결론을 내리지 않고 일종의 영구미제(永久未濟) 상태로 끌고 가면서 북의 소행이라는 냄새만 잔뜩 피우다가 선거만 끝나면 적당히 물러설 것이라고 예상했는데, 어찌 보면 우리 정부의 과감성이랄까 저돌성을 내가 과소평가했다"고 주장했다. 그는 또 김정일 위원장의 정책적 판단이라고 생각하기 어려운 망동이기에 내부 극렬분자의 존재도 배제할 수 없다고 주장했다. 천안함 폭침은 김정일의 재가없이는 작전이 불가능함에도 불구하고, 백 교수의 이 발언은 김정일을 합리적인 인물로 옹호하면서 면제부를 주고 있다. 그는 또 천안함 사태로 미국이 얻는 이득을 많은데, 당장 무기를 파는데 도움을 얻을 것으로 판단했다.

합조단 발표이후에도 6월 15일 '6·15공동선언 10주년 평화통일민족대회' 격려사에서 백 교수는 "조사발표가 조작가능성이 있다"고 했으며, "특이동향이 없다고 발표한 미군도 감사(監査)해야된다고 강변했다. 심지어 백 교수는 북한공작원과 접촉하였기에 공개적으로 자수를 선언하기도 했다. 8월 12일, 종로 5가 기독교회관 '한충목 석방을 위한 후원의 밤' 행사에서 백 교수는 "한충목 목사가 북의 공작원 김지선, 리창덕, 양철식과 접촉했다고 구속했는데, 전부 제가 아는 이름이고, 저도 접촉을 많이 했다. 공개적으로 자수한다"고 고백했다. 이런 고백에도

불구하고, 공안기관에서는 백 교수를 구속하기는커녕 심문조사
도 전혀 이루어지지 않았다.

(3) 연구소

① 세종연구소의 정성장 수석연구위원은 북한정권을 대단히
합리적인 체제로 인식한다. 그는 "천안함을 공격할 경우 핵심
과제들을 수행하는데 장애가 된다는 것을 북한 지도부가 예측
못했을 리 없다"고 하여 북한의 도발 가능성을 일축했다. 또
그는 합조단 조사 결과가 임박하자 더욱 노골적으로 친북발언
을 쏟아내면서 정부를 압박했다. 그는 또 "한국정부가 조사결
과를 토대로 유엔 안보리 회부 절차에 착수하거나 미국이 북한
을 테러지원국으로 재지정하는 움직임을 보일 경우 북한은 대
외적으로 6자회담 복귀 및 비핵화 협상 등을 거부할 것"이라면
서 이 경우 "북한은 심각한 고립 및 압박을 느끼고 대륙간 탄
도미사일 발사 및 3차 핵실험을 강행할 수도 있다"고 주장했
다. 합조단 조사 발표 결과가 나왔음에도, 그는 정부의 조사 결
과에 이의를 제기했다.

이후 그는 입장을 약간 변경해 "북미대화와 남북관계 개선에
난항을 겪으면서 김 위원장과 후계자 김정은이 군부측의 천안
함 공격에 대해 손을 들어 준 것으로 보인다"[59)고 주장하며 도
발의 책임을 김정일과 김정은이 아닌 군부로 몰고 갔다. 더 나
아가 그는 남북한 관계가 최악의 상태가 된 이유는 "현 정부가
6.15계승을 거부했기 때문"이라고 주장하여 이명박 정부의 책
임으로 몰고 갔다.

② 세종연구소의 홍현희 수석연구위원은 천안함 폭침에 대한
북한의 소행설을 부정하며 그 이유로 "북한이 6자회담을 추진

---

59) 서울신문, 2010.5.21.

하고 민생고 해결을 위한 외부로부터 원조가 시급한데 아무 것도 얻을 수 없는 군사적 공격을 감행할 이유가 없어 보인다”고 주장했다. 그는 또한 민노당과 한국진보연대가 개최한 토론회에서 “정부여당이 천안함 사태를 안보정국 조성을 위한 전시작전권 회수 무기한 연기 등 정파적 이익을 확보하기 위한 수단으로 이용하고 있다”며 남북한의 평화협정이 필요하다고 주장했다.

천안함 폭침 사건에 관련된 망언시리즈의 정치·사회적 폐해를 한마디로 요약하자면 우리 사회를 갈아먹어 내부 붕괴를 촉진시키는 이적행위라고 감히 말할 수 있다.

첫째로, 정부의 공직활동과 군대의 사기를 저하시키고 공권력에 대한 공신력을 저하시켜 국민적 불신감을 증폭시켜서 내부 분열을 더욱 조장하는 데 기여했다. 가뜩이나 정부의 발표를 믿는 국민들이 30%정도에 불과했는데, 이렇게 사회의 지도급 인사들의 무차별적 인터뷰가 칼럼을 통해서 잘못되고 왜곡된 의견이 인터넷상에서 널리 유포되면서 사회혼란을 부추기는 데 기름을 부은 꼴이 된 것이다. 북한에 대한 정당하고 단호한 의견을 개진한 주장들이 너무 지나치다는 여론몰이를 조성하게 된 것이다.

둘째로, 친북인사들의 망언은 북한 김정일 정권을 간접적으로 지지·옹호하는 효과를 낳았으며 이는 김정일 정권에게 잘못된 신호를 주는 것으로 교만에 빠진 김정일에게 무력도발을 일으키도록 고무할 가능성이 크다. 그러므로 향후 국가안보에 매우 위험천만한 결과를 초래할 수 있게 된 것이다.

셋째로, 친북인사들의 망언을 방치하면 국론분열-사회혼란-소모적인 정치논쟁을 야기시키고 국정기반을 무력화시키고 안보 및 공안기관의 약체화를 초래하여 자유민주체제의 무장해제를 초래할 수도 있다.

천안함 폭침사건은 북한의 대남전략과 통일노선이 전혀 변하지 않고 있음을 반증한 사건이다. 전세계가 탈냉전시대에 돌입했지만, 한반도는 여전히 냉전구조를 탈피하지 못하고 있는 가운데 벌어진 남북한간의 갈등으로 인해 빚어진 비극적 사건이었다. 우리 내부에서 북한노선을 전폭적으로 지지하는 종북좌익세력들은 외파만 대한민국 국민들이지 대한민국을 부정하면서 어떤 식으로든지 북한의 김정일 정권의의 대남통일노선을 지원하지 못해서 안달이다. 겉으로는 자주화, 민주화를 외쳐대지만, 속으로는 북한 김정일에 맹종하면서 자율적 의사결정력을 상실하였다. 북한의 입장에서 볼 때, 종북좌익세력과 일부 妄言者들은 한반도적화통일을 위한 남조선혁명 역량을 한층 강화시킬 수 있는 가장 적합하고 물 좋은 '혁명원천(革命源泉)'인 셈이다.

문제의 심각성은 이들이 민주세력, 진보세력, 양심세력, 평화세력 등의 이름으로 위장·포장되어 국민의 이목을 속이면서 각 계각층과 제도정치권에서 많은 영향력을 행세하고 있다는 점이다. 자유와 민주주의 체제에서 행동과 표현의 자유가 있지만, 그것은 책임과 의무를 수반하는 것이다. 세계의 어느 나라도 자신이 몸 담고 있는 조국을 갈아먹고 체제 그 자체를 뒤흔들려는 인물에게 무한정한 자유를 향유하도록 허용하고 있지는 않다. 그런 것을 무한정 허용하게 될 때, 나라는 혼란과 도탄에 빠지게 되는 것이다. 국론분열, 사회혼란, 국력낭비로 초래될 수 있는 친북인사들의 망언 시리즈에 대한 국민적 경각심을 고취시키고 이를 감독하는 정부부서는 단호한 조치를 취해 나가야 할 것이다.

2010.7.20

종묘공원 여름 강연회

I. 6.25전쟁의 역사적 의미

분단이 장기화된 한반도에서 휴전협정으로 남북한 간에 긴장이 계속되는 상황하에서는 경제에 대한 관심이상으로 안보에 대한 국민적 관심이 중요합니다. 백척간두에 섰던 대한민국이 살아남게 된 것은 미국과 유엔의 즉각적인 참전 때문이었습니다. 전쟁후 한미동맹이 체결되고 미군이 주둔하면서 대한민국의 안보는 굳건해졌습니다. 그러기에 한미동맹의 고마움을 결코 잊어서는 안되겠습니다.

이 시대에 지도자의 역할도 중요합니다. 무엇보다도 경제와 안보에 대한 균형감각이 있어야합니다. 평화를 유지하고 전쟁을 막으려면, 적의 무력도발에 대한 철저한 대비가 필요합니다.

천안함 피폭의 의미는 북한 공산집단과의 휴전상태는 전쟁이 끝나지 않은 準戰時狀態임을 말하는 것이며, 북한 김정일독재 정권과의 타협과 협상만으로는 근본문제가 해결되지 않는다는 점을 말해주고 있습니다. 북한 독재체제에 대해서 개혁과 개방, 인권, 민주화를 요구하는 전방위 압박을 가열차게 가해야합니다.

6월지방선거 결과에서 20-30대의 청년층과 아줌마들의 투표 성향으로 미루어 볼때, 전쟁공포증이 우리 사회에 확산되었습니다. 그래서 우려할만한 안보의식의 해이가 나타났습니다. 여기 계신 어르신들께서 국민계몽에 더욱 노력해야겠습니다.

II. 김대중의 정체와 615공동선언

다시 한번 5.18광주사태를 전후한 김대중의 행적에 의문이 많이 남아있습니다. 김대중은 유신시절 한민통과 접선하기 직전 중앙정보부에 의해 동경에서 납치되어 한국으로 이송되었고, 미국의 카터와 CIA가 그의 목숨을 살리는데 일조를 했다고 합니다. 김대중은 5.18직전 내각구성을 모의하기도 했으며, 전두환은 취임직후 레이건 대통령의 압박을 받고 살려주었습니다. 그 당시 미국은 한국내의 반미감정을 우려하여 김대중을 살려두는 것이 미국의 이익을 지키는데 도움이 된다고 판단을 했습니다. 김대중은 80년대초 관절염 치료를 명분으로 미국망명으로 망명했지만 정치운동을 하지 않겠다는 서약서를 섰습니다. 그러나 김대중은 미국에서 맹렬한 반정부운동에 돌입했습니다.

김대중이 집권이 가능했던 정치적 배경은 한국의 IMF금융위기사태로 인해서 중산층이 김영삼-이회창이 이끈 한나라당을 버리면서 시작되었습니다. 김대중의 집권후 얼마되지 않아 김정일의 협박이 있었습니다. 분노한 김정일이 남한의 김씨가 김일성을 배신했다고 발언한 내용이 일본 〈문예춘추〉에 기사가 나갔습니다. 얼마후 당황한 김대중 대통령은 급히 베를린으로 달려가서 소위 '베를린선언'을 하게 됩니다. 북한의 SOC 영역을 남한의 자본과 기술로 지원하겠다는 것이지요. 김정일에 대한 러브콜입니다.

정상회담전에 김정일은 막대한 돈을 요구했으며, 북한당국은 갑자기 김대중 대통령이 평양에 오지 말 것을 청와대에 통고합니다. 나중에 알아보니 보낸 돈의 액수가 적었다는 것입니다. 제가 북한전문가에 전화를 걸어서, 그 이유를 물었습니다. 그런데, 그분의 분석은 "아마도 돈을 적게 받아서 그런 심술을 부릴 것"이라고 진단했습니다. 저는 그때 '설마'하는 생각을 했습니다만, 나중에는 입금구좌의 에러로 인한 것으로 입금액수에 문제가 있었을 것이라는 추측이 모두 사실로 확인되었습니다. 그래서 청와대는 안기부를 시켜서 부랴부랴 돈을 더 입금시키고 식은 땀을 흘린 고령의 김대중 대통령은 노구(老軀)를 이끌고 예정보다 하루 뒤에 평양에 도착했습니다.

도착 첫날부터 북측의 의도적인 의전(儀典) 절차의 무시가 눈에 띄었습니다. 김정일이 직접 평양 순안공항에 마중 나왔는데, 이것은 남북한 간의 의전에 관한 사전약속에는 전혀 없었던 돌발행동이었지요. 김대중 대통령의 혼을 빼놓으려는 김정일의 '깜짝쇼'였습니다. 더 놀라운 일이 벌어졌습니다. 김대중은 김정일 리무진에서 경호원과 보디가드, 수행비서관 등의 대동 없이 훌쩍 홀로 탔습니다. 운전기사외에 단 둘만이 있었던 리무진에서 김대중, 김정일은 무슨 깊은 비밀대화를 나누었을까요? 평양상공위의 미국인공위성에서는 부지런히 도청을 하고 있었습니다.

훗날 이런저런 소문에 의하면, 김정일은 ① 김대중의 김일성의 묘지 참배, ② 전방의 對北확성기 철거, ③ 막대한 대북지원 등을 요구한 것으로 추정되지만, 구체적 내용은 김정일 사후 통일이 되어서야 제대로 진실이 밝혀질 것 같습니다.

김대중 평양방문의 진풍경은 순안공항에서 평양거리로 향할 때 보여준 평양시민들의 熱火와 같은 환영인파였습니다. 약 60만명의 평양 시민들이 총동원되어서 양 국기들을 흔들고 대환영을 했습니다만, 실상은 다릅니다. 제가 당시 일본NHK 생방송을 틀었는데, 참으로 가관(可觀)이었습니다. 거의 대부분들이 '남한 대통령 환영합니다'라는 목소리보다는 '김정일 만세' 삼창을 외치면서 눈물을 흘리면서 국방위원장 동지의 지도력과 포용력에 감격해했습니다.

그런 광적인 환영무드속에서 문제의 6.15선언이 서명되었지요. 6.15선언의 핵심내용은 ① 민족문제는 '우리끼리' 한다고 거론하여 미군철수를 전제로 함으로써 결국 한미동맹의 해체를 거론하였으며, ② 남북연방제에 합의하였는바 이것은 통일한국의 國制에 관한 것으로 대한민국의 헌법정신에 위배되고(제3조 영토조항과 제4조 자유민주적 평화통일), ③ 방북 전후를 통해 국회와 국민들에게 남북합의서에 대해 동의를 구하는 절차를 완전히 무시함으로써 일종의 이적성 사문서가 되고 말았습니다.

그 해 8월, 북한의 김정일은 남한의 언론사 대표들을 평양에 초청하였는데, 만찬에서 김정일은 "내가 통일 마음만 먹으면 언제든지 한다."고 호언장담했다고 합니다. 그리고 북한당국은 남한 언론사대표들 모두에게 각서(覺書)를 받았습니다. 언론방송을 통해서 '남북한 체제비방 안하기' 서명을 요구한 것이지요. 평양구경까지 했는데, 서명 안할 수가 있습니까? 이렇게 해서 남한의 언론은 북한체제에 자갈이 물리게 된 것이지요.

그해 9월부터 북한당국은 북한 주민들에 대한 대대적인 교양교육이 실시되었습니다. 6.15선언에 대한 대대적인 선전강화가 주목적이었습니다. 핵심내용은 "고령(高齡)의 남한 대통령 김대중의 방북에 대한 애절한 염원을 받아드려서 김정일 국방위원장은 하해(河海)와 같은 은혜로 초대를 하는 결단을 내리셨다."는 식으로 김정일의 지도력을 미화·찬양하려는 것이 요지였지요.

III. 친북좌익의 동향

친북좌익의 동향을 시기별로 두 단계로 나누어 볼 수 있습니다.

첫 번째로, 천안함 폭침부터 6.2지방선거까지입니다. ① 천안함 사고조사 불신감을 국민들에게 조장·선동하고, ② 전쟁발발 분위기를 선동하고, ③ 군 책임자 색출과 처벌 및 내각총사퇴 요구 등 대정부공세의 강화, ④ 전쟁공포 분위기를 확산하는 한편, 한나라당이 전쟁을 부추기는 '전쟁세력'이고 민주당을 중심으로 한 야당이 '평화세력'이란 식으로 대중을 선동하고, ⑤ 선관위의 편파적 선거관리로 우익의 안보강연을 '선거법위반'이란 식으로 방해하는 등 안보분위기에 찬 물을 끼얹는 방식 등입니다. 즉 사전 선거운동이란 구실로 경고와 고발의 남용하였는데, 실제로 김성욱 우익기자가 고발을 당하기도 했고, ⑥ 결과적으로 20-30대 젊은 층과 여성들의 平和·反戰 심리를 역이용하여, 천안함 사태의 逆風에 성공했습니다. 한총련을 계승한 운동권단체인 21세기 한국대학생연합의 선거운동은 "1번 전쟁, 2번 평화," "한나라당 찍으면 전쟁난다."는 식이었습니다.

두 번째로, 6.2지방선거이후부터는 ① 천안함 사태에 대한 국제적 대북공조에 찬물을 끼얹기, 특히 '참여연대'는 유엔 안보리에 서항을 보내 천안함사고 민군합동조사결과에 대해 강한 의문을 제기하여 나라망신을 톡톡히 시켰고, 김정일의 대변인 노릇을 자처하고 말았습니다. ② 대북인도적 지원의 분위기 띄우기에는 종교인, 지식인, 방송사 등이 선도적 역할 담당하고 있습니다. 마지막으로 ③ 6.15남북공동선언의 이행, 실천을 요구하는 것입니다.

IV. 흔들리는 MB정부와 여당, 그리고 시민단체의 대응책

이명박 정부의 경우, 이 대통령의 입이 되는 청와대의 메시지기획실을 보면, 김두우, 김영수, 표정훈, 3인방 모두 운동권 출신이나 좌파성향의 인사로 장악되었습니다. 중도사상을 전달하고 보수를 배제하는 역할을 충실히 하고 있습니다.

이명박 대통령은 세종시는 양보 가능하고, 4대강은 강행한다는 의지를 천명했으며. 중도실용주의에 대한 병적인 집착을 보이고 있습니다. 이 대통령은 북한 축구팀의 브라질전을 시청한 뒤, 마치 한국이 진 것처럼 북한 팀 패배의 안타까움을 토로하기도 했습니다. 한 참모는 "대통령이 북한의 승리를 진심으로 바랐던 마음을 들어내더라"면서 "천안함 문제로 남북 관계가 악화됐지만 정치는 정치일 뿐이고, 핏줄을 나눈 민족에 대한 감정은 별개라는 대통령의 동포애를 느낄 수 있었다"고 말했다는 것입니다만, 천안함사태로 격앙된 국민정서를 제대로 살피지 못하는 정치적 무감각을 느낄 수가 있습니다.

우리민족끼리의 감상이 그대로 노출되었습니다. 대북인도적 지원에 대해서는 "긍정적으로 검토하겠다"는 메시지가 담겼으며, KBS 방송사들은 '북한 아사자(餓死者)가 급증한다'는 프로를 방영했습니다. 6월 17일, 프레스센터에서는 조용기, 곽선희, 인명진 목사들과 종교인 500여명의 서명으로 남북정상회담 촉구, 대북인도적 지원 재개를 요망하는 기자회견이 열렸습니다.

그 성명은 또 『남북 군사 대결 구도로 말미암아 우리마저도 북한 동포들의 고통을 외면함으로써 지금 북한 동포들은 남북 갈등의 최고 희생자가 되어 아사(餓死) 직전의 상태에 놓이게 되었다』고 주장했지만 정치범수용소, 공개처형, 탈북자 강제송환·강제낙태·영아살해, 지하교인 탄압 등 북한인권 참상에 대해선 한 마디도 언급하지 않았습니다.

성명은 이어 『북한 동포들에게 사랑과 도움의 손길을 펴는 조건 없는 동포애적인 「인도적 지원」이 무엇보다 절실하다』며 『정부는 남북 교류 협력 및 인도적 대북지원 전면 중단 정책을 즉시 철회해야 한다』고까지 주장했습니다.

6.2지방선거를 패배로 인해 한나라당은 공천실패의 책임을 지고 지도부의 사퇴가 있었고, 親朴과 親李 그룹의 내분(內紛)

으로 동력(動力)을 상실했습니다. 민본21 등의 재야도전세력이 등장하고 있으며, 한나라당에 대한 애국우익세력과 국민들의 불만과 불신이 눈덩이처럼 커지고 있습니다.

V. 결론

결론적으로, 먼저 한반도통일을 주도할 수 있는 국가엘리트집단의 양성이 시급합니다. 집권당과 이 대통령의 지도력에만 한가하게 믿고 의지하기에는 사태가 너무 심각합니다. 모택동은 게릴라전에서, "고기는 물 없이 살 수 없다."고 했는데, 이처럼 창궐(猖獗)하는 좌익의 발호를 막으려면 활동하는 서식처(棲息處)를 말려야합니다. 그들이 얼마나 위험한 존재인지에 대하여 국민대중에게 널리 알리는 홍보를 강화해야 하고, 기존의 좌익시민단체에 주는 정부보조금에 대한 감사를 실시하는 한편, 불필요한 정부보조금을 끊어야합니다. 종교단체에 대해서도 무분별한 지원을 중단해야합니다.

2010.7.12

토론 요지

<韓美연합훈련의 對北억지와
從北좌파의 反국가적 음모 대처방안에 대하여>60)

1. <u>유명환 외교통상부 장관의 발언 논란에 대하여;</u>

유 장관은 지난 24일 베트남 하노이 아세안지역안보포럼 (ARF) 기자간담회에서 "젊은이들이 전쟁과 평화냐 해서 한나라당을 찍으면 전쟁이고 민주당을 찍으면 평화고 해서 다 (민주당으로) 넘어가고 이런 정신상태로는 나라를 유지하지 못한다. 그렇게 (북한이) 좋으면 김정일 밑에 가서 어버이 수령하고 살아야지"라고 주장했다.

이 발언은 논란을 불러 일으켰다. 민주당, 민노당, 진보신당은 26일 일제히 柳 장관의 발언을 불법적인 망언 또는 폭언으로 규정하고, 그런 망·폭언을 한 柳 장관은 장관직을 즉각 사퇴해야 하며, 자진사퇴하지 않을 경우에는 이명박 대통령이 해임해야 한다고 주장했다. 언론매체들은 그의 발언을 실언 또는 말실수로 규정했다. 청와대와 한나라당도 柳 장관의 말을 옹호하는 성명을 발표하지 않고 침묵을 지키는 것으로 보아 그의 말을 실언으로 간주하는 것 같다.

그러나 柳 장관의 발언이 지나친 발언이라고 말하기 어렵다. 필자가 생각할 때는 柳 장관의 발언은 객관적이고 당연한 내용의 발언이다. 국가가 정상적으로 유지되려면 적의 공격으로부

---

60) 이글은 자유연합(공동대표 홍관희교수)이 주체한 '한미연합사훈련의 대북억지력'에 대한 토론회)에서 필자가 발표한 내용의 요지이다 (장소; 시청앞 프레스센터, 일시; 2010.8.6).

터 국가를 방어해야 하는 책무가 있다. 국가의 방어란 적의 공격에 반격을 가한다는 것과 같다. 적의 공격을 받고 그에 상응한 반격(혹은 응징)을 가하지 않는 것은 적의 반복된 공격을 초대하는 일이며, 국가방어의 포기라고 볼 수 있다. 방어를 포기한 국가는 무너지게 된다. 적의 공격에 반격할 의지가 없고, 적의 전쟁협박에 벌벌 떨기만 하는 국가는 조만간 적에게 굴복할 수밖에 없다. 적과의 전쟁에 앞장서야 할 젊은 청년들이 전쟁이 겁나 적의 공격에 대한 응징을 반대하는 정당을 지지한다는 것은 국가를 방어하려는 의지의 결여를 의미하는 것이기 때문에, 그런 국가는 독자적으로는 유지될 수 없는 것이다.

불행하게도, 柳 장관의 발언, 그 가운데서도 특히 "(대한민국의) 민주주의의 좋은 것 다 누리면서 북한을 옹호하려면 북한에 가서 살아야 한다"는 발언이 한국 사회에서 큰 논란을 불러일으키는 원인이 무엇인지를 우익애국세력은 심각하게 고민해야 할 것이다. 그 원인을 세 가지로 볼 수 있다. 우선 ① 한국 사회 특유의 非이성적 온정주의 분위기와 ② 사상의 자유에 대한 한국인들의 잘못된 인식 때문이다. 그러나 사상의 자유가 있다고 해서 조국을 배반하고 敵을 옹호하는 것까지를 포함하는 것이 아니라는 점을 정확히 인식해야 할 것이다. 무엇보다도 ③ 反대한민국세력(반대세)에 대한 청소작업, 즉 처벌을 게을리 했기 때문이다. 어느 나라든지 체제에 도전하는 세력에 대해서는 법률에 근거하여, 처벌하지 않으면 불법폭력세력이 준동하면서 사회질서가 문란하게 된다. 처벌에 대한 게으름은 민주주의에 대한 인식의 잘못에서 오는 것이다.

2. 중국의 한반도패권정책과 한국의 유엔외교에 대하여;

한미연합군 훈련이 중국의 압력에 굴복하여 서해안이 아니라 동해에서 실시된 것은 한반도의 자유통일에 어두운 그림자를 드리우고 있다. 중국은 최근 천안함 사태 이후 북한 김정일을 초청하였고, 유엔에서도 북한을 구체적으로 지적하는 것에 반대하는 등 편향된 친북(親北)일변도의 한반도정책을 고수하여 국제사회의 빈축을 사고 있다. 이에 대한 한미(韓美), 나아가 한미일(韓美日)의 확고한 대응책이 수립되어야할 것이다. 중국이 대한민국의 영해인 서해에서 한미연합 훈련을 실시하는 것에 대하여 신경질적인 반발을 보이는 것은 명백한 주권(主權)침해인 것이다.

베트남은 통일후 중국과 캄보디아와 국경문제로 1979년 중월(中越)전쟁을 치른 경험이 있다. 한국의 경우, 삼국통일의 전쟁과정에서 신라는 당나라와 10년전쟁을 치룬 끝에 한반도에서 중국세력을 간신히 몰아낸 역사적 경험을 가지고 있다. 또 6.25동란시절, 국군이 압록강까지 진격했으나 개마고원에 숨었던 중공군의 인해전술에 말려서 통한의 철수를 하여 한반도 자유통일의 꿈이 무산된 통한(痛恨)의 아픔을 가지고 있다. 이렇게 영토야욕과 주변 인접국가에 대한 중국의 간섭은 21세기에 들어서도 전혀 변함이 없는 것이다. 중국이 한반도에서 세계최악의 공산·불량국가이면서 인권유린 국가인 김정일 체제를 배후에서 핵과 각종 비대칭 무기 개발을 지원한 것은 북한을 통해 동아시아에서 미제국주의의 힘을 소진시키려는 국가책략에서 비롯된 것이다.

한반도에서 분쟁이 발발하면, 지도자가 사려분별없이 훌쩍 북경을 먼저 방문하는 것은 올바른 외교적 처사가 아닐 것이다. 한반도 자유통일에 가장 확실한 도움을 줄 국가는 중국이 아니기 때문이다. 지도자가 역사적 지식이 짧고, 안목이 부족하여 전략적 착각(錯覺)을 일으키면 국가이익에 중대한 손상이 초래된다. 중국의 친북노선은 해방이후부터 지금까지 달라진 것이 거의 없다. 이런 중국관에 대해서 정치지도자와 국민대중들에게 냉철한 현실인식에 요청된다. 서울-워싱턴-도쿄를 연결하는 3각 협력구도를 가지고 북한을 배후에서 지원하는 러시아와 중국을 견제해야 할 것이다.

3. 利敵性 團體의 반국가적 음모와 엄정한 법집행에 대하여;
반국가적 음모에 대해서는 존재하는 국가보안법과 형법으로 처벌할 수 있다. 문제는 군·경·검 등 공안당국과 사법부의 집행의지가 중요하다. 집권당과 청와대는 2008년 촛불세력의 난동에 혼이 났다. 그러나 이들을 제대로 처벌하지 못했던 것은 사법부의 좌경화 때문이었다. 집권세력은 反대한민국 세력의 난동에 대해서 깊은 우려와 관심을 가지고 적극적으로 대처해 나가야할 것이다. 대한민국을 전복(顚覆)하려는 세력에 대해서는 엄정한 법집행을 해야지 소통의 우선 대상이 아니다. 깡패나 테러리스트에게는 일단 무기를 빼앗고, 폭력을 휘두르는 기회를 주지 말아야하는 것처럼, 反대한민국세력은 법치주의의 차원에서 대응해야할 것이다.

천안함 사태 이후 치러진 6.2지방선거의 결과는 정치적으로 노무현 잔존세력의 화려한 復活을 의미하는 바, 이것은 우익애국세력이 상상하는 것 이상으로 한국사회가 左傾化되었음을 반증하였다. 그 구체적 수치로서 천안함 사태의 정부발표를 믿지 못하겠다고하는 국민들이 약 20-25%에 이르고 있다는 점은 좌파세력의 선전선동의 활약상이 여전하며 이에 넘어가는 좌파 동조세력이 두터운 보호막을 형성하는 만큼 左傾化의 심각함을 말하는 것이다. 한마디로, 한국사회는 이미 좌경화 단계에 접어들었지만, 최종적으로 제3차 親北·容共政權이 아직 들어서지 않았을 뿐이다. 그렇다면 한반도의 정세는 뇌졸중을 앓고 있으면서 치매증상까지 보이는 북한의 독재자 김정일이 2-3년내에 먼저 사망할 것인가, 아니면 남한에서 좌익용공정권이 먼저 들어서는 赤化로 갈 것인가의 치열한 경쟁국면으로 들어섰다고 해야 하지 않을까?

좌익정부가 물러갔는데, 친북좌파단체들이 기승을 부리고 있다. 진보연대의 한상렬 상임고문은 불법으로 평양으로 가서 "천안함사태는 MB탓"이라는 등 대한민국을 비난하는 친북작태를 연출하고 있다. 이는 도저히 묵과할 수 없는 것으로 차제에 이 단체에 대한 이적성 여부를 재심(再審)하여 실질적으로 엄정한 법집행을 실시해야할 것이다. 차제에 한상렬 목사의 귀국 즉시 국가보안법에 대한 엄정한 법집행을 촉구하는 바이다.

불행하게도, 공안당국이 범법자들을 구속기소해도 사법부의 좌익판사가 솜방망이식 좌경 판결을 내리는 것이 작금의 사법부 좌경화의 실태이다. 집권당과 청와대가 적극적으로 대책을 논의해야 할 것이다. 대공황시절 미국의 경우, 루즈벨트 대통령은 자신의 뉴딜정책을 연이어 위헌(違憲)이라고 판결한 高齡의 연방대법원 판사들과 對敵한 적이 있었다. 왜 이명박 대통령은 촛불시위이후 폭력시위자들에 대한 좌경판결에 대해서 묵묵부답인가? 이래서는 국가를 정상화시킬 수가 없는 것이다. 소통이란 법규를 준수하고 나라를 지키겠다는 공동체의식을 가진 사람들간의 교류다. 반대한민국세력을 법에 의해 엄정히 다스리지 않고서는 사회가 안정되지 않으며, 국력을 결집시키기는 불가능하다.

2010.8.6

중국의 흥기(興起)와 대한민국의 大戰略

I

천안함 사건(2010.3.26)에서 우리가 얻은 所得이 여러 가지가 있지만, 그 중 가장 중요한 점은 주변 강대국들이 한국을 어떻게 인식하는가에 대한 그들의 속내를 보다 명확하게 파악하게 된 것에 있다. 특히 중국의 한반도에 대한 覇權정책이 노골화되고 있기에 이에 대한 충분한 대응책이 마련되지 않으면, 한반도의 자유민주적 방식의 통일이 완성되기는커녕 분단된 한국이 명실상부하게 강대국의 반열에 오른 중국에게 조공(朝貢)을 받쳐야할 시대가 올지도 모른다는 우려가 확산되고 있다.

애당초부터 한국의 정치가들과 국민들이 중국과의 우호적인 협력을 기대했다면 그것은 냉엄한 국제정치 현실에 無知한 전략적 난센스(nonsense)였다. 중국은 자국의 국가이익을 위해 행동할 뿐이다. 우리 눈에는 그런 점들이 전혀 보이지 않았을 뿐이다. 우리는 중국이 망나니 북한정권의 대남도발을 방조하고 핵 개발을 용인하고 중장거리 미사일의 개발 및 수출을 용인하는데 분노를 표출해 왔다. 그러나 중국의 입장에서는 중국의 북한에 대한 그런 묵인과 방조 또한 자국의 이익에 도움을 준다고 생각하기 때문에, 그런 조치를 취해 왔던 것이다. 북한이 핵을 가졌다고 해서 중국에 위협을 주지는 않을 것이라는 것이 대부분 중국인들의 사고방식에 깊이 자리잡고 있다. 다만 중국인들은 북의 핵무기 개발이 동아시아의 핵도미노 현상을 일으켜서 한국, 대만 그리고 일본의 핵무장 경쟁을 부추기지나 않을까를 우려한다. 또한 한반도가 대한민국의 주도로 통일이 될 때, 북한 핵이 대한민국의 수중에 들어가는 것을 우려하고 있는 것이다.

그러기에 천안함 사태이후에도 중국의 대북지원은 줄어지지 않았고, 오히려 증강되는 면이 있었으면, 북중관계는 더욱 밀착되는 모습을 보이고 있다. 중국의 입장에서 볼 때, 북한은 남한에 배치된 미군에 대한 천혜의 방벽(防壁)이 되고 있다. 북한 붕괴나 한반도 통일이 되어 북한에 미군이 주둔하는 일이 없어야겠다는 심산이다. 또 북한이 혼란에 빠져서, 대량의 탈북난민이 북중 국경선을 넘어서 밀려온다면, 높은 경제적 비용을 지불해야만 할 것이고 조선족이 많이 거주하는 지역에 북한 사람들이 밀려와 정치적 불안정이 조성될 위험이 있다는 것이다.

그러므로 중국은 대한민국이 평화적으로 통일을 이루는 것보다는 거의 파탄일보 직전의 '불량(不良)국가' 북한이 중국에 의존하여 겨우 목숨을 부지하도록 하는 것이 훨씬 더 바람직한 일이라고 생각하는 나라다. 요약한다면, 중국은 한반도통일의 가장 골치 아픈 해방꾼으로 등장하고 있는 것이다.

II

1978년 등소평의 개혁개방이후부터 지금까지 중국은 강대국이 되려고 몸부림쳐왔다. 이제 중국은 가장 높은 경제성장률을 자랑하는 '세계의 공장'이 되었으며, G-2 국가가 되었다. 더 나아가 중국은 아시아의 패권 장악은 물론 세계적 패권국가가 되고자 노력하고 있다. 중국의 높은 경제성장력은 군사력의 증강, 특히 해군력의 팽창으로 연결되고 있다. 중국은 한미 양국이 서해에서 훈련하는 것을 극도로 비난하고 있지만 저들은 동해, 남해 서해를 종횡무진(縱橫無盡)하며 훈련을 벌였고, 중국의 해군 함대는 서해, 남해를 거쳐 동해를 지나 일본 홋카이도(북해도)와 혼슈사이의 쓰가루 해협을 통과, 북태평양을 항진하는 훈련을 한 적도 있었다.

중국 해군력의 증강에 대해 일본의 불안감도 높아지고 있다. 과거 10년동안은 일본이 동지나해에서 제해·제공권을 쥐고 있어서 중국 해군을 견제했지만, 이제는 사정이 다르다. 일본의 우위는 사라지고 중국이 동지나해의 제해·제공권을 장악하는 것은 시간문제로 보인다. 단적인 예로, 세카쿠 열도 문제만해도 과거에는 중국선박의 불법 침입, 점거 등을 일본 해상보안청에서 처리할 수 있었다. 그러나 지금은 그것조차 용이하지 않게 되었다.

"미국만 없으면 진작에 손을 봤을 것"이라고 한국에 대해서는 막말을 하고 있는 중국이지만 미국의 국력에 비할 때 중국은 아직도 약소국이다. 미국은 수시로 항공모함을 대만 해협 및 서해 해역에 파견했다. 2008년 봄 미국은 '대만의 민주선거를 보호하기 위해', '티베트의 자유 독립을 지원하기 위해' 라는 명목으로 대만 해역에 3척의 항공모함을 파견했다. 2010년 7월 8일, 중국은 서해상에서 한미군사훈련의 실시를 맹렬하게 비난하는 성명을 발표하였다. 결국 한미군사당국은 서해를 피해 동해에서 합동군사훈련을 실시하기로 결정했다. 미국의 항공모함 1척이 참여하여 동해상에서 4일간 진행된(7.25-7.29) "불굴의 의지"(Invincible Spirit) 훈련을 맹비난하였다.

이처럼 중국이 대한민국이 원하는 바에 대해 사사건건 거스르는 입장을 취하는 것은 중국인의 사고방식이 잘못되었거나 중국의 지도자들이 대외정책을 잘못된 방향으로 인도한 결과라고 보기 어렵다. 중국의 국가이익이 중국의 대외행동을 그런 방향으로 이끌어 가는 자장(磁場)의 역할을 하기 때문이다. 중국은 당연히 패권을 추구할 것이며 그렇게 하는 것은 그 나라의 당연한 권리이며, 그것이 중국을 위해 유익한 일이기 때문

일 것이다. 우리가 중국에게 양심과 도덕으로 호소하면서 "제
발 하지 말아주세요"하고 애원한다고 해서 우리의 읍소(泣訴)
에 경청할 중국이 아니다. 아시아에서 패권을 추구하는 중국은
자기 바로 주변 이웃에 '통일' 대한민국이라는 상대적으로 힘이
강한 나라의 출현을 당연히 원치 않을 것이다. 그러나 우리는
분단의 고비용(高費用) 때문에 분단상태를 더 이상 지속할 수
없다. 통일을 이룩해야 하며 지금보다는 훨씬 더 강한 나라를
건설해야 한다는 것이 우리의 궁극적 목표이다. 그래서 중국은
우리나라의 사활적이고 본질적인 목표의 성취를 방해하는 부조
화(不調和) 관계에 있는 나라다.

III

우리가 원하는 한반도통일은 민족의 운명에 사활(死活)적인
이익이다. 그러나 그와 반면에 중국이 한반도에 원하는 현상유
지와 같은 것은 중국에 사활적인 이익은 아니다. 더구나 대한
민국이 통일을 이룩하는 것이 중국에게 불리한 것만도 아니다.
그래서 우리는 먼저 중국을 설득하는 논리를 개발해야 한다.
작금의 중국의 행태를 보면 설득이 먹혀들지 않을 가능성이 높
다. 그렇기 때문에 중국은 불가피하게 우리의 미래에 있어서
극복해야 할 대상이 되는 것이다. 가장 위험한 중국에 대한 태
도는 '비굴하게 알아서 기는' 태도와 '자포자기'(自暴自棄)의 태
도이다. 중국에 진출한 기업과 종북좌익세력들간에 이런 태도
가 만연되고 있다. 2009년 12월 말 기준 수출입은행 통계를
보면, 중국에 진출한 한국 기업은 2만여개로 약 4만 건, 286억
달러를 투자하고 있다. 삼성은 51개 법인 사무소, 현대자동차
는 3개 법인, SK는 18개 법인 사무소, LG는 37개 법인 사무
소를 두고 있다.61) 이들이 장차 자유로운 기업활동에 압박을
가하는 중국당국과 마찰을 빚을 경우, 과연 경제적 이익을 포

기하고 철수할 수 있을까?

더욱 가관인 것은 미국을 미워하고 중국에 대한 '짝사랑'으로 일관하고 있는 친북좌익들의 행태다. 그들 중에는 한국이 명실상부한 자주국가가 되려면 한미동맹을 폐지하여 미국의 영향력을 배제시키는 방안으로 중국과의 동맹을 체결해야한다고 주장하는 인사들이 적지 않다. 그들은 중국이 '東北工程' 프로젝트를 통해 북방의 우리 영토를 탐하고, 우리 역사를 훼손하고, 우리의 자위적 군사훈련에 간섭하는 본질적인 한국 모욕을 자행하고, 심지어 국내의 중국인들이 2008년 베이징 올림픽 성화봉화시 우리의 경찰과 민간인에 대해 폭력행위를 자행했음에도 불구하고 숨죽이는 '모르쇠'와 '덮기'로 일관해 왔다. 중국에 진출한 기업과 친북좌익세력들이 한국정부에게 중국과 마찰을 피하고 사이좋게 지내려면 중국의 요구를 일방적으로 수용하라는 식으로 대중유화책을 강요해왔고 또 장차 그렇게 하라고 강요할 가능성이 농후하다. 그렇다면 그들이 장차 한반도통일의 추진과정에서 부정적인 영향력을 행사할 수가 있을 것이다.

이 점에서 소설가이자 보수 이론가 복거일씨는 그의 책, 『한반도에 드리운 중국의 어두운 그림자』라는 책에서 중국에 대해 한국의 "핀란드화(Finlandization)는 이미 시작되었다"는 점에서 심각한 문제를 제기한다. 복거일씨는 한국의 핀란드화는 점점 대중유화책을 쓰면서 도덕적 타락과 심리적인 위축을 가져온다는 점에서 심각한 부작용을 초래한다고 경고한다.

어쨌든 한국은 중국의 반대에도 불구하고 미국과 함께 대규모 군사훈련을 실시했다. 그리고 9월에 다시 서해에서 훈련하기로 합의함으로써 중국의 위협에 굴복하지 않은 것이 천만다

---

61) 『미래한국』(2010, 368호), p.10에서 재인용.

행한 일이다. 중국이 이미 "미국만 없으면 한국을 진작 손봤을 것이다"고 노골적으로 말 한데서 우리는 중국 앞에 당당할 수 있는 결정적인 방안을 찾을 수 있다. 중국은 한국을 '미국만 없다면' 마음대로 다룰 수 있다고 생각한다는 것은 역설적으로 지금 중국이 미국이 있기에(한미동맹) 한국을 마음대로 하지 못하는 것을 말한다.

우리가 원하던 원치 않던 우리나라는 결국 미국과 중국의 패권 갈등의 와중에 놓이게 될 것이다. 중국의 경제발전이 지속되는 한 미중(美中) 양국은 결국은 충돌할 수밖에 없는 라이벌 제국(Rival Empire)이 아닐 수 없다. 한국이 미중 갈등의 와중에서 피해를 보지 않으려면 지금보다 압도적으로 강한 나라가 되던가. 혹은 우리의 이익이 되는 쪽으로 붙든지 둘 중 하나를 선택해야 한다. 우리는 지정학적으로 이를 피할 방법이 없다. 중립도 불가능하다.

미국과 중국이 패권 갈등을 벌이게 될 경우, 우리는 전략적으로 심각한 선택을 강요당하게 될 시점에 도달하게 될 것이다. 그때 우리가 어느 편에 서야 할지는 의문의 여지가 없다. 당연히 미국의 편에 서야한다. '결코 이웃 국가는 진정한 우호국이 될 수 없다'. '동맹은 먼 곳의 국가와 맺는 것이다.' 라는 春秋全國시대의 금언(金言)들로부터 해답이 나오기 때문이다. '遠交近牽策'을 쓸 수밖에 다른 도리가 없다.

IV

우리가 중국이라는 급격히 힘이 증강하고 있는 강대국을 다루는 방법은 오래전 역사에서도 그리고 현대사의 경험에서도 도출된다. 우리는 중국과 외교도 했지만 고구려의 경우처럼 건곤일척(乾坤一擲)의 대결을 벌이기도 했으며, 신라는 중국 당나라와 전쟁(나당전쟁)을 통해 중국의 세력을 한반도로부터 몰아내고 삼국의 통일이란 위업을 이룩하기도 했다. 현대사에서 중국과 대만과의 관계에서도 교훈이 도출된다. 대만은 대한민국보다 작고 약한 나라지만 중국으로부터 독립을 유지할 수 있는 군사력과 경제력을 가지고 있다. 대만과 달리 대한민국은 국제사회 특히 미국과 유엔의 강력한 지지를 받고 있는 나라다.

일본과의 협력관계도 강화해 나가야 할 것이다. 1948년이후 대체적으로 일본은 방공(防共)기지로써 한국과 국제관계에서 보조를 같이 해 왔다. 일본은 자유민주적 시장질서라는 점에서 한국의 가치관과 공유할 수 있고 북한의 핵과 중거리 미사일 개발의 위협에서 오는 안보위기에다가 날로 증강되는 중국의 해군력으로 인해 남지나해에서 제해권 상실을 우려하고 있다. 이 점에서 한국과 이해관계에서 조화(調和)를 이루기 때문에 '일본과 공동보조를 취해 나가는 점이 매우 중요하다. 독도에 대한 일본과의 영토분쟁은 한미동맹과 미일동맹으로 견제가 되기 때문에 일본은 함부로 행동으로 나오기 어렵다.

이번 천안함 격침 사건은 한국인들의 낭만적인 중국관을 수정(修正)해 주는데 일조했고 우리의 국가대전략 목표를 달성하기 위해서는 한미동맹이 얼마나 귀중한 것인지를 새삼 일깨워 주었다.

2010.8.8

천안함 폭침이후 친북풍경 I:
유엔에 보낸 참여연대의 反韓서신

90년대에 <삼성보고서>로 명성을 날렸던 '참여연대'가 북한 옹호행위를 전개하면서 물의를 빚었다. 참여연대는 6월 11일 유엔안보리 의장국 및 15개국 이사회에 팩스를 보내 한국 정부의 천안함 사태 조사 결과에 대해 "많은 의혹이 남아 있기 때문에 추가 조사가 필요하다"며 "최대한 신중한 조치"를 요구한 것으로 알려졌다. 일개 시민단체가 유엔 안보리에 이런 서신을 보낸 일은 안보리 역사상 전례가 없는 일이었다. 한 정부 당국자는 "천안함 외교를 벌이는 아군의 등 뒤에서 총질을 한 것"과 마찬가지라고 하였다.

또 참여연대는 천안함 합동조사 결과에 대해서도 불신하는가 하면 감사원의 발표에 대해서도 "감사원마저 '군사기밀'을 이유로 천안함 진상을 미궁에 빠뜨리고 시민들의 눈과 귀를 가리는 대열에 합류해 버리고 말았다"며 "감사원의 입장이 국민의 알 권리를 짓밟고 정보를 독점한 채 자의적으로 선별해서 유리한 부분만 공개해 온 군의 입장과 다르지 않음을 확인할 수 있다"고 감사원을 국민을 속이는 기관으로 매도하였다.

침여연대는 불법적인 국가권력 횡포와 재벌중심 경제운용을 시민의 「참여」로 제어하겠다는 그럴듯한 취지로 1994년 9월 '참여민주사회와 인권을 위한 시민연대'로 출범하였는데, 1995년 '참여민주사회시민연대'를 거쳐 1999년 2월 지금의 참여연대로 명칭을 변경하였다. 현재 회원만 1만명이 넘는 가장 규모를 자랑하는 시민단체의 三省격이다. 초창기에는 삼성과 현대

좌로부터 청화스님, 임종대교수, 정현백교수

등 대기업에 대한 집요한 공격을 가해왔다. 이로써 대기업의 폐해를 부각시켜 반사적으로 한국 자본주의체제의 문제점을 음성적으로 부각시켜왔다. 미군주둔경비지원금 관련 감사청구, 이라크파병 정보 비공개관련 행정소송 청구 등 반미감정을 자극할 수 있는 사건들도 문제를 삼아왔다.

참여연대는 이명박 정부에 대해서도 부정적인데, 이유는 현정부가 남북한의 이념대결, 군비경쟁으로 몰고 가서 천안함 사태이우 냉전체제를 더욱 전쟁위기로 몰고 가는 등 국민들을 불안하게 만들고 있다는 것이다. 쇠고기 졸속협상 국민감사청구서 감사원 제출, 4대강사업 위헌 심판을 위한 국민소송 등 집요한 공격을 추진해 왔다. 참여연대는 용산참사 진상조사단, 김석기 서울경찰청자 고발 등 좌익단체에 대한 측면 활동 지원도 하고 있다.

임종대(한신대 교수) 정현백(성균관대 교수) 청화(청암사 주지) 3인 공동대표 체제로 운영 중이다.

靑和(청화) 공동대표는 조계종 교육원장(2004.4.1~2009.3.24)을 지냈으며 실천승가회 의장 출신이다. 실천승가회는 「비전향장기수후원회」, 「국보법반대국민연대」, 親北(친북)단체인 「통일연대」, 「평택미군기지확장저지범국민대책위

원회(평택범대위)」 등에 참여했었다. 靑和 공동대표는 利敵團體
(이적단체) 한총련 비호 등에 앞장서왔다. 임종대·정현백 공동
대표 역시 국가보안법 철폐 선동의 선봉에 서 온 인물들이다.
참여연대는 지난 정권 때 극렬 좌익단체들과 연대해 '국보법폐
지국민연대' '탄핵무효부패정치청산
을위한범국민운동', '이라크파병반대비상국민행동' '평택미군기
지확장저지범국민대책위'(평택범대위), '한미FTA저지범국민운
동(FTA범국본) 등 각종 범대위에 참여하여 맹렬히 반미반정부
투쟁에 앞장서 왔다.

참여연대의 이 같은 주장은 지난 5월 20일 민군합동조사단의
천안함 조사 발표를 '날조극' '북풍'이라며 '검열단'을 파견하겠
다고 밝힌 북한의 억지 궤변과 비슷하다. 기업의 감시자, 비판
자를 자처하는 참여연대가 2006년 4월, 6억원에 달하는 사무
실 이전비용을 마련하기 위해 후원의 밤 초청장에 동봉된 약정
후원서에 5백만원의 상한액을 정해 놓고 기업을 상대로 출석여
부까지 확인하는 등 시민단체로서의 최소한의 양식을 상실한
이중적 행태를 보여주기도 했다.
　　이러한 참여연대가 유엔에 서한을 보낸 이유가 무엇인가?
서한을 보낸 시점은 우리 정부가 천안함 사태와 관련 유엔의
대북제재를 추진하기 위해 안보리 이사국을 상대로 브리핑을
하기 직전이었다. 즉 세계여론을 우리 편으로 끌어드리려는 시
점이었다. 그렇다면 참여연대의 서한은 우리 정부와 국제사회
의 공조(共助)의 틀을 만들지 못하게 하는 효과를 가진 것이다.
장기적으로 보면, 북한의 책임론을 희석시키기 위한 교란전술
에 해당된다고 볼 수 있다.
　　참여연대의 그간의 활동 실적과 구성원들의 이념적 성향을
살펴보면, 천안함 조사 결과를 부정하는 이면에는 우리 군과

국민간의 불신과 갈등을 확산시키고, 북한을 옹호하려는 음흉한 책략이 있는 것이 아닌지 의심된다.

참여연대의 정체에 대한 연구는 531명의 임원을 분석한 <참여연대 보고서>에 잘 분석되어 있다. 이 보고서는 절대 다수의 참여연대 출신 인사들이 직접적으로 정권에 참여하였기에 시민단체와 권력의 유착관계가 얼마나 심각한지를 밝혀주고 있다. "김영삼 정부 시기에 22개 공직(7.0%), 김대중 정부 시기에 113개 공직(36.1%), 노무현 정부 시기에 158개 공직(50.5%)에 진출한 것"으로 드러났다.[62]

국민들이 시민운동에 관심을 가지는 이유는 그것이 국가의 권력논리나 시장의 이윤추구 논리와는 다른 새로운 사회구성의 논리를 열어줄 것이라는 기대 때문이다. 권력을 견제하고 시장을 감시하는 시민운동 본래의 순수한 모습이 지켜질 때 국민들은 시민운동에 공감을 표현하게 된다. 시민운동이 정치에 참여하여 정책적 영향력을 행세하겠다는 발상은 마치 시민운동이 경제활동에 참여하여 돈벌이를 하겠다는 발상만큼이나 자가당착적이다.

참여연대는 시민운동으로서의 정상적 궤도를 이미 이탈했다고 볼 수 있다. 북한의 공산독재체제를 옹호·지지하면서 김정일의 대변인 노릇을 하는 참여연대의 친북행위는 국제사회에 나라 망신시키고 국위(國威)를 실추시키는 자해행위로 밖에 볼 수 없는 것이다. 그런데 이런 반미친북적 성향의 시민단체에 왜 그렇게 회원들이 많은가? 여기에서 우리 사회에 깊이 뿌리가 박힌 시민운동의 좌경화 현상을 목격하게 된다.

2010년 8월 30일

---

62) 유석춘, 왕혜숙 공저, <참여연대 보고서>(자유기업원, 2006), pp.84-85.

천안함 사건이후 親北풍경 II:
한상열 목사의 不法訪北記

천안함 사태와 합조단 조사 발표이후 보여준 종북좌익의 행태는 여러 가지로 나타나고 있는바, ①조사 발표를 끝까지 부정하거나, 아니면 ②사고 책임을 이명박 정부에 뒤집어씌우는 것이다. 북한의 김정일과 대남통일전선부로서는 동요하는 북한주민을 진정시키고 대내외에 자신의 무죄를 알리는 선전선동을 강화하는 책략을 사용해야만 할 것이다. "남한인의 남한정부에 대한 공격"만큼 홍보효과를 주는 것은 없을 것이다. 종교인만큼 윤리나 도덕성을 담보하는 것처럼 보이는 직업은 드물다.

한국진보연대 한상열 목사는 천안함 폭침사건으로 모든 방북이 허가되지 않는 상황에서 불법으로 방북(訪北)했고, 6월 22일 평양 인민문화궁전에서 북한언론과 평양 주재 특파원을 상대로 기자회견을 열었다. 한 목사는 "천안함 침몰 사건은 이명박식 거짓말의 결정판"이라며 "6.15를 파탄내고 한미 군사훈련 등으로 긴장을 고조시켜온 이명박이야말로 천안함의 희생자들을 낸 살인 원흉"이라고 주장했다. 그는 "결국 이 사건은 한미일 동맹으로 자기 주도권을 잃지 않으려는 미국과 선거에 이용하고자 했던 이명박의 합동 사기극이라고밖에 달리 볼 수 없다"고 강변했다.63) 한 목사는 방북 중 자유민주 통일방식에 대한 거부감도 내비쳤다. "'장차 통일은 자유민주주의체제로 하는

---

63) 연합뉴스, 2010.7.23.

게 바람직하다'는 남측 정부의 입장은 한마디로 흡수 통일을 하자는 속셈"이라고도 했다. 또 그는 주체사상을 옹호하고 북한의 체제붕괴를 원치 않는 발언도 하면서 '북의 대변인'으로 행세하는 발언도 쏟아내었다. "북한의 북녘은 주체사상을 기초로 핵무기보다도 더 강한 3대 무기(일심단결, 자력갱생, 혁명적 낙관주의)를 가지고 있고, 붕괴될 것을 기대하지 말아야 한다"고 주장했다.64)

6.15는 10년전 김정일과 김대중의 합작품으로서 미군철수와 남북연방제를 논의했다. 이후 북한은 민족공조의 진정한 모습을 내팽개치고 남북경협을 핵 개발의 자원으로 활용하고 폐쇄적인 체제와 인권유린을 지속해왔다. 그러나 한 목사는 이점에 대해 외면하면서 김정일과 손을 잡았다.

남한으로 귀국한 한 목사는 판문점에서 공안기관에 의해 붙잡혀서 국가보안법 혐의로 구속·수감되었다. 그는 오래전부터 주한미군철수와 국가보안법 철폐투쟁에 앞장서 왔다. 2006년 4월에는 한충목 한국진보연대 공동대표 등과 함께 북한 개성에서 통일전선부 공작원들을 만나 "주한미군 철수와 국가보안법 철폐 투쟁을 전개하라"는 지령을 받고 돌아와 국내에서 불법시위를 주도한 혐의도 받고 있다.65)

서울고등법원 제10형사부는 6월 30일 한 목사에게 국가보안법위반혐의(특수 잠입탈출) 항소심에서 징역 3년, 자격정지 3년을 선고했다. 판결문에서 한 목사는 "정부의 승인없이 방북했고, 방북기간 중 행동에 대해 북한 언론에 보도되어 대부분 국민들이 불안감을 느낀 점 등은 실정법의 한계를 벗어났다며 엄중한 처벌이 불가피하다. 그러나 그간 통일운동단체 활동 등을 통해 민간 통일운동을 확대시킨 점과 종교적 신념과 소신을

---

64) 해럴드경제, 2010.8.14.
65) 동아일보, 2010.8.24.

가지고 방북한 점 등의 정상을 참작해 원심의 일부는 무죄를 선고한다." 여기서 무죄란 2006년 한충목과 함께 방북하여 북 당국자와 회담한 것을 가리킨다.

전국목회자정의평화협의회는 성명에서 한 목사의 방북이 "자주·자조 평화조국에 한발 앞서가는 역사적 사실"이라고 논평을 했고, 이어서 현 정부가 6.15공동선언을 폐기하여 전쟁위협이 가중되었고, 이것은 악마적 행태라고 비난하였다(ccjp.or.kr; 2010.8.10).

그러나 보수애국단체의 분노는 8.15국민대회에서 폭발하였다. 인터넷 독립신문 신해식 대표는 '종북반국가세력 척결 8.15 국민대회'에서 "북한주민은 아무도 한상열을 존경하지 않는다. 한상열과 반역세력은 북도 아닌, 남도 아닌, 지옥으로 가라!"고 외치면서, 그와 두둔세력을 대한민국 헌법으로 단호하게 처벌할 것을 촉구했다. 애국단체총협의회 이상훈 상임의장은 대회사에서 "지금은 해방이후 좌우대결 당시보다 더 많은 종북좌파 세력들이 곳곳에서 자리잡고 있다"고 경고하면서 한 목사의 과거 친북반미 활동을 밝혔다.

고엽전우회 김성욱 사무총장은 한 목사를 "주체사상에 동조하고 북한 체제를 선전하는 민족반역자"라며 국가보안법 6조(잠입, 탈출), 제7조(찬양, 고무), 제8조(회합, 통신) 등을 위반했으므로 한상열이 살아야할 곳은 그가 조국으로 여기는 북한이며, 법의 심판에 앞서 국민과 함께 그를 단죄(斷罪)하고, 한상열 일족을 북한으로 영원히 추방해야한다"고 외쳤다.

그런데 한 목사에게 "그렇게도 북한이 좋으면, 북한에 가서살 것"을 권유한다면, 그는 일언지하(一言之下)에 거절할 것이다. 그 이유는 한 목사가 북에 가서는 할 일이 없기 때문이다. 그의 삶의 목적은 북에서 편안하게 지내는 것이 아니라, 남한을 혼란스럽게 뒤집어놓아서 북한처럼 못 사는 사회주의국가(共産化)로 만드는 것이기 때문이 아닐까?

천안함 사태가 발생한지 채 석 달이 안돼 평양을 찾아 6.15 공동선언이 남북대결을 끝내고 평화의 시대를 연 선언이라며 이행을 촉구하고 나선 한상열 목사!!! 한 목사의 성명에는 과연 천안함 침몰로 사망한 46명에 대한 책임자 처벌과 재발방지 의사, 진정한 남북관계를 위한 요구가 담겨있다는 소식은 듣지 못했다. 한 목사에게는 정녕 6.15가 죄없이 죽어간 46명 장병의 목숨보다도 귀중한 것인가?

2010.9.3

6월 무단 방북했던 한상렬 목사가 20일 오후 판문점 북측지역에서 북한 측 인사들의 환송을 받으며 판문점 내 군사분계선으로 향하고 있다. (평양 조선중앙통신=연합뉴스)

자유연합, 북괴의 연평도 포격 규탄대회
"남한의 김정일 돕는 종북좌익세력부터 척결하라"

2010년 12월 6일 오전 11-12시까지 프레스센터 20층에서는 북한 공산정권의 연평도 포격을 규탄하고 응징을 촉구하는 자유연합의 규탄대회 및 가두행진이 있었다. 이명박 정부의 안이한 대처에도 참석자들은 분노했고, 북한의 도발을 응징해야 한다는 주장 은 공통적이었다.

김현욱 외교안보포럼 이사장은 이번 광저우 아시안게임에서 한국의 스포츠 선수들이 어려운 가운데에서도 영웅적으로 싸운 것처럼, 우리 정부와 국민들도 영웅적으로 북한의 도발을 물리치고 대한민국을 더욱더 선진대열에 서게 해야 한다는 취지의 연설을 하였다.

정세보고에 나선 송종환 교수는 북한의 군사적 도발의 원인을 차분하게 분석했고, 이주천 교수는 한국사회에 번성한 종북세력을 왜 이명박 정부가 척결할 생각을 하지 않는지 나무라면서, 지금이라도 종북좌익세력을 척결하지 않으면, 북한의 도발은 계속될 것이라고 주장했다.

기조연설에 나선 박승춘 전 합참정보본부장은 북한의 대남 군사도발 배경을 분석했다. 그는 적에게 정당하게 대응할 군대의 시스템 개혁을 강조하고, 대한민국의 내부에서 이적성 조직을 제압할 것을 주문하면서, 교육계에 침투한 종북좌익세뇌꾼들의 척결을 강조했다.

주제강연에 나선 김성만 전 해군작전사령관은 '북한의 NLL 와해 및 서해5도 점령 음모'라는 주제로 강연하면서, 우리 군대가 북괴에 당할 수 밖에 없는 행정적 문제점들을 설명했다. 김성만 장군은 "오래부터 계획적으로 추진되어온 북한의 도발의 도는 서해 5도 침탈과 고립화가 목적이다"라며 "그런 북한의 서해5도 점령 계획에 대해 김대중-노무현 정권은 오히려 적에게 유리한 군사정책을 편 게 아니냐"는 취지의 주장을 하면서 "무인정찰기와 유엔군 및 주한미군을 서해 5도에 배치해 전력을 증가해야 한다. 군 상부 구조를 변경과 해군 및 해병대 증강을 통해 앞으로 있을 북한의 추가 도발에 대한 대비를 해야 한다" 등의 주장을 했다.

김성만 장군은 군사시스템의 개혁을 요구했다. 그는 적의 공격에 정당하게 맞대응한 군대가 김대중-노무현 좌익정권 하에서 옷을 벗거나 심지어 계급장을 달고 구속되어 연금이 끊어지는 무서운 행정구조의 망국(亡國)성을 지적했다.

탈북자 김태산씨는 '양아치 군대에 계속 당하기만 하는 한국의 정치권과 군대'를 질타하면서, '김정일의 산발적 도발에 강력하게 응징하지 않으면, 대한민국이 당할 수 있다'는 경고를 했다.

마지막으로 홍관희 박사의 결의문 낭독에 이어 프레스센터에서 광화문 동화면세점까지 행진을 하고 규탄사를 복창하고 해산했다. 이날 자유연합의 행진은 아무런 충돌도 없이 평화적이었다. 이날 자유연합에는 지식인들이 주로 참석하여, 마치 넥타이 부대들이 국가수호를 위해 행진하는 듯한 인상을 주었다 (http://www.allinkorea.net).

연평도 포격과 김정일의 손익계산서

11월 23일에 있었던 북한측의 이번 연평도 포격으로 많은 사상자가 발생하였다. 민간인 2명과 해병대 2명이 사망하였다. 군부대와 심지어 민간인가옥이 포격에 맞아서 불탔다. 6.25이후 크고 작은 남북한의 군사적 충돌이 있었지만, 민간인들이 포격을 당한 것은 이번이 처음있는 참화였다.

3월 26일, 천안함 사고에도 불구하고 왜 북한의 무모한 도발은 계속되는 것일까? 그것으로 국제적 고립을 자초하고 국제적 비난으로 인해 북한 경제가 더욱 어려워질텐데 도대체 김정일의 손익계산서는 무엇인가?

우선 북한의 위기를 대내적 측면과 대외적 측면으로 나누어 볼 수 있다. 대내적으로는 화폐개혁 이후 경제가 개선되기는커녕 날로 어려워지는 북한경제의 궁핍과 점차 노골화 되는 김일성-김정일-김정은 3대세습체제에 대한 주민들이 반발을 어떻게 무마할 것인가이다. 독재체제를 유지하고 민중의 반발을 틀어막기 위해서는 準戰時狀態를 유지할 구실이 불가피하다. 김정일은 자신의 건강악화로 인해 초조감이 배어나온다. 아들 김정은은 대남무력도발로써 아버지 김정일에게 지도자가 될 수 있다는 배짱을 과시한 것이다. 조폭들의 세계에서는 지도자자격을 認證받기 위해서는 殺傷, 放火, 테러, 殺人 등 무자비한 暴力을 행사하여 테스트를 하는 것이 그들 세계의 일상적 통과의례이다.

대외적으로는 중국과의 관계다. 5월 김정일의 중국의 방문이 소기의 성과를 거두지는 못한 것으로 보인다. 중국은 지원을 약속했지만 립서비스에 그쳐서 당황한 김정일은 타개책으로 일종의 중국에 대한 벼랑끝 외교전술을 강행하였다. 연평도 포격 -한미군사훈련, 그 이후 중국이 가장 혐오하는 서해에 미국 조지 워싱턴 항공모함을 끌어 들여 자신의 요구조건(김정일 청구서)를 강요한 것으로 볼 수 있다. 마치 성격이 못된 아이가 젖을 달라고 물건을 집어던지면서 강짜를 부리면 놀랜 어미가 어쩔 수없이 젖을 물리는 형국인 것이다.

미국과의 관계에서도 협박이 필요하다. 이미 북한은 미국학자 해커소장에게 우라늄 고농축 제조시설을 공개하여 수백개의 원심분리기를 직접 보여주면서 미국측에게 북한의 요구를 수용하지 않으면 3차 핵실험을 하겠다는 메시지가 전달되었다. 마치 골목길에서 무시당한 외로운 깡패가 새로 산 식칼을 들고 돈을 요구하여 사회적 관심과 동정심을 끌면서 뉴패션의 무력시위를 하는 형국이다.

김정일은 남한에 대해서도 무력시위가 필요하다. 이미 남한으로부터 올해 받아야할 물품청구서는 다 받았다. 여름에 남한의 종교지도자가 먼저 기자회견을 하여 인도적 지원을 읍소했고, 이에 발맞추어 좌파방송언론이 "북한에 홍수가 나서 난리가 났고. 북한 어린이들이 굶주림에 허덕인다"는 것을 1주일간 방송했고, 북한인권법의 채택에 그렇게 인색해 하던 여야가 당파를 초월하여 '대북지원 결의'가 국회에서 힘차게 울려퍼졌다. 이것은 G20서울회의가 무사히 마치도록 김정일을 자극하지 않는 苦肉之策의 차원에서였다. 마치 광견병에 걸린 미친 개를 사살하거나 우리에 가두어 두는 조치를 취한 것이 아니라 물리지 않으려고 勞心焦思한 나머지 고기덩어리를 던져주면서 일시적 방편으로 위기를 면한 경우와 같은 형국이 다.

김정일은 천안함 사태에도 불구하고 쌀과 밀가루 등 인도적 차원에서 제공되는 대북물자는 모두 건네 받았다. 이명박 정부는 국제적십자사를 통해 지원했다. 이 대북물자는 대부분 남북협력기금과 남한 기업인들이 후원한 것들이다. 천안함 사고이후 남한의 격노한 우익애국인사들의 대북지원 반발에도 불구하고, 남한 사회의 북한돕기운동은 강행되었다.

그런데 북한은 남한으로부터 정성스런 물건을 받았는데 왜 민간인에 대한 무모한 도발까지 감행했던가? 그것은 남한에 전쟁공포증을 유발하여 더 많은 지원을 하지 않으면 더 큰 재앙을 가져온다는 경고성 도발이다. 북한의 주요 주장은 ① 금강산과 개성관광을 재개, ②6.15와 10.4공동성명을 이행, ③ 쌀 50만톤을 무상으로 지원. 마지막으로 ④ 대북삐라를 중단하라 등이다.

북한은 이미 6월 지방선거에서 짭짤한 재미를 만끽하였다. 휴전선 일대의 유권자들은 물론이고 현역부대에 근무하는 젊은층과 그 자녀를 둔 40대 아줌마들과 젊은 여성층의 전쟁공포증으로 선거구도는 크게 흔들렸다. "1번(한나라당후보)은 전쟁세력, 2번(민주당후보)은 평화세력"이란 대중선동구호가 잘 먹혀들었다.

그렇다면 김정일은 다시 한번 더 크게 남한사회를 흔들어놓을 필요가 있다고 판단했을 것이다. 2012년 대선에서 좌파를 선택하지 않으면 더 큰 慘禍를 불러 일으키겠다는 협박용 메시지가 아닐까? 만약 남한이 대북원조를 정말 중단한다면, 어떻게 할 것인가? 김정일은 이 문제를 위해 가장 고심했는데, 그것을 대비하기 위해서 이번 8월에 중국을 다시 한번 방문하여 중국과의 혈맹관계를 다지면서 철저하게 자신만의 청구서를 요구했던 것이다.

만약 남한이 대북지원을 중단한다면, 김정일은 어떻게 할 것인가? 여기에도 김정일은 대비책을 가지고 있다. 과거처럼 김정일은 남한사회는 얼마든지 자신의 요구대로 핸들링할 수 있다는 뿌듯한 자신감을 보이고 있다. 한번 생각해 보자. 천안함 사고가 터져서 전문가들이 '1번'을 발견하여 북한소행을 밝혔는데도 불구하고, 북한소행이 아니라고 강변하면서 김정일 체제를 두둔한 남한의 지식인들, 종교지도자들, 시민단체들이 얼마나 많았던가?

그러나 김정일이 고려하지 못한 것은 그동안 잠들어있던 남한에서 일어나는 순진하고 착한 대중들의 분노이다. 천안함 사고에서 "설마 북한이 그랬을까?"라고 중얼거렸던 대중들이 연평도 포격을 맞고 정신을 차린 것이다. 이들의 분노가 어떻게 이명박 정부의 대북정책에 투영되어 향후 장기적으로 통일운동에 긍정적 역할을 담당하게 될 것인지 주요 숙제가 될 것이다.

2010. 12. 8

MB가 잃어버린
세 번의 골든 찬스들

2007년 이명박 정부는 보수애국세력의 지지를 등에 업고 530여만표의 압도적인 표차로 집권하였다. 그러나 보수애국세력의 기대치에 미치지 못하는 정치지도력을 연출하고 말았는데, 그 대표적인 예가 2008년 봄 촛불시위시에 나라를 혼란의 도가니로 빠트린 종북좌익을 제대로 척결하지 못했고, 천안함-연평도 사태에서도 과단성이 부족한 리더쉽으로 대북응징에 실패하였다.

I

첫 번째는 2008년 미국산 쇠고기-광우병 파동시 발생한 촛불폭력시위에서 일이 커지기 전에 초기에 시위주동자들을 검거하지 못하여 화를 키운 것이다. 결국 100일동안의 폭력시위로 엄청난 인명피해가 속출했다. 그동안 이명박 대통령은 청와대에서 꼼짝도 못하고 칩거하였다. 청와대 앞산에 올라 시청앞 광장을 빨갛게 물들인 촛불시위대를 바라보면서 양희은의 인기곡, '아침이슬'까지 불렀다고 전한다.

4월에 들어오면서 북한은 매체를 총동원하여 미국산 쇠고기=광우병 선전선동을 열심히 했다. 촛불시위가 걷잡을 수 없이 불법폭력시위로 확산된 배경에는 종복세력의 선전선동이 있었다. 그 과정에서 흥분한 시민들이 가세했고, 유모차까지 동원되어 공권력의 정당한 행사를 공격했다. 수십여명의 죄없는 경찰과 의경들이 모욕을 당하고 쇠파이프에 맞으면서 동네북이 된 것이다. 그동안 대통령은 진압에 대한 어떤 조치도 취하지 않았다. 이 대통령은 대국민사과를 하기까지했다.

만약 서울과 경기지역에 계엄령을 선포하였다면 민간인과 경찰들의 사상자를 줄일 수도 있었을 것이다. 촛불시위가 마감되었을 때, 이명박 대통령은 가락시장의 경찰병원을 방문하여 부상당한 전경을 위로한 것이 그가 할 수 있었던 대책의 전부였다. 이렇게 해서 촛불시위를 주동했던 종북좌파의 소탕작전에 실패한 것이다. 그리고 청와대에서는 중도실용주의의 변함없는 재천명이 있었다.

II

두 번째로, 천안함 사고이후에 보여준 우유부단한 태도로 인해 대북응징의 절호의 기회를 잃었다. 2010년 3월 26일, 칠흑같이 어두운 서해안에서 천안함이 북한 어뢰의 매복 공격을 받아 불과 10분도 되지 않고 침몰하였다. 선전포고 없는 도발이었다. 그 과정에서 46명의 젊은 해군장병이 전사하였고, 수십명의 부상자가 발생하였다. 사고초기부터 국방부에서는 천안함 사고가 북한소행이라는 보고서를 청와대에 올렸을 때 조치도, 청와대는 제재조치를 전혀 발동하지 않았다. 그 이유는 작년 가을부터 남북정상회담 증후군이란 몹쓸 병에 걸려 우유부단하게 주저하다가 화를 키웠기 때문이다. 그러기에 4월초에 당황한 청와대의 초등 대응책이 늦어졌다.

김태영 국방장관이 참석한 천안함 사고를 밝히는 국회청문회에서조차 "함부로 (북한의소행임을) 예단하지 말라"는 쪽지가 청와대 참모를 통해 전달되었다. 5월에 해외의 전문가들까지 불러들여서 북한소행을 밝혀내는데 수천억원의 비용이 들었다. 그리고 잔해인양과정에서 사상자가 발행했다. 많은 국민들은 종북좌익의 선동에 넘어갔다. "설마 김정일이 그렇게 잔인한 만행을 했을 리가 있나?"

천안함 사고가 북한의 소행이 밝혀지면서, 5월 24일, 이명박 대통령은 전쟁기념관에서 눈물을 흘리면서 보복응징을 다짐했다. 천안함 사태와 관련해 대국민담화에서 이 대통령은 "앞으로 북한의 어떠한 도발도 용납하지 않고 우리 영토에 무력 침범시 즉각 자위권 발동을 하겠다고 경고했다. "천안함 사태로 우리의 중도실용주의 기조가 흔들리는 인상을 주어서는 안된다. 천안함 사태를 계기로 분단된 국가상황에서 국가 정체성을 더욱 확립할 필요가 있다." 5월 31일, 청와대 수석비서관 회의 '에서 이명박 대통령이 한 말이다. 나중에 밝혀졌지만, 중도실용주의로 국가안보를 지키겠다는 약속은 곧 공수표로 드러나게 된다. 그 뒤 가을에 한국정부는 유엔까지 가서 북한소행을 밝히고 국제사회에서 우리의 처지를 알렸다. 그런데 그리고 난 뒤에 유엔에서 도발규탄 발표가 마지막으로 갑자기 "상황 끝"이 되었다. 중국의 방해로 북한이란 명칭도 넣지 못하였다. 이렇게 대통령의 5.24 보복응징 약속은 공염불(空念佛)이 된 것이다.

이런 조짐은 여름에 있었다. 한 여름철 갑자기 방송에서 북한에 홍수가 났다고 연달아 보도가 있었고, 이에 호응하여 성직자들이 북한돕기의 필요성에 대한 기자회견이 줄줄이 이어졌고, 다시 방송언론이 그 기자회견 내용을 대서특필하면서 북한에 홍수가 났다고 난리법석을 떨었다. 이에 한나라당의 안상수 의원이 원내대표가 되면서 첫 일성(一聲)이 "북한에 쌀을 보내야한다"고 해서 대북지원의 마지막 마침표가 찍어졌다. 나중에는 결국 쌀과 밀가루를 북으로 보냈다.

이런 뒤죽박죽 현상은 보수우익을 어리둥절하게 만들었는데, 왜 그랬을까? 그 이유는 G20서울대회를 유치하는데, 김정일의 테러위협에 직면하여 그를 달래기 위한 苦肉之策이었던 것이다. 추측하건대, 안상수의 발언은 청와대와의 사전교감이 이루어졌을 것이다. 국회에서 북한인권법 통과에 그토록 인색하던 민주당-민노당 야당의원들도 대북지원에는 얼씨구나 좋다고 합세하면서 여야 만장일치로 대북지원이 통과되었다. 천안함 사고로 격앙된 국민정서로 인해 대북지원의 명분찾기에 고심한 통일부의 대북지원 방안은 국제적십자사를 통한 인도주의적 지원방식이었다.

한편 천안함 사고이후, 사퇴압력에 시달리던 김태영 국방장관은 대북제재에 착수했다. 제재의 일환으로 대북삐라 살포와 전방에 확성기를 통한 대북방송을 재개하는 것이었는데, 북한측에서 "만약 방송을 재개한다면 미사일로 포격하겠다"고 엄포를 놓았다. 겁에 질려 난처한 지경에 빠진 한국군 군부는 청와대와 주한미군사령부의 눈치를 보지 않을 수가 없게 되었다. 이 과정에서 청와대와 미군의 반대가 있었다. 주한미군사령관은 전방(前方)을 방문하여 반대의사를 표명하였다. 북한측을 자극하게 된다는 것이었다.

전방의 대북방송 재개는 김정일이 가장 두려워하는 것 중에 하나다. 노무현 정부시절, 이종석이 NSC 사무처장으로 근무를 할 때, 철거명령을 한 이후 전방에서 남북화해의 명분으로 사라졌다. 휴전선일대에서 국군의 대북방송을 듣고 탈영하는 북한군 출신들이 상당수가 되어 김정일과 북한군부가 골머리를 앓고 있었는데, 대한민국이 스스로 대북심리전을 포기했으니 앓던 이가 빠진 것이다. 원래 철거노력의 시작은 김대중 정부로 거슬러 간다. 2000년 6월, 김대중 전 대통령이 평양을 방문했을 때, 그가 보디가드나 비서관도 대동하지 않고 홀로 45분

정도 김정일의 리무진을 타고 순안공항에서 평양까지 가는 과정에서 김정일과의 밀담(密談)에서 김정일이 한국대통령에게 강력하게 요구한 것 중의 하나라고 전해진다.

북한의 협박에 대한 대책이 없었던 것은 아니다. 우선 대북확성기에 김일성과 김정일의 대형사진을 걸어놓을 것, 두 번째로 만약 포격하면 평양의 김일성 동상을 폭격하겠다고 응전(應戰)했어야했다. 그러나 이 대통령은 아무런 추가 조치도 취하지 않았다. 오히려 쌀과 밀가루 등 대북지원이 재개되는 기현상이 벌어졌다.

III

세 번째, 연평도 포격시 역시 대북응징에 실패했다. 2010년 11월 23일 북한군에 의해 대낮에 연평도 포격을 당했다. 불과 천안함 사고의 발생 8개월만의 참화다. 해병대 2명과 민간인 2명이 사망했고, 수십명의 부상자와 1300여명의 피난민이 발생하였다. 준전시상황이 된 것이다. 6.25동란이후 북한군이 남한의 민간인들에게 정면으로 포격을 감행한 것은 처음 있는 일이었다. 이 당시 연평도가 포격을 당할 시에 민간인 관광객들이 근처에 있었고, 연평도 포격참사는 텔레비젼을 통해 실시간 방영되었다. 천안함 사고에서 북한의 소행임을 믿지 않았던 순진한 국민들은 이제 김정일의 만행에 분노하였다. "이럴 수가 있나?"

이 때에도, 이명박 대통령은 즉각 보복을 명하지 않았다. 5월 24일 전쟁기념관에서 행한 대국민 약속은 지켜지지 않았던 것이다. 11월 23일, 그 당시 한국공군의 최신예 공군기 F-15, F-6 전투기 8대가 연평도 상공에 떠서 북한군 포대에 대한 폭격 명령을 기다리고 있었다. 사정거리가 긴 고성능유도폭탄과 미사일을 장착하고 있었다. NLL을 넘을 필요도 없이 한국영공에서 발사, 적 진지를 불바다로 만들 수 있는 무기였다. 그러나 합참의장의 최종결정이 미루어지고 조종사 K 중령(가칭)은 부들부들 떨리는 손가락을 진정시킨 체 기수를 남쪽으로 돌리고 말았다. 폭격에 대한 청와대의 최종 재가가 떨어지지 않았던 것이다. 북한군 포대는 물론 차제에 서해안에 준동하는 북한 잠수함 기지를 폭격할 수 있는 절체절명의 골든 찬스를 놓친 것이다. 이 와중에서 "확전(擴戰)이 되지 않도록 하라"는 청와대 지침서가 있었다는 사실이 후일 김태영 국방장관의 입으로부터 새어 나오면서 여론이 극도로 악화되었다. 이명박 대통령은 분노를 표출하면서 "앞으로 또 이와 같은 도발을 한다면, 강력하게 응징하겠다"고 국민들에게 약속했지만, 그런 강력한 지도력을 보일수 있을런지 의문이다.

IV

만약 공군 조종사 'K중령'이 상부의 명령에 불복하고, 북한 포대와 북한 잠수함기지를 폭격한 후 귀환했으며, 향후 어떤 일이 벌어졌을까? 그는 귀환즉시 항명죄(抗命罪)로 구속되어 군법재판에 회부되었을 것이다. 그러나 그는 보수언론에 의해 애국심의 표상이요 국민적 영웅이 되었을 것이다. 그가 구속된 감방에는 면회를 신청하는 애국지사들의 면담요청이 쇄도할 것이고, 석방을 요구하는 국민들의 항의집회와 기자회견이 봇물을 이룰 것이다. 애국시민들의 감방지원에 힘입어 그는 추운 겨울을 차가운 감옥소에도 지내는 것이 아니라 따끈따끈한 특실에서 생활하면서 조사를 받게 되는 영광을 누릴 것이다. 간수는 존경의 표시로 그에게 경례를 부칠 것이다. 군사재판정은 그에게 명령불복종죄를 적용하여 징역 2년에 예편조치를 취할 것이다. 그러나 여론의 열화같은 반발에 의해 대통령은 1년뒤에 8.15광복특사로 감형을 하게 되어 풀려날 것이고, 그는 국민적 영웅이 되어 전국에 안보강연을 하게 될 것이다. 그는 김정일 독재체제의 타도와 북한 해방을 위한 선구자로 부상할 것이다. 2012년에는 국회의원에 출마하여 당당하게 여의도에 입성하게 될 것이다.

만약 K 중령의 명령불복종, 항명포격으로 인해 북한측에 막대한 군사적 피해를 입혔다면, 김정일에게 북한의 무모한 무력도발은 엄청난 대가를 치를 수밖에 없다는 강력한 메시지가 전달되었을 것이다. 그러나 아무런 보복조치도 일어나지 않았다.

이렇게 해서, 이명박 대통령은 자신에게 찾아온 종북좌파의 척결과 대북응징이라는 세 번에 걸친 골든 찬스를 모두 잃어버리고 말았다. Business Politician의 단점과 한계가 명확하게 노출된 것이다. 3년이 지나면서 4대강사업과 경제자원 및 스마일외교에 골몰한 경제대통령의 안보대처 능력의 무기력함과 무능력이 여지없이 노출된 것이다.

다만 일말의 위로가 있다면 정신이 번쩍 든 이명박 대통령이 부지런히 전방을 방문하면서 "앞으로 또 도발하면, 강력하게 응징하겠다"를 반복적으로 강조하면서 정신무장을 독려하고 있다는 점이다. 말만 앞서면서 행동을 제대로 보여주지 못하는 대통령의 딱한 모습을 바라보는 국민들의 분노한 마음은 시커멓게 타들어가고 있다. "도대체 우리는 누구를 믿고 살아야하나?"

2010년 12월 24일

천안함-연평도 도발과
종북좌익의 동향

I

2010년은 특히 천안함 암습과 연평도 포격이라는 김정일의 두 차례에 걸친 무력도발이 자행된 주목을 요구하는 해였다. 천안함 사고는 김정일이 치밀하게 계산한 그대로 한국사회에 전쟁공포증을 유발하면서 심각한 남남갈등을 유발시켰다. 그 사고가 북한 소행이 아니라고 우기는 국민들이 20-30%에 달했다. 전쟁공포증이 확산되면서, 6월선거에서 노무현 잔존세력들은 과거 운동권 주사파 출신들이 강원도, 충청도, 경남 등 도지사 경선에서 승리를 낚아 채었고, 그들은 폐족(廢族)이 된 것이 아니라 오히려 화려하게 부활하였다. 이제 그들은 지방행정을 장악하게 되었다. 그들의 입에서 이구동성으로 북으로부터의 예상치 않았던 지원사격에 대해서 "생큐 김정일"이란 말이 나올만하다.

그러나 연평도 포격은 백주대낮에 벌어지면서 주변의 관광객들이 현지에서 목격하였다. 텔레비전 화면에 실시간 현장에 방영되었다. 텔레비전앞에서 선 국민들에게 그만큼 큰 분노와 충격으로 다가섰다. 여론조사에서도 국민들의 분노가 잘 표출되었다. 다만 이런 국민들의 김정일 체제에 대한 公憤을 어떻게 바람직한 통일정책의 에너지로 昇華시킬 수 있는가라는 점에서 집권당과 정부는 큰 과제를 안게 되었다.

천안함 사고-연평도 포격이란 준전시상황에서 막대한 희생을 통해 국민들은 여섯 가지 값진 교훈을 알게 되었다. ① 한반도의 냉전은 결코 끝나지 않았다는 점, ② 북한 김정일에게 주는 물자지원이나 알량한 동정심이 아무런 의미가 없다는 점, ③ 김정일의 무력도발을 근원적으로 제거하려면 한반도의 자유민주적 통일을 달성해야한 한다는 시대적 필요성을 절실히 가지게 되었다는 점, ④ 한반도의 자유민주적 통일에 가장 걸림돌이 되는 外勢가 바로 중국 공산당(중공)이라는 점, ⑤ 김정일보다 더 위험한 세력은 내부 분열과 선전선동을 일삼는 종북좌익이라는 점, ⑥ 가장 소중한 것은 역시 한미동맹이 한국의 튼튼한 버팀목이라는 점 등을 새삼 깨닫게 된 것이 큰 소득이다.

그런 점에서 이번 연말에는 우익도 김정일에게 고마움을 표하는 "생큐" 연하장 카드라도 보내야하지 않을까? 물론 그를 존경하고 숭모해서가 아니라, 그의 무력도발로 인해 국민들에게 해이해질 대로 해이해진 안보의식을 깨워준 결과를 가져오는 데 큰 공헌을 했기 때문이다. 아마도 2011년 새해를 맞이하여 김정일은 남한의 적들과 동지들로부터 일생일대에 가장 많은 보이지 않는(invisible) 크리스마스 카드와 새해 연하장을 받았을 것이다.

II

천안함 사고이후 한국사회에서 나타난 볼거리 진풍경은 종북좌파들의 김정일에게 대한 충성경쟁(忠誠競爭)이다. 그들은 각양각색으로 "북한 소행이 아니다"라고 악을 쓰면서 김정일에게 일편단심의 충성경쟁을 멈추지 않고 있다는 점은 한국사회의 '비극적 코메디'이다. 진보연대의 상임고문인 한상렬 목사는 평양에 불법으로 월북하여 70일동안 체류하면서 이명박 정부의 대북강경책을 맹비난하여 김정일과 그의 북한 권력층으로부터 환대와 박수갈채를 듬뿍 받으면서 북한의 대변인 노릇을 자청하였고, 한국사회에서 가장 거대한 조직을 자랑하는 좌편향 참여연대는 유엔에 영문사찰을 보내어 천안함 사태가 북한소행이라는 점에 의문을 제기하여 마치 자기집안에 화재가 났는데, 불을 끄기는커녕 부채질하는 추태를 연출하였다.

또 다른 좌파시민단체들은 무슨 돈과 시간이 그렇게 많은지 미국교포들에게 영문 팜플렛을 돌리면서 천안함 사고가 북한소행이 아니라고 강변하면서, 이명박 정부의 대북강경책을 철회할 것을 선전선동하여 교포사회에 이맛살을 찌푸리게 만들었다.

대낮의 연평도 포격이 북한 포대에서 나온 것이 명백하였기에 종북좌익들은 당혹감에서 '침묵모드'로 전환하였다. 천안함 사고에서 (북한 소행이) 아니라고 우겼던 것과는 달리, 그들은 북한 소행이 아니라고 강변하지는 않았다. 냉정을 되찾은 그들은 주장을 조금씩 바꾸고 있다. 종북좌익은 "북한이 무력도발을 했지만, 그 근본원인은 이명박 정부의 대북강경책에 있다"고 변형된 주장을 개진했다. 그들의 논지에 의하면, 김대중-노무현 정부시절에는 북한이 이런 무력도발을 안했다. 왜 이런 참극이 벌어졌는가? 그 이유는 현 이명박 정부가 햇볕정책의 계승을 거부하고 대북적대정책을 추진하였고, 대북지원액을 현저히 줄였고, 6.15-10.4공동선언의 이행에 성의를 보이지 않았기 때문이라는 등의 궤변을 늘어놓았다.

"대북강경책과 군사훈련 등 호전적 대북 스탠스가 능사가 아니다. 오히려 전쟁위기를 부추기고 있다. 전쟁이 일어나면 북한과 김정일은 이산사판으로 잃을 것이 거의 없다. 더 큰 인명과 물적 손해는 남한사회가 본다. 서울이 불바다가 되고 대한민국이 더 엄청난 손해를 입게 되므로 어떤 식으로든지 전쟁을 막아야한다.”

이런 논리는 마치 길거리 깡패가 아무리 물건을 부수고 살인을 하고 행패를 부려도 감정을 절제하고 인내심과 자비심을 발휘하여 대화하고 달래고 그가 좋아하는 물건을 많이 가져다 주고 잘 부드럽게 설득하라는 식이다. 이렇게 하여 스스로를 평화세력으로 자청한 종북좌익들은 이명박 정부와 집권당이 마치 전쟁세력인양 국민들에게 선전선동으로 몰아가고 있는 형국이다. “한반도에 전쟁을 막으려면 장차 선거에서 자신들이 집권할 수 있도록 도와 달라”는 대국민 메시지가 강하게 담겨있다.

III

그러나 김대중-노무현 정부 시절에 왜 북한의 김정일은 무력도발을 자제했는가를 정확하게 알 필요가 있다. 평생동안 학력콤플렉스에 시달렸던 김대중은 집권하자마자 노벨평화상에 대한 노욕(老欲)을 자제할 줄 몰랐다. 결국 무리한 평양행을 추진하는 과정에서 김정일에게 국가정보의 중추기관인 국정원을 동원하여 현찰로 비밀리에 갖다 주었다.66) 소름끼치는 일이다. 또 금강산관광을 개발하여 막대한 입산료(1인당 30만원을 달러화로 환산하여 김정일의 비밀구좌에 입금하는데 비용은 정부가 마련한 남북협력기금에서 지원함)를 통해 정기적으로 상납하는

---

66) 전 국정원 직원 김기삼이 쓴 <김대중과 대한민국을 말한다>(비봉출판사, 2010)에서는 김대중이 갖다 준 달러가 5억달러가 아니라 무려 15억달러라고 폭로하고 있다.

달러박스로 만들어 주었다.

노무현 정부시절에는 한미동맹 해체작업이 본격화되어서 미2사단을 전방에서 후방으로 빼돌리는 작업이 진행되었으며, 노무현 대통령 자신이 '자주국방'의 구호를 내걸고 워싱턴을 방문하여 2012년까지는 전작권의 회수에 발 벗고 나섰다. 또 NSC 사무차장 이종석은 전방의 대북방송을 철거하도록 강요하였다.

또 노 대통령은 10.4공동선언에서 아무런 부대조건이나 상호주의의 원칙도 없이 '민족공조'의 정신에 입각하여 "북한 경제가 남한 경제와 대등하도록 대한민국이 지원한다"고 서명하여 한국의 막대한 재정 부담을 떠 앓으려고 했었다. 또 NLL을 공동수로지역으로 개발하도록 명시하여 이것을 시행하지 않을 경우에 스스로 분쟁지역하는 구실을 만들어주고 말았다. 그렇다면, 종북좌익들은 이미 고인(故人)이 된 김대중-노무현 두 인물의 '친북'정신과 '친북'정책을 계승하겠다는 것이 아닌가?

이렇게 김대중-노무현 좌파정부 시절에는 북한 김정일이 요구하는 대로 쌀을 달라고 하면 쌀을 주고 비료를 주라고 하면 비료를 주면서, 아무런 부대조건(시장개방 조치, 납북자와 국군포로의 교환 등)도 없이 퍼주었고 한미동맹도 자발적으로 해체하겠다고 했으니, 김정일은 알아서 조공(朝貢)을 갖다 바치는 남한의 좌익정부를 지원하기 위해서라도 무력도발을 할 아무런 필요성을 느끼지 않았던 것을 당연지사였다. 이렇게 대한민국으로부터 받은 천문학적인 달러현찰과 엄청난 물자(쌀, 비료, 옥수수, 컴퓨터, 시멘트, 철재류, 목재, 포크레인, 차량, 소떼 수천마리, 신종감기약 타미플루)를 통해서 김정일은 군용식량을 비축하면서 핵개발과 미사일 등 군사력을 증강시킨 것이다. 그러므로 햇볕정책은 북한의 전쟁도발의지를 강력하게 만든 이적행위를 한 꼴이 되고 말았으니, 결국 햇볕정책의 지지·옹호자들은 평화세력이 아니라 전쟁유발세력으로 보아야 할 것이다.

후안무치(厚顔無恥)한 그들은 과거의 실책에 대한 사과나 반성도 없었고 역사적 진실에 대해서 인정이나 연구도 전혀 없었다. 햇볕정책으로 대한민국의 안보가 벼랑 끝으로 몰렸는데도 불구하고, 민주당과 민노당 수뇌부들은 연평도 사격훈련이 마치 전쟁을 유발하는 것처럼 난리법석을 떨었다. 이에 뒤질세라 12월에 들어서면서 종교인들과 좌익시민단체들이 앞장세워 기자회견을 자청하면서 "평화수호, 전쟁반대"의 구호가 요란하게 등장하였다. 북한의 도발을 규탄하는 것이 아니라 정부의 대북 강경의지를 나무라고 있다. 가해자를 나무라는 것이 아니라 피해자를 야단친다. 또 그들은 방어용 군사훈련도 못하게 중국과 북한의 주권침해에 대해서 항의하기는커녕 함께 부화뇌동(附和雷同)하는 깽판식 굿판을 벌리기도 했다. 심지어 어느 가톨릭 신부는 "이명박 대통령이 환경을 파괴하고 전쟁을 일으키려하니까 퇴진시켜야겠다"고 요구하는 기도를 올리는 경우까지 생기면서 종교의 진정한 역할이 무엇인지 심각한 회의가 생기게 된다.

과거 한나라당의 중진이었고 경기도지사를 역임했던 손학규 민주당대표는 북한의 연평도도발을 규탄하는 강력한 의지를 담은 국방부의 군사훈련을 비난하면서 마치 그럴 듯하게 포장된 한반도의 평화를 논하는 것 같은 태도를 보였다. 이것은 잘못된 정치 행태이며 소인배적인 처신이라 아니할 수 없다. 안보 앞에서는 여야가 대립과 분열을 허용해서는 안된다는 원칙은 동서금의 진리다. 고래로 평화의 유지는 굳건한 안보태세와 강력한 국방력이건만, 종북좌익들은 김정일이 요구하는 대로 대화해주고 대북지원을 재개하라고 하면서 김정일의 '나팔수' 역할을 자임해 나섰다. 그러면서도 그들은 김정일의 무력도발을 규탄하거나 아무런 죄도 없이 죽어간 사상자에 대한 유감의 촛불을 들지는 않고 외면한다. 또 북핵 개발도 미제국주의의 침략에 대응하기 위한 자위용으로 치부한다. 그들은 북한의 열악한 인권상황과 수령독재체제에 대해서 아무런 비판도 하지 않으면서 대한민국의 자유민주주의하에서는 온갖 불평불만을 늘어놓는다.

IV

종북좌익세력을 어떻게 처리할 것인가? 시대정신을 구현하기 위해서는 마땅히 해결해야할 이 시대의 과제가 아닐 수 없다. 그러나 90년대 이후 거미줄처럼 좌파네트워크가 구성되어 일망타진이 거의 불가능하다. 이미 '形骸化'가 된 국가보안법 조문을 열심히 연구하여 검찰과 경찰이 안보위해사범으로 구속·기소해도, 사법부에서 좌익판사들의 "땅, 땅, 땅" 무죄를 알리는 '좌경판결'이 속출(續出)하고 있다. 그러니 종북좌익은 배후에 든든한 사법부의 우군(友軍)이 버티고 있으니 더욱 신바람이 나서 친북행각을 되풀이 할 수밖에 없는 악순환으로 이어지고 있다. 여기에 다가 김대중–노무현 좌익정부 시절부터 정부와 기업으로부터 짭짤한 자금을 지원을 받아서 엄청나게 덩치가 커졌다.

사태가 이 지경에 처했는데도, 다른 업무에 바빠서 정신이 없는 청와대 지도부는 우두커니 팔짱만 끼고 있다. 이들에 어떻게 해서 이렇게 세력이 커졌는가에 대해서는 오늘날 정치지도층과 지식인들, 그리고 국민들의 철저한 자각과 반성이 있어야할 것이다. 그래야 2011년에는 통일의 원년으로 삼고서 새로운 출발의 도약이 가능할 것이다.

여기서 우리는 종북좌익의 눈치를 보면서 막연하고 추상적인 평화통일이 아니라 자유민주적 통일방식을 분명히 천명해야 장차 혼란을 방지할 수 있다는 점이다. 평화통일은 남북한의 연방제-공산통일도 포함이 된다는 문제를 안고 있다. 무조건 평화적으로 통일한다는 것이 능사가 아니다. 통일을 위해서는 안정적인 남북한의 현상유지정책이 아니라 과감하게 남북한 세력 균형을 뒤흔들 수 있는 현상타파로 나가야한다. 또 통일세를 거두기 이전에, 어떤 가치관과 이념이 담겨있는 통일을 할 것인가가 중요하다. 통일독일의 경우, 강력한 국방력과 국가위해사범들을 단속하면서 내부 결속을 강화한 것이 통일의 지름길이 된 점을 교훈으로 삼아야 할 것이다.
2011.1.1

연평도 포격 사건의 전모(全貌)

사건 개요

북한은 천안함 폭침 이후 8개월만에, 그리고 1953년 정전협정체결 이후 처음으로 대한민국 영토인 연평도에 직접 포격을 감행하여 우리 군장병과 민간인들을 무차별 살상했다. 북한은 2010년 11월 23일(화) 오후 2시 34분부터 서해 연평도에 두 차례에 걸쳐 170여발의 해안포와 곡사포, 그리고 122mm 방사포 공격을 퍼부었다. 황해도 강령군 무도 및 개머리 진지에서 발사된 적의 포탄은 90여발이 해상에, 마머지 80여발이 육상에 떨어졌다. 이들 포탄 중 상당수가 연평도 부대에 떨어졌고, 일부는 주민들이 거주하는 마을에 떨어졌다. 해병대 장병 2명(서정후하사, 문광욱일병)이 숨졌고, 16명의 장병이 중경상을 입었다. 또 해병대 신축공사하던 민간인 두 명이 사망했고, 연평도 주민 4명도 부상을 당했다. 주택 20여채가 화염에 휩싸였으며 곳곳에 산불이 났다. 통신기지국 3개소도 파괴됐으며, 연대본부 지역 유유시설도 전소됐다.

한국군의 대응과 3 가지 의문점들

북한군이 불법 도발을 자행한 이후 우리 군은 교전규칙에 따라 북측에 대응사격 경고통신을 보내고 적 무도 포진지에 대응사격을 실시했다. 잠시 사격을 멈춘 북한군이 오후 3시 12분부터 다시 도발을 재개하자 연평부대는 적 개머리 포진지에 대응사격을 실시했다. 우리 군이 대응한 두 차례의 보복사격은 총 80발에 이른다. 숨 가쁘게 진행되던 북한의 도발관 아군의 대응사격은 오후 3시 41분에 소강상태로 접어들었다.

국방부와 합참은 북한의 도발 직후인 오후 2시 35분부터 위기관리체제를 본격적으로 가동했다. 한미연합사가 위치콘을 2단계 격상하고 북한군의 움직임을 예의주시하면서 24시간 대북 경계태세를 유지했다. 그리고 서부 도서지역과 전방지역 일대에 경계태세 1급을 발령했다. 후방지역도 경계태세 2급을 발령했다. 연평도 일대에는 통합방위 을종사태가 선포되었다.

이와 함께 합동전력 운용을 통한 북한의 추가도발 억제력을 위한 조치도 취해졌다. 공군 전투기를 통한 공중전투 초계 강화 조치와 지대지 유도탄의 대기태세를 강화했다. 또 공군 비상대기전력의 출격태세를 위한 조치가 마련되었고, 서해도에 투입할 수 있는 증원전력도 즉각 출동태세를 갖추었다.

그런데 우리 군의 초기대응을 보고 일부에서는 다음과 같은 세 가지 의문을 제기하였다. ①너무 소극적이었지 않나? ②왜 80여발만 사격했는가? ③그리고 공군 전투기로 확실하게 응징하지 않은 이유가 무엇인가?

그러나 적의 포탄이 떨어져서 포진지에 화재가 발생하고, 그 불길이 탄약고 쪽을 번지자 불길도 진압하고 생존자도 확인해야하는 상황에서 13분만에 첫발을 대응사격한 것은 나름대로 최선을 다했다고 보아야할 것이다. 당시 K-9 자주포는 포사격 훈련을 위해 남서쪽을 향하고 있어서 준비하는데 시간이 걸렸다. 또 북한의 포탄 절반이 해상에 떨어졌다는 점을 감안한다면, 현장 지휘관의 대응수위에 대한 판단력에 무리가 없었던 것으로 밝혀졌다.

가장 큰 의문점은 F-15 등 우리 공군의 주력 전투기가 출격했는데, 왜 공대지 미사일을 발사하지 않고 그냥 돌아 왔는가에 있다. 이것은 유엔사 교전규칙과 관련이 있다. 1953년 유엔사가 만든 교전규칙은 확전방지를 위해 필요성과 비례성, 그리고 UN헌장에 규정된 자위권 차원에서 대응할 수 있도록 했다는 점에 문제가 있는 것이다. 이런 교전규칙은 북한의 무력도발이 발생할 때마다 적절하지 못하다는 논란이 끊임없이 제기되었다. 그러니까 이런 교전규칙을 성실하게 지키는 대한민국 쪽이 피해를 당하도록 되어있다. 김태영 국방부장관은 국회 답변에서 "유엔사와 긴밀하게 협의해 교전규칙을 수정 보완해 나가도록 하겠다"고 밝혔지만, 한반도에서 무력충돌의 확대를 방지할려는 유엔사가 한국측의 입장을 제대로 들어줄지는 미지수다.

북한의 도발 의도는?

이번 북한의 연평도 포격행위는 천안함 폭침과 마찬가지로 대한민국에 대한 명백한 무력도발이다. 특히 무방비 상태인 민간인 거주지역에까지 무차별적으로 포격을 가한 비인도적 만행이자, 유엔헌장•정전협정•남북불가침 합의를 정면으로 위반한 야만적인 폭거이다. 그럼에도 불구하고, 북한은 유엔사령부가 제의한 '유엔사-북한군간장성급회담' 개최도 거부하면서, 오히려 우리 측에 책임을 전가했다. 11월 28일 북한은 당국의 공식 입장도 아닌 조선중앙통신사 논평을 통해 민간인 사상자가 발생한 점에 대해 유감을 표명하면서도, 우리 군이 민간인들을 포진지 주변에 '인간 방패'를 사용했기 때문이라는 억지주장을 폈다.

왜 북한은 국제사회의 비난을 각오하면서까지 의도적으로 이런 만행을 자행했는가? 국방부는 북한의 도발의도를 이렇게 분석했다; ① 서해 북방한계선(NLL)을 무력화하고 서해5도와 인근해역을 '분쟁수역화'하려는 것, ② 한국군의 군사활동을 위축시키고 국민들의 안보 불안감을 증폭시키는 것, ③ 김정은의 지도능력 과시 및 후계체제를 강화하여 내부결속을 유도하려는 것, ④ 국제사회의 대북제제에 대한 불만을 표출하고 극단적

위기 조성을 통한 국면전환용이라는 것 등이다.67) 추가적으로
⑤ '서해5도에 대한 침탈야욕'을 실행에 옮긴 것이다. 그 이유
는 북한은 2007년부터 서해5도 주변의 전력을 대폭 증강했고,
특히 2009년 1월부터 서해5도에 대한 각종 도발행위를 집중해
왔기 때문이다. 북한은 함정과 선박으로 NLL을 2009년에 무려
50회 침범했으며, 2010년에는 11월말까지 93회(서해92, 동해
1)로 급증세를 보였다.68)

연평도가 기습을 당한 이유는?

① 천안함 사태에서와 마찬가지로 우리 군의 대비태세가
부족했다. 북한의 서해5도 포격(2010.8.9)이후에도 정신을
차리지 못했다. 북한은 2010년 8월 9일 호후 5시30분〜6시
14분간 NLL부근에 해안포 110여발을 기습적으로 발사했다.
이 중에서 10여발이 백령도 영내에 떨어졌다. 우리 군은 대
응사격을 하지 않았다. 해안포가 이남지역에 떨어진 것을 최
종 확인한 것이 한 밤중으로 많은 시간이 소요되었기 때문
이다. 北포탄 탐지기를 위해 배치되어 있던 對포병레이더
(AN/TPQ-36)도 고장난 상태였다. 북한은 당시 해안포를
발사한 후 무인정찰기(UAV)로 우리측 지역을 감시했다.

북한이 해안포를 서해 NLL근해에 사격한 것은 휴전이후 처
음이었다. 그러나 우리 군은 이에 대비하지 않았다. 국방부는
서해5도에 다연장로켓(MLRS)과 신형 對포병레이더(ARTHUR)
등을 배치하지 않았다. 현지부대가 실시간 적정정찰(敵情偵察)
에 필요한 무인정찰기(UAV 육군군단에 배치된 송골매)를 보내
지 않았다. 그래서 연평부대는 적이 해안포문을 개방하고 개머

---

67) "북한의 연평도 포격도발과 우리 군의 자세", 『국방일보』 (2010.11.30).
68) 김성만, 『천안함과 연평도』 (상지피엔아이, 2011), p.245.

리 지역에 방사포(122mm)가 다수 배치되는 사실도 모른 채 적의 기습을 당했다. 더구나 배치된 對포병레이더(AN/TPQ-37)는 아예 원천적으로 평사포(敵무도에서 발사된 76mm 해안포)공격을 추적할 수 없는 낡은 장비여서 북한의 1차 공격(무도해안포)을 탐지하지 못했다.[69]

② 우리 군은 정보 분석에도 실패했다. 국방부는 북한이 연평도에 포격을 가하기 전인 11월 23일 오후 개머리진지 주변에 방사포 6대를 배치하는 특이동향이 나타나는 것을 포착했음에도 불구하고 별다른 조치를 취하지 않았다.[70] 연평도에 배치된 K-9자주포와 105mm곡사포 등으로는 해안절벽 동굴진지에 매복된 해안포를 타격할 수 없다. 연평도에서 10~13km 북방에 있는 해안포를 타격하려면 곡사포로는 불가능하고 평사포로 가능하다. 그러나 우리 군은 10~13km 거리의 목표물을 타격할 수 있는 평사포는 가지고 있지 않다. 그러기에 공중에서 전투기에 장착된 공대지미사일로 해안포를 타격해야한다.

③ 우리 군의 작전 지휘부의 고질적인 우유부단성에 있다. 천안함 사태에서 북도발을 철저하게 응징하지 못한 것이 북도발의 고리를 끊지 못한 것이다. 북한의 해안포 발사당시 최신예 F-15K에는 최대사거리 278km의 지상공격용 미사일인 AGM-84(SLAM-ER)과 항속거리 91km인 고속레이더 파괴 공대지 미사일인 AGM-88(HARM) 등이 장착되어 원거리에서 목표물을 정밀 타격할 수 있다. 그러나 우리 합참은 교전규칙 운운하면서 공군기에게 타격지시를 내리지 않아서 아까운 기름만 축내고 회항하고 말았다. 무고한 주민들이 무차별 공격을 받고 있는 상황에서도 합참은 정당한 자위권을 행사하기를 포기한

---

69) 김성만, 앞의 책, p.236.
70) "대북억제력을 보다 확고하게 피워야한다", 『군사저널』(2010년 12월호),p.12.

것이다.

그렇다면 노태우 정부시절에 한미연합사로부터 환수 받은 平時 작전통제권은 언제 또 얼마나 북으로부터 얻어터져야 사용할 것인지를 묻고 싶다. 스스로 자위권도 제대로 행사하지 못하는 우유부단한 것이 우리 합참의 '고질병'이라고 할 수 있다.

④ 북한의 전자전에 대한 대비가 미흡했다. 북한이 이미 2010년 8월 23~25일에 서해 일부 지역에서 전파방해공격(EMC) 등 전자전을 연습한 정황이 포착되었다. 그러나 국방부는 아무런 대응책을 마련하지 않았다. 여기에서 군 지휘부의 무기력과 안이한 대북자세를 엿볼 수 있다. 연평도 포격 초기 對포병레이더가 먹통이었던 이유가 북한의 전자전 때문이었다는 분석이 나왔다. 그래서 국방부는 연평도 포격 도발이후에서야 전파방해능력을 갖춘 아서(ARTHUR)급 對포병레이더를 배치했다고 한다. '소 잃고 외양간 고치는' 격이 아닐 수 없다.

천안함 비극이후에도 합참을 포함한 군 지휘부의 우유부단성은 개선된 것이 전혀 없다. 이명박 대통령은 천안함 침몰에 대한 대국민담화(2010.5.24)에서 "북한이 우리의 영해·영공·영토를 침범한다면 즉각 자위권을 발동할 것"이라고 천명했었다. 대통령의 이런 천명은 안타깝게도 6개월만에 공수표(空手票)가 되고 말았다. 이래서야 어떻게 국민들이 정부와 국군을 믿고 안심하고 生業에 종사할 수가 있나?
2011.1.20

제 3부
임박한 김정일의 최후

2011년 북한의 신년공동사설과
대남전략 전망

2011년 1월초 북한은 당보·군보·청년보 명의로 신년 공동사설을 발표하였다. 북한은 전통적으로 새해를 맞아 김일성이 육성으로 신년사를 발표해 왔으나 그가 사망하면서 신년사를 공동사설로 대처해왔다. 지난 1월1일자로 발표된 공동사설도 예년과 같이 지난 1년간의 성과를 평가하고 새해의 정책 및 대남투쟁노선의 방향을 밝힌다는 점에서는 비슷한 모습을 보인다.

공동사설은 고도의 추상성을 유지하고 있기 때문에 구체적 내용을 확인하기가 힘들다. 그러나 사설의 전개 방식과 내용 구성을 분석해 보면 어느 정도 북한이 처한 실상과 대내외적 정책 방향을 예측해볼 수 있으며, 이에 따른 남북관계도 전망할 수 있다.

북한의 공동사설은 2011년 정책적으로 추진해야 할 대내의 역점 사업을 분야별로 골고루 언급하고 있지만, 정치·경제 부문에는 주목할 내용도 포함되어 있다. 정치적으로는 이른바 ①'강성대국' 건설과 ②김정은 후계체제를 구축하기 위한 기반 조성에 역점을 둘 것으로 보인다. 북한은 김일성이 태어난 지 100돐이 되는 내년을 강성대국 건설의 목표 연도로 설정한 바 있으며, 올해를 강성대국 건설을 위한 '총공격전의 해'로 규정하면서 주민들을 독려하고 있다. 후계체제에 대해서는 당의 업적을 '계승완성'해 나갈 수 있는 '근본담보'가 마련되었다고 하는 등 김정은의 권력 세습을 은연중에 암시하고 있다. 이는 올해 김정은 체제의 구축도 역점 사업이 될 것임을 시사하고 있다.

경제적으로는 경공업 발전과 지하지원 개발이 중점적으로 강조되고 있다. 사실 강성대국을 건설하고 3대 세습 체제의 안착을 위해서는 가시적 성과가 뒷받침되어야 하며, 그 성과는 궁극적으로 경제적 성과에 달려 있다는 점은 당연하다. 북한은 올해 공동사설의 제목이 그러하듯이, 경공업의 발전을 강조하고 있다. 그러나 경제회복을 위한 전망이 여전히 암울하다는 점이다. 여전히 식량문제가 해결되기 힘든 상황에서 성과를 기대하기 힘들기 때문이다. 공동사설은 올해를 경공업의 해로 그리고 경공업 발전을 '올해 총공격전의 주공전선'으로 규정하고 있다. 그래서 경공업 발전에 대한 강조는 농업 부문을 강조하기 보다는 주민의 관심을 분산시키면서도 총화단결을 이끌어내려는 메시지를 전달하려는 의도라고 볼 수 있다.

북한은 강성대국 건설의 목표 연도를 한해 남겨둔 상황에서 마땅한 수단이 없다는 점이 북한의 딜레마라고 할 수 있다. 공동사설은 여전히 '자력갱생의 원칙'과 '당의 영도적 역할'을 제시하면서 경제건설을 독려하고 있지만, 내부자원 동원능력이 한계에 도달한 상황에 처해 있다. 유일한 해결수단은 북한이 외부(특히 중국과 러시아 및 한국)로부터 자본과 물자를 도입할 수밖에 없다. 공동사설에 나타난 바와 같이 지하자원을 수출하여 외부 자원을 동원하려는 전략은 북한이 처한 곤궁한 최악의 상황을 잘 보여 주고 있다.

북한은 자신들이 처한 난국을 타개하기 위해 대한민국을 활용하려는 정책을 추진해 왔으며, 올해도 예외가 아닐 것으로 보인다. 공동사설을 보면 북한은 우리의 대북지원을 얻기 위해 강·온 양면책을 구사할 것으로 보인다.

북한은 공동사설을 통해 대화와 교류협력을 촉구하고 있다.

표면적으로 보면 북한이 유화적 자세를 보이고 있으며, 이에 따라 남북관계도 개선될 것이라는 전망도 가능하다. 지난해 개최된 이산가족 상봉 행사를 전적으로 자신들의 애국·애족적 노력으로 선전하면서 남북간의 '대결상태를 하루빨리 해소'해야 하며 '대화와 협력 분위기를 조성'하고 '자유로운 내왕과 교류를 보장'해야 한다는 주장이다. 이런 주장을 얼핏 보면 대남전략은 도발과 긴장 조성 등 강경책에서 대화와 협력 등 유화책으로 전환할 것처럼 보인다.

그러나 북한의 대남 대화 제의는 진정성이 있다고 보기 힘들다. 그 이유는 두 가지로 볼 수 있다. 첫째로는 우리 정부를 여전히 '전쟁 하수인, 반통일 대결광신자'로 매도하는 등 비난을 지속하고 있기 때문이다. 우리의 인명과 재산을 앗아간 천안함 폭침(2010.3.26) 및 연평도 포격사건(2010.11.23.)에 대해 일체 언급을 회피하고 있을 뿐만 아니라, 핵문제에 관해서도 상투적인 '비핵화 실현 의지'만을 언급하고 있을 뿐 진전된 입장은 전혀 보이지 않고 있다. 결국 북한의 대화제의는 우리를 진정한 '대화의 파트너'로 보는 것이 아니라 일방적으로 자신들의 이익을 추구하려는 '이용'의 대상으로 삼고 있음을 보여주고 있다.

둘째로는 '남남갈등'을 유발함으로써 자신들에게 유리한 정책 전환을 유도할 것으로 보인다. 우리 국민을 선동하고 내부분열을 일으켜서 대북유화정책으로 전환시키려고 광분하고 있다. 이것은 간접적 압박의 한 형태라고 할 수 있다. 원래 공산독재체제인 북한은 대내적으로 '계급적 단결'을 강조하여 사회적 안정을 유지하려 했지만 대남통일노선에서 '민족적 접근'을 점차적으로 강조해왔다. 특히 2000년대에 들어오면서 '민족끼리'나 '우리끼리' 등의 슬로건으로 인터넷매체를 총동원해서 우리 사회에 感性的으로 접근해왔다. 북한은 공동사설을 통해 애국·애족의 판단기준으로 '민족 중시' 여부를 제시하면서, '외세와의 공조는 亡國의 길'이며 '정의의 애국투쟁에 총궐기'해야 한다고 선동하고 있다. 여기에서 외세란 다름 아닌 미제(미국제국주의)를 말하며, 애국투쟁이란 주한미군의 철수를 위해 투쟁해 달라는 뜻이다.

북한의 이런 입장은 상호 비방 및 내부 문제 불간섭을 규정한 남북간 합의를 정면으로 위반하는 것이다. 진정한 남북관계 개선을 추구한다면, 우리 사회의 분열을 선동·조장하려는 비열한 대남모략 선전선동을 즉시 중단해야 할 것이다.

결론적으로 요약해 보면, 북한은 공동사설을 통해 한편으로는 대화와 협력을 강조하는 등 어느 정도 유화적 제스처를 보이고 있지만. 여전히 우리 정부를 비난하고 우리 국민에 대한 선동을 지속하고 있다는 점에서 2중성으로 보이고 있다. 즉 남북관계는 2011년 올해도 결코 순탄치 않을 것으로 전망이 된다. 우리는 북한의 의도를 면밀히 분석하면서 남북관계의 속도를 조절할 필요가 있으며, 또 한편으로는 북한의 긴장조성과 사회혼란 조성에도 긴장태세를 늦추어서는 안되겠다.

2011. 1. 15

2011년 안보상황과
在鄕軍人會의 자세

I. 급변하는 한반도를 둘러싼 안보환경

2011년 신묘년의 새아침이 밝아온 대한민국의 안보상황은 참으로 수많은 안보현안에 마주치고 있다. 가장 중요한 안보현안은 북한의 무력도방의 방지 및 대응책, 북핵개발 억지 및 인권문제, 급변사태에 따른 중국의 한반도 군사개입 문제, 소말리아 해적으로부터 한국선박을 보호하는 원양해군의 증강문제, 미국 중심으로 韓日 양국 간 安保협력 강화필요성 등으로 요약될 수 있다.

동북아 정세의 불안정은 1989년이후 소련 및 동구 공산권이 붕괴되면서, 사회주의권의 헤게모니가 중국으로 넘어왔고, 그 과정에서 북한이 핵개발을 강행하면서 초래되었다. 즉 동북아에서 미국을 주축으로 한 기존의 미국헤게모니가 흔들리고 세력균형의 변화가 곳곳에서 감지되고 있는 것이다. 그 돌발변수는 중국의 부상이고 북한의 핵무장이다. 여기에 東北아시아에서 열강간에 안보(安保)·인권(人權)·경제(經濟) 3대 현안이 얽히고 설키면서 더욱 복잡한 정세가 연출되고 있다.

中日 간 센카쿠(尖閣) 열도(中國名: 조어도-釣魚島)를 둘러싼 영토분쟁은 군사적 충돌 일보직전까지 갔고 일본정부의 굴복으로 끝난 듯 하지만, 일본국민의 반중(反中) 정서를 강화시켜 대비책에 올인하게 할 가능성이 높다. 또 러시아 대통령이 북방 4개섬 중 최남단 도서 쿠나시르(日本名: 구나시리-國後)를 돌연 방문, 일본열도를 경악과 분노 속으로 몰아넣었다. 미국의

반응은 지금까지 동북아 영토분쟁에서 중립적이고 자제력을 견지해 오던 태도와는 달리 中러와의 영토 분쟁에서 일본 입장을 지지하고 나섰다. 더 나아가 이 해역에서 美日 합동군사훈련도 계획 중인 것으로 알려지고 있다.

그래서 그런지 3차대전의 징후는 유럽이 아니라 동아시아라는 학자들의 견해가 제기되고 있다. 동북아 영토분쟁에서 미국이 일본의 입장을 지지하는 배경으로서는 그동안 중국의 패권적 외교 노선이 미국의 경계심과 견제 의지를 촉발한 측면이 강하다. 개혁·개방 이후 축적된 막강한 경제력·군사력을 배경으로 중국은 최근 물불을 가리지 않고 밀어붙이는 대외 패권전략을 추진해 왔다. 이에 직면해, 미국은 그동안의 對中 견제냐, 또는 협력이냐의 정책적 딜레마로부터 벗어나서 중국을 패권국가로 자리매김하며 '견제' 쪽으로 급선회하고 있다.

II. 한국의 안보현안문제

한국은 中日·러日 간 영토분쟁에서 어느 일방을 지지하거나 반대할 입장에 있지는 않으나, 열강의 각축이 대한민국의 국가이익에 어떤 영향을 미칠지 냉정히 분석하고 대비해야 한다. 우선 일본과 中러 간 영토분쟁이 독도문제를 우선순위에서 밀려나게 한 것은 다행스런 일이다.

게다가, 중국의 패권전략이 한국 입장에서는 매우 위험하고 도전적인 정책노선임을 인식해야 한다. 북한 유사시 中개입 우려는 두말할 나위가 없고, 現 영토 분쟁의 현장인 東중국해와 南중국해의 경우 中東으로부터의 석유 운송로 및 일반적 해상로와 겹치고 있어, 이를 중국이 통제할 때 한국으로서는 재앙이 된다.

지금 우리에게 가장 중요한 현안은 북한 핵문제, 북한 인권

문제, 북한 급변사태에 따른 중국의 한반도 군사개입 문제다. 이미 중국군은 나진 선봉 경제특구에 치안유지를 명분으로 주둔하고 있다. 북한의 급변사태시 중국의 무력개입 가능성이 현실화되고 있다.

韓美동맹이 견지되는 한 일본이 독도를 도발하기는 결코 쉽지 않다. 독도 영토문제만 해결되면 이념과 가치관에 있어서 대한민국과 일본 양국은 기본적으로 부합하는 바가 적지 않다. 그럼으로 미국을 중심으로 삼아 韓日 양국 간 安保협력을 강화시킬 필요가 있다고 본다.

설상가상으로 소말리에 해적들이 한국선박을 납치하여 몸값을 요구하는 일이 작년 3차례가 넘었다. 아프간에서 인질로 인해 국제적 망신을 당했고, 이제 국제사회에 한국인들이 봉이 되고 말았다. 미국해군과 긴밀한 공조체제를 통해서 소말리아 해적을 소탕하는 작전을 벌려야할 것이다. 다행히 우리 구축함의 작전에 의해 모두 구출되었지만, 해적이 보복을 다짐하고 있어서 해군력의 증강이 필수적이다.

III. 향군의 문제점

이런 급변하는 국제정세와 대내외 안보환경에 대처하기 위한 우리 향군의 노력이 어떠했나를 되돌아 볼 필요가 있다. 상당히 미흡하다는 점에서 심각한 우려가 있다. 특히 재향군인회의 안보교육과 위기 대처 능력이 김대중-노무현 좌익정부 출범이후 현저히 활동력이 뒤떨어져 있어서 과연 과거의 재향군인회의 명성을 회복할 수 있을지 의문이 제기된다. 향군의 지방조직은 안보교육에서 손을 놓은 지가 오래되었고, 기타 활동에서 거의 휴업 상태인지 오래 되었다. 일종의 이권단체 내지 친목단체로 전락하고 말았다.

향군의 문제점으로는 좌익정부를 거치면서 유명무실화되었다는 점, 국민들의 안보의식의 함양에 미치는 영향력이 현저히 감소되었다는 점, 무엇보다도 연구기능의 무력화 및 질적 저하를 들 수 있다. 그러므로 우선 안보연구소 내지 싱크탱크를 개설하는 것이 시급하다. 그리하여, 많은 전문가들을 초빙하여 구체적인 국방전략과 안보 사안에 대해서 연구하고 결과를 집중 토론하는 장을 마련함은 물론 안보 및 국방 정책개발에 기여할 수 있도록 해야 할 것이다.

IV. 대응책

이러한 급변하는 동북아정세에 능동적으로 대응하기 위해서는 무엇보다도 향군의 역할에 기대하는 바가 크다. 그 이유는 향군은 군대와 일반 시민단체의 중간지대에 속해있기 때문이다. 군대와 시민들을 소통시켜주는 연결고리의 역할을 하는 것이 중요하다. 국민들이 60년대, 70년대 그리고 80년대를 거치면서 정부의 반공내지 안보교육을 정권홍보교육으로서 색안경을 끼고 보는 경향이 짙어져 버렸기에 향군이야말로 오늘날 안보교육을 실시할 수 있는 최적격의 단체라고 볼 수 있다. 우선 향군을 실제적으로 제대로 활동할 수 있는 안보단체로서 만들어나가야 한다.

특히 천안함 폭침-연평도 포격사건에서 말해주듯이 해이해질 대로 해이해진 국민들에 대한 안보교육의 필요성이 절실함은 물론, 나아가 북한의 핵개발과 급변사태에 대한 대비책이 매우 필요한 시점에 도달해 있다. 그러기 위해서는 씽크탱크를 만들 수 있도록 자금을 투입하고 내부의 연구역량 강화를 위한 조직 개편을 해야 할 것이다. 군 및 민간인 출신 안보전문가를 대거 안보교수로 기용하여 분야별 연구용역을 주어서 세미나로 발표하여 이것을 출간하도록 권장하고, 특히 지방조직을 활성화하여 본부의 안보교수를 지방에 강연을 유기적으로 할 수 있도록 조치를 취하고 정기적으로 전국순회 안보강연회를 개최해야할 것이다. 또 대학생들로 하여금 애국심 함양과 6.25전적비를 방문하는 답사프로그램을 만들어서 호국훈련을 정기적으로 실시하도록 해야할 것이다.

내년부터 해외동포들의 참정권이 행사되기에 그들의 정치적 성향도 초미의 관심사로 떠오르고 있다. 향군도 해외교포들과의 친목교류를 통해서 그들에게 국내의 사정을 정확하게 알리면서도, 대한민국에 대한 정체성을 확고히 하는 한편, 올바른 방향으로 전달하기 위한 대비책이 마련되어야 할 것이다.

현재 한반도를 둘러싼 동북아정세는 세계최고의 경제성장율을 자랑하면서 '세계의 공장'으로 자처하는 중국의 팽창주의적 패권정책으로 급변을 예고하고 있으며 주변 열강간의 안보·인권·경제문제가 겹치고 얽혀서 그야말로 복잡다단한 정세가 연출되고 있다. 한반도 통일에 대비하여 향군의 역할에 대한 국민적 기대도 점차 커지고 있다.

2011.1.25

性고문 당한 로버트 朴을
통해 본 북한체제

2009년 12월 25일 "정치범수용소를 폐쇄하고 인권개선 조치를 이행하라"는 내용을 편지를 들고 '당신을 사람받기 위해 태어났다'는 찬송가를 부르면서 무단입북했던 미국교포 로버트 박(자유와 생명 공동대표)이 43일 동안 북한에 강제억류되었다가 2010년 2월 6일 오전 고려항공 편으로 북경 수도공항에 도착하였다. 박은 심신이 지쳐있었고 기자들의 질문에 침묵으로 일관하면서 그들과 눈길을 마주지치 않았다. 북한의 체류동안 얼마나 힘들었는지를 잘 유추할 수 있는 행동이었다. 로버트 박은 수년동한 한국과 미국을 오고 가면서 북한 동포의 자유와 인권 개선을 위해 기도하고 투쟁해왔던 인물이다.

하루전날 조선중앙통신이 로버트 박을 석방시켜준다고 보도한 하루만에 전격적으로 풀려났다. 조선중앙통신에 의하면, 풀려나기 전 로버트 박은 다음과 같은 마음에도 없는 성명서를 내었다. "북한은 종교의 자유가 보장되고 있다는 것을 알게 되었다. 나는 창피를 느꼈고, (북한에) 진심으로 사과한다"는 입장을 밝혔다. 물론 이런 성명서는 북한의 협박에 의해서 살기 위해서 저질러진 허위진술인 것은 두말할 필요가 없다. 그 이유는 북한에 종교적 자유가 있다는 로버트 박의 말 자체가 거짓이기 때문이다.

이런 로버트 박의 모습에서 "로버트 박은 북한당국으로부터 세뇌나 고문을 당했을 것"이라는 주장이 제기되었다. 로버트 박과 함께 일해온 글로벌정의네트워크의 조성래대표는 "조선중앙통신의 발표는 로버트 박의 주장이 아닐 수 있다"는 입장을 표명했다. 그는 "조선중앙통신은 북한 정권의 입장을 대변하는 대외용 선전 매체로서 그 진실성을 액면 그대로 받아드려서는 안된다"고 강조했다.

국내 한국인들이 가장 궁금해 하는 것은 도대체 로버트 박이 북한에서 억류당했을 때 북한 당국은 로버트 박에게 어떤 짓을 했을까였다. 이에 대해 유추해석이 분분했다. 북한정권의 속성으로 볼 때, 폭행과 고문, 그리고 협박 등이 충분히 자행되었을 것이라는 것이다. 그 이상의 잔인하고 비인도적인 일이 로버트 박의 신체에 가해졌는가에 관심의 초점이 고조되었다. 아마도 "성폭행내지 성고문을 당했을 것"이라는 추측이 인터넷의 누리꾼들을 통해 번져갔다.

그 추측은 적중했다. 3월 중순 조성래대표는 PBC방송과의 인터뷰를 통해 "로버트 박이 북한에 억류되어 있는 동안 여성들로부터 성고문을 당했다"며 "자신을 혼미하게 한 상태에서 (여성들이) 자신을 벗기고 만지고 고문했다고 말했다"고 전했다. 로버트 박은 연애경험이 전무한데다 예상치 못한 성고문 때문에 사건 이후 극도의 수치심과 모멸감으로 괴로워하다가 자살까지 고민했다고 한다.

이와 관련해, 열린북한방송은 북한의 고문기법을 소개했다. 열린북한방송에 의하면, 로버트 박이 당한 고문은 일종의 성고문기법으로 불류했다. 성고문은 피해자의 신체와 정신을 동시에 공격하는 고문기법. 고문을 받는 동안 피해자는 자신을 전혀 방어할 수 없기 때문에 극심한 무력감에 빠진다. 성고문기법에는 옷 벗기기, 굴욕적인 자세 취하기, 그리고 최종적으로 가해자에 의한 강간(强姦)이 있다고 방송은 전했다.

방송은 지난 2000년 남양보위부에 수감된 정학민(가명)씨의 예를 들었다. 보위원이 남녀가 함께 있는 곳에서 옷을 벗으라고 소리쳤다. 정씨가 옷을 벗지 않자 보위원은 족쇄로 두 손을 묶어놓고 사정없이 밟았다.

이외에도 알몸상태에서의 비인간적인 금전갈취도 있다. 지난 2000년 11일간 온성군 보위부에서 조사받은 김란(가명) 씨는 방송에 다음과 같이 증언했다.

"옷을 다 벗기고 손을 위로 올리게 하고 앉았다 일어나기를 반복해야 하는 뽐뿌질(앉았다가 일어났다를 반복)을 시켰다. 항문이나 자궁에 숨겨두었던 돈, 반지 등을 나오게 하려는 것이었다. 그래도 나오는 것이 없고, 의심이 가면 우리를 눕힌 다음 여자 안전원이 고무장갑을 낀 손으로 자궁 속을 뒤진다. 벗긴 옷은 브래지어까지 모두 뒤집어 본다."

또한 조사관들의 개인적 금전갈취를 위해 고문이 이루어지고 있다고 방송은 밝혔다. 조사관들은 김란(가명) 씨에게 중국에서 돈을 얼마나 벌었고, (중국에) 돈이 남아있으면 다시 가져올 수 있는지를 물었다고 한다.

또 다른 탈북자인 지해남(가명) 씨에 의하면, 예쁜 여자는 독방에 보내져 보위원들의 성노리개가 되었다고 한다.

임산부들에 대한 비인간적인 처우도 행해지고 있다. 2003년 온성군 보위부에서 3주간 조사를 받았다는 박영희(가명) 씨는 "구둣발로 임산부의 배를 차서 강제로 유산시키는 것을 보았다"고 증언했다. 강제 유산의 이유는 '중국인의 씨를 배어왔다'는 것이었다. 이처럼 다양한 방식의 잔인한 고문을 통해 국가를 통치하는 것이 북한의 모습이다.

수개월동안 로버트 박의 침묵이 이어졌다. 그러나 지난 2010년 10월 26일, 로버트 박은 KBS와의 인터뷰에서 성고문 당한 사실을 폭로하여 세간에 충격을 주었다. 인터뷰에서 로버트 박은 "북한 인권의 실상을 알리기 위해 두만강을 넘어 입북하자마자 체포된 이후 여기저기 끌려 다니며 구타와 폭력에 시달렸다"며 "폭행당해 정신이 혼미한 상태에서 여성들로부터 성고문을 당했다"고 밝혔다. 그는 이어 "극도의 수치심과 모멸감이 들어 그 후유증으로 풀려 난 후 자살까지 생각했다"며 "7개월 넘게 정신병원에서 치료를 받아야 했다"고 털어났다. 로버트 박은 "북한에서 받은 상처와 흉터로 개인적인 의욕을 잃어버려 앞으로 결혼도, 성관계도 못할 것 같다"고 말했다. 또 그는 "북한이 공개한 자신의 반성문은 날조된 것"이라며 "북한 권력자들은 주민들을 어떻게 하면 죽일지, 굶게 할지, 노예로 부릴지, 통제할지만 생각한다"고 말하고 앞으로 김정일 정권의 붕괴를 돕는 일을 할 것이라 밝혔다.

2011년 1월 로버트 박은 월간조선과의 인터뷰에서 "자신을 성고문한 비데오가 북한에 있다"고 폭로했다. 그는 이어서 북한이 이를 유포해도 상관없다고 말했다. 자신은 그 모욕을 이겨낼 수 있다고 말했다. 이어서 심적 고통에서 10여분간 기도를 했다.

　북한에서는 성폭력과 성고문이 다반사라는 입소문이 결국 사실로 들어난 것이다. 필자는 서울에서 한 두번 로버트 박을 모임 석상에서 만날 기회가 있었다. 그러나 그는 전혀 발언을 하지 않고 인사의 답례만 했다. 아무쪼록 목숨을 걸고 입북하여 모진 고문을 당한 인권운동가 로버트 박의 불굴의 의지와 용기에 우리 국민들은 아낌없는 성원과 격려를 보내 줄 것을 당부한다.

2011. 2

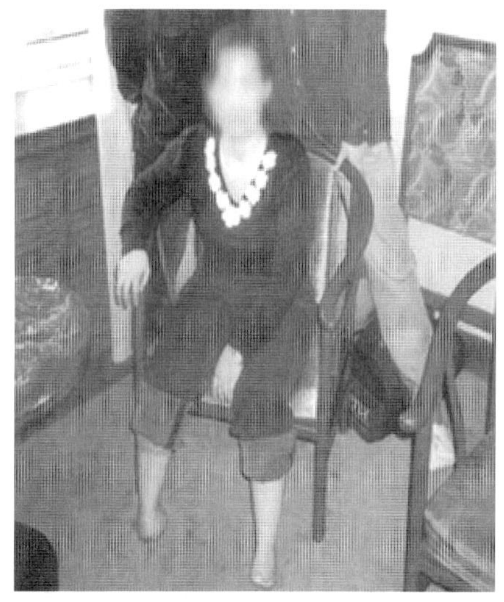

북한 당국의 고문 후유증으로 두 다리
를 잘라낸 탈북자

이집트 혁명에서 본
김정일의 운명

이집트 혁명은 세계사의 큰 변혁을 예고하는 것이다. 지난 2월 11일 30년간의 이집트 독재자 호스니 무바라크가 권좌를 떠나 가족과 함께 대통령궁에서 벗어나 해외로 도피하였다. 100만명의 피플파워의 힘에 굴복하여 축출되고 말았다. 단지 18일만에 발생한 일이다. 세계인들은 제3세계에서 자유와 민주를 부르짖은 시민들의 항거로 군부를 기반으로 한 장기집권한 독재자의 허망한 종말을 목격했다.

무바라크는 30년간의 독재기간동안 자의적인 체포, 구금과 고문 등 온갖 인권탄압을 하고 700조원의 부정축재를 했다고 한다. 이집트엔 야당 등 反정부 세력을 감시, 탄압, 침묵시키는 일을 주로 하는 保安경찰이 35만 명에 이른다. 2007년에만도 이집트 감옥엔 약8만 명의 정치범이 수감되어 있으며, 정부를 비판하였다가 수시로 실종되거나 의문의 事故死(사고사)를 당하는 이들이 많았다. 그러면서도 국민들에게 핸드폰과 사회연결망인 페이스북과 같은 소통수단 이용 등 최소한의 자유는 허용했다.

이집트는 63년 나세르 정부시절부터 북한과 수교했으며, 미국의 중동정책에 협조하면서 군사적 경제적 원조를 받아왔다. 무바라크 대통령은 북한 김정일 정권과 오랫동안 유착관계를 맺으면서, 스커드 미사일을 북한에 양도하고 북한은 이를 개량하여 중동에 역수출하고 또 대남배치를 완료했다. 무바라크는 수차례 북한을 방문하고 김일성 왕조로부터 권력세습을 보고 용기를 얻었는지, 아들 게말 무바라크(48세)에 대한 권력승계의 애착을 버리지 못했다. 게말 무바라크는 아메리카 은행 런던 지점에서 근무한 뒤 사업을 하다가 2000년부터 정치를 하기 시작하였다. 무바라크는 아들에게 권력을 넘겨주기 위한 준비를 착실히 해왔다. 아들은 집권당인 국가민주당의 사무副총장, 정책위 의장을 지내면서 내각에 자기 사람들을 많이 심었다.

이집트혁명은 전세계로 확산되어 북한의 김정일 체제를 비롯한 모든 독재자들을 남김없이 폭정무대에서 끌어내릴 때까지 계속될 것이다. 이것은 인류역사의 필연적인 수순이다. 모든 인간은 자기 자신의 생명과 자유를 보존할 천부적인 권리를 갖고 태어났으므로 이런 자유는 어떤 독재자도 빼앗아 갈 수 없는 고유의 권리다. 이런 권리를 박탈당할 때, 자연권의 이름으로 독재권력에 저항할 권리가 있다.

무바라크의 축출이 북한의 독재자 김정일에 주는 메시지는 심각하다. 무바라크가 퇴진함에 따라서 중동에서 김정일의 강력한 우군이 무너진 것이다. 어떤 사람들은 이집트와 북한과는 환경이 다르다고 말한다. 핸드폰의 보급수도 적고 기본적인 자유가 전혀 허용되어 있지 않는 점에서 북한은 이집트와 단순 비교하기 어렵다는 점은 인정한다. 북한주민들에게 거주 이전의 자유, 여행의 자유, 집회의 자유, 결사의 자유 등 인간의 기본권을 박탈하고 핸드폰과 개인 PC는 물론 전화마저 마음대로 소유치 못하게 하는 등 통신의 자유, 소통의 자유를 금지하고 있다. 그러나 이집트혁명의 소식은 북한 장마당에 입소문을 통해서 전달되고 있으며, 남한의 대북삐라전단을 통해서도, 대북라디오방송을 통해서도 생생하게 전달되고 있다. 최근에는 굶주림에 참지 못해 북한군인들이 소금을 먹고 사망하는 사고가 발생하고 있으며, 식량난으로 부대에서 폭동을 일으켜서 총살을 당한 경우가 생겼다. 더구나 북에는 1개 군에 1~2개, 시에는 3~5개, 전국적으로 350여개의 장마당이 있어 언제 어디서라도 튀니지에서처럼, 장마당 상인과 단속에 나선 보안원간에 마찰과 충돌이 자주 발생하여 어느 순간에 이것이 격화되면서 군중폭동으로 비화될지 알 수 없는 상황이다. 아무리 모진 김정일 집단도 2400만 주민의 눈과 귀를 완전히 틀어막지는 못할 것이다. 이집트 이동통신회사 오라스콤은 2008년 12월 지분 75%로'고려링크'를 설립해 북한에서 휴대전화 서비스를 시작했다. 그 가입자는 어느덧 30만 명을 넘어섰다. 이는 김정일 정권에게 양날의 칼로 다가서고 있다. 북한 주민들 사이에서 한국 유행가가 불려지고, 일부 여성들이 송혜교 헤어스타일을 흉내낸다는 얘기는 북한 주민들이 귀와 눈을 막고 있지 않다는 뜻이다.

이번 기회에 북한도 이집트에 시작된 '피플파워' 민주혁명으로부터 성역(聖域)이 아니라는 것을 김정일은 똑바로 깨달아야 할 것이다. 벌써 네티즌에서는 다음 차례는 북한일 것이라는 말이 공공연하게 나돌고 있으니, 김정일로서는 밤잠을 설치지 않기 위해 대량의 수면제가 필요한 시점에 도달했다.

2011.2.16

국가기밀정보와 언론의 보도자세

I

국가이익과 관련한 언론보도는 아무리 신중에 신중을 기해도 부족함이 없다 할 것이다. 세계 선진국 여러 나라들을 예로 들더라도 무엇보다 국가이익에 반하는 보도는 철저하고도 자율적으로 통제하는 절제력을 보여왔다.

최근 인도네시아 특사단 숙소 잠입사건에서 조선일보사에서 "인도네시아 특사단 숙소 잠입자는 '국정원직원'이라는 제하의 보도된 머릿기사가 국민들을 놀라게 했다. 조선일보에 이어 많은 언론들이 기사를 경쟁적으로 대서특필하고 있다.

지난 16일 서울 소공동 롯데호텔 인도네시아 대통령 특사단 숙소에 잠입했던 3명은 국정원 직원이고, 이들이 국익차원에서 인도네시아 특사단의 협상전략 등을 파악하려 했던 것이라고 정부고위관계자가 말했다고 한다. 특사단 숙소에 잠입했던 인물들은 국가정보원 제3차장 산하 산업보안단 직원들인 것으로 최종 확인됐다.

II

물론 국정원직원들이 정보업무를 수행하다가 자신들의 신원을 노출시킨 것은 매우 큰 실수라고 할 수 있다. 그러나 세계 어느 나라라도 자국의 국가이익을 위하여 정보전을 펼치게 마련이다. 더욱이 지금 시대는 치열한 정보전만이 국가의 존망을 가른다는 말도 있을 정도다. 그러기에 정보를 빼내려는 의도와 첩보작전을 한 것 자체를 비난해서는 안된다. 실패했기에 문제가 된 것이다.

국정원직원들이 무기구입협상과 관련한 정보를 취재하다가 이런 실수가 일어난 것은 매우 유감이다. 그런데 종북세력들은 물론이고 야당과 심지어 여당 중진의원들이 벌떼같이 들고 일어나서 동시다발적으로 무차별하게 정부와 국정원을 비난하면서 언론과 함께 춤을 추면서 비난한 것은 한심한 일이다. 흥신소니 절도범이니 좀도둑이니 입에 담지 못한 육두문자가 난무했다.

국익을 위해 정보전을 치르던 중 생긴 실수를 가지고 언론이 저널리즘 정신에 입각해서 대문짝만하게 쇼킹한 제목과 내용으로 사건보도 하는 것은 원론적으로 옳으나 국익을 크게 저해하는 것이다. 사태의 깊은 내막과 전말이 제대로 밝혀지지 않는 상태에서 그렇게 언론이 과대(?)노출시키는 것은 언론들 스스로가 깊이 반성해야 할 것이다.

그 이유는 작년 천안함(艦) 폭침(爆沈)과 연평도 포격(砲擊) 도발 이후 정보당국의 정보망이 무차별적으로 언론과 정치권에 노출되었기에 국가정보원(이하 국정원)이 정보 보안(保安)을 한층 강화하는데 골머리를 앓고 있는 것으로 알려졌기 때문이다. 두 사건 발발 이후 우리 정보당국의 정보망이 정치권과 언론에 의해 상당히 노출됐기 때문이라고 한다. 국정원의 긴급 보고사항이 아무런 제재 없이 언론에 공개되는 가하면 오랫동안 공을 들여 구축한 정보망이 와해되어 유무형의 피해가 속출하고 있다고 전했다. 국회 정보위원회(이하 정보위)를 통한 국가기밀 유출이 심각한 상황이라는 것이다.

언론과 여야중진들은 한 목소리로 국정원장과 3차장의 경질을 요구하고 있는데, 이제 막 국정원을 제 자리로 돌리려는 노력이 무위(無爲)로 돌아갈 수 있다. 만약 이 시점에서 국정원장을 경질한다면, 이제 막 업무 파악에 들어간 시점에서는 바람

직한 일이 아니다. 그것은 종북세력과 북한의 김정일이 쾌재(快
哉)를 부르는 일이 될 것이다.

분명한 점은 이번사건에서도 보았듯이 국정원 조직원들의 능
력과 자질이 현저하게 떨어진다는 것이다. 그러나 국정원이 이
렇게 무능하게 된 원인분석에 대해서는 여야가 극명하게 대비
를 이룬다. 야당은 신임 국정원장이 이념적 색깔을 가지고 조
직을 뒤흔들어 놓아서 사기가 저하되었다고 분석하는 반면에,
여당은 과거 김대중-노무현 정부시절에 정치권이 개입하여 국
정원조직이 망가져서 능력이 현저히 약체화되었다고 진단한다.

과거 좌파정부시절에 어떤 일들이 벌어졌는지 언론사들은 제
대로 취재 보도를 했었는가? 김대중-노무현 좌파정부시절에 멀
쩡한 국정원의 대북첩보수집망이 와해되고 580여명이 넘는 첩
보베테랑들이 개혁이라는 미명하에 강제로 해임되었고, 그 빈
자리에 첩보원으로 제대로 검증이 안된 특정지역의 인사들이
특채란 명분으로 마구잡이식 기용되어 국정원의 위계질서와 기
강을 흔들어댈 때, 그 때 언론사들은 무엇을 했나? 언론들은
과거 국정원이 정치권의 인사개입으로 어떻게 해서 철저하게
망가졌는지를 전혀 다루지 않고 있다.

III

천안함-연평도 사건이후 한반도를 둘러싼 북한-중국-러시아
와 한국-미국-일본 등이 대립하는 신냉전체제하에서 한반도통
일을 이루기 위해서는 비상한 첩보능력을 가진 국정원의 역할
을 아무리 강조해도 지나치지 않을 것이다. 지금은 향후 파장
을 최소화할 때다. 새롭게 태어나는 국정원이 되도록 정부와
언론이 함께 국익을 위해 노력할 때다. 이와 같은 국익과 관련
된 정보전과 같은 민감한 사안이 생겼을 때에는 언론사는 경쟁

적으로 감정에 휩싸여서 도매장판을 하면서 난도질하는 선정성
으로 보도할 것이 아니라 보다 냉철하고 신중한 접근이 필요할
것 같다. 정작 피해자인 인도네시아 특사단 쪽은 별 문제가 아
니었다는 식으로 현명하게 대처하고 있지 않는가? 북한의 김정
일이 대한민국의 신문만 보면 한국의 첩보능력과 국가기밀사항
을 파악할 수 있다고 판단한다면 큰 문제다. 언론은 언론 나름
대로 국익을 고려하여 사려 깊은 보도자세로 사안을 지켜볼 수
있는 절제와 여유가 있어야 하지 않겠나?

2011.2.24

교과부와 전북교육의 갈등

전북교육은 김승환 교육감이 취임한 이후 바람이 잦은 날이 없다. 작년 시끄러웠던 자율형 사립고에 이어 이번에는 전북도교육청이 교육과학기술부의 교원능력개발평가 계획안 시정요구를 거부하여 교과부와 마찰이 우려되는 상황이 발생하였다.

5월 10일 전북도교육청에 따르면, 당초 교과부의 교원평가안의 시정요구를 일부 수용하기로 했으나 전교조 전북지부가 강력히 반발해 이를 철회하고 교과부 교원평가안의 수정요구를 거절하기로 했다는 것이다.

전북도교육청은 지난달 이른바 '김승환 교육감형 교원평가안'을 자체 마련해 교과부에 올렸었다. 도교육청은 이 계획안에서 "교원평가는 서술형과 체크리스트(절대평가)방식을 병행해 실시하고 평가결과는 해당 교사 스스로 부족한 부분을 보완하는 자기능력개발계획서에 따라 자율연수를 하도록 하는 자료로 활용하겠다"고 밝혔다. 간단히 말해서 부적격 교사라도 자율연수란 이름하에 교과부의 의무적 연수를 받지 않겠다는 의사표시였다. 교과부는 이에 대해 "교원평가를 체크리스트식으로 하고 부적격 교사는 의무적으로 연수를 받도록 하는 교과부의 평가안과 배치된다"며 시정을 요구했다. 계량적 평가와 서술식 평가를 병행토록 한 공통기준을 따르지 않고, 학교가 방법을 선택할 수 있도록 한 점과 동료교원 평가에 필수적인 교장 교감 수석교사 부장교사의 참여를 불확실하게 한 점에 대해 교과부는 평가의 공정성과 객관성을 저해하고 평가 결과를 활용하기 어렵다고 지적한 것이다.

이에 따라, 전북도교육청은 교과부의 시정요구안을 일부 수용할 예정이었다. 그러나 전교조 전북지부 간부들이 지난달 4월 26일부터 교육감실 앞 접견실에서 시정요구안 수용방침 철회를 요구하며 밤샘농성을 벌이자 김승환 전북교육감은 전교조의 전북지부에 백기를 들었다. 즉 교과부의 요구를 거부키로 결정을 번복한 것이다. 그러자 김정훈 전교조 전북지부장 등 전교조 간부들이 농성을 풀었다.

전북교육의 총책임자가 미래의 전북교육과 청소년의 장래를 고민하거나 학부형을 두려워하는 것이 아니라 일개 이익단체로 전락한 전교조의 압력에 굴복하는 어처구니없는 일이 벌어졌다. 또 권위가 서야할 교육청에서 교사가 농성을 통해서 문제를 해결하려고 해서야 어떻게 교직에서 학생들을 가르친다고 하겠는가?

교과부 관계자는 "교원평가를 서술형으로 하면 평가의 실효성이 떨어지고 부적격 교사의 연수도 자율에 맡기면 평가의 의미가 없다"면서 "수정이 안되면 관련 법률에 따라 필요한 조처를 해 나갈 수밖에 없다"고 강경한 태도를 보여서 교과부와 마찰이 예상된다. 전교조의 압박으로 인해 김승환 교육감이 소신 있는 교육행정을 수행하지 못하게 된다면 전북교육은 언제부터 정상화될 것인가?

결국 의식이 있는 학부형들이 힘을 모아서 부적격 교사의 퇴출방안을 모색하는 방안이 강력하게 강구되어야할 것이다. 학부모단체가 부적격 교사의 자율연수를 받아들일 수 없다며 교과부 안에 찬성하고 나선 것을 당연한 일이다. 참교육학부모회 전북지부의 장세희씨는 "국민들이 교원평가를 찬성하는 이유는 부적격 교사의 강한 여과장치 때문이 아니냐?"면서 교사의 자율에 맡긴 전북교육청의 교원평가안에 대해 부정적 입장을 보였다. 김승환 교육감은 앞으로 전북교육을 어떻게 이끌고 가려고 이런 처신을 하는 것인가? 김승환 교육감은 전교조의 볼모가 되지나 않았는지 자신을 냉정하게 되돌아 볼 것을 권고하고 싶다. 왜 유독 전북교육청만 교과부와 마찰을 빚어야하는지 이 점에 대해서 김승환 전북교육감이 깊이 성찰을 해야 할 것이다.

전북교육청이 전교조와 교과부의 중간에 끼어 중심을 잡지 못하고 갈팡질팡하는 사이에서 가뜩이나 전국 최하위를 맴돌고 있는 전북교육의 학력은 더욱 저하될 것은 명확하기에 안타까운 일이다. 교육감과 전북교육청이 전교조에 자꾸만 휘둘리면 전북교육의 不實化를 초래할 것이고 그 결과로 나타나는 교육적 피해는 고스란히 학부형과 청소년들에 돌아간다는 점을 명심해야할 것이다.

2011.5.17
전라일보에 개제

논쟁(論爭)기사:
안현태·백선엽 국립묘지 안장 논란

현충원이 시끄럽다. 국가보훈처가 지난 5일 고 안현태 전 청와대 경호실장의 국립묘지 안장을 의결한 뒤 하루 만에 국립대전현충원에 '기습 안장'을 한 게 발단이 됐다.

육군사관학교 17기 출신인 안씨는 5공 비자금 조성에 관여했다는 혐의 등으로 1997년 징역 2년 6개월이 확정돼 복역한 바 있다. 5공 인사의 국립묘지 안장은 고 유학성 전 의원 이후 두 번째다.

5·18 관련 단체를 비롯한 각종 시민단체들은 거세게 반발하고 있다. 송선태 5·18기념재단 상임이사는 "안현태의 국립묘지 안장은 국립묘지에 묻힌 애국 인사에 대한 능욕이자 민주주의에 대한 도전"이라며 "국가보훈처가 국립묘지 설치 및 운영에 관한 법률을 자의적으로 해석하고 있다"고 말했다.

그러나 안씨의 국립묘지 안장에는 결격 사유가 없다는 목소리도 있다. 국가보훈처는 "안씨가 실형을 살기는 했지만 1998년 복권됐으며, 1968년 화랑무공훈장을 받는 등 국가 안보에 기여한 공로가 있다"고 주장했다. 이주천 원광대 사학과 교수는 친일 논란이 있는 백선엽 장군 역시 사망 후 국립서울현충원에 안장될 예정이라며 일부 단체가 '친일과 반일' '독재와 민주'라는 이분법적 잣대로 마녀사냥을 하고 있다고 지적했다. 한국일보, 2011.8.16.

<관련칼럼>

비리·친일 등 과오만 보지 말고
공적 포함한 균형적 평가 이뤄져야

국립묘지 현충원에는 국가원수와 국가에 현저하게 기여한 유공자, 그리고 국가를 위해 목숨을 바친 애국열사들이 묻혀있다. 최근 논란이 되고 있는 안현태 전 대통령 경호실장의 대전 현충원 안장에 대해 5·18유관단체들은 그가 5공비리 인사였다는 점을 거론해 강하게 반발하고 있다. 백선엽 장군의 경우 사망 후 서울현충원에 안장하기로 했다는데 대해선 민족문제연구소를 중심으로 친일파 논란이 일고 있다.

하지만 안현태는 이미 복권되었고, 1965년 3월 베트남에 파병돼 1년 만에 중위로 월남은성훈장과 월남1등명예훈장을 타면서 국위를 선양했다. 또 1968년 1·21사태 때 기동타격대로 무공을 세웠고, 1974년 특전사 대대장 시절부터 현재까지 부하 유가족 7명을 보살펴왔다. 이번 논란에서 안장심사위원회의 최종 판단은 이들 유가족이 "안현태와 같은 사랑을 몸소 실천한 애국자를 현충원에 안장하지 않으면 안된다"는 탄원서를 제출한 것이 결정적이었다. 이를 고려하면 안현태가 베트남전 참전과 국가안보에 기여한 점을 인정한 안장심사위원회의 결정은 타당하다고 본다.

한편 백선엽은 젊은 시절 만주군관학교 출신으로 간도특설대에 배치돼 팔로군과 동북항일부대를 토벌하는 임무를 맡았다. 중위로 해방을 맞이, 민족문제연구소가 발간한 친일인명사전에 이름이 등재되면서 '친일파' 딱지가 붙었다. 그러나 백선엽은 김일성이 통치하는 북한 공산체제를 탈출해 대한민국에 귀순했다. 또 창군의 주역이며 1948~49년 빨치산 소탕과 숙군 작업에 큰 공을 세웠다. 만약 그런 일을 하지 않고 6·25남침을 당했더라면, 국군은 더 큰 피해를 입었을 것이다.

특히 백선엽은 한국군의 평양 최초 입성, 다부동 전투의 영웅이다. 백선엽의 현충원 안장 결정은 좌익폭동과 6·25남침으로 인해 풍전등화(風前燈火)와 같았던 대한민국을 구했기에 정당한 것이고, 그 공적은 만군 시절의 과오를 상쇄하기에 충분하다. 백선엽을 친일파라고 매도하는 인물들은 6·25 당시 조국이 존망의 위기에 처했을 때 어디서 무엇을 했는지 반문하고 싶다. 민중사관에 심취한 좌편향 인물들에게는 전쟁영웅이 필요가 없을 것이다. 그러나 전장에서 훌륭한 지휘관이 없는 군대는 오합지졸임을 세계전쟁사는 웅변하고 있다. 조지 워싱턴도 영국 식민정부 치하에서 버지니아 민병대에 장교로 근무하다가 영국군 휘하에서 배운 군 경험이 훗날 독립전쟁을 지휘하는 데 큰 도움이 되었다고 술회했다. 만약 워싱턴을 친영파라고 손가락질한다면, 누구도 호응하지 않을 것이다.

인물에 대한 평가는 일생에 걸쳐 종합적으로 공정하게 균형적으로 이루어져야 한다. 불행하게도, 친일파 청산의 핏대를 올리는 시민단체는 친북·종북세력이 주축을 이루고 있다. 이들은 대한민국의 건국을 폄하·부정하면서 대한민국 초대정부를 이끈 이승만은 '친일파 대통령'이라는 인식을 가진 자학사관의 소유자들이다.

　민주공화국에서 역사는 만인이 공유하는 것이다. 그러나 이들은 자신을 자주, 민주, 항일, 민족 등 아름다운 용어로 포장하여 절대선(絕對善)으로 올려놓고 역사 해석을 독점, 타인을 인격적으로 테러하려 한다. 해방 이후 인물들의 행적에 대해서 '친일과 반일' '독재와 민주' '불의와 정의'라는 이분법적 척도로 마녀사냥을 하면서 국론 분열을 부추기고 있다. 왜 역사의 시계바늘을 거꾸로 돌리려고 난리법석들인가? 대한민국이 한가로운 호주나 뉴질랜드처럼 바다가 외적을 막아주는 천연의 지정학적 환경이라도 갖추고 있다고 착각하는가? 아니면 대한민국을 통째로 뒤흔들어버리겠다는 심오한 '베트콩식 책략'의 발상에서 나온 것인가?

　1948년부터 현재까지 대한민국은 누가 지켰는가? 국군이다. 국군의 국가에 대한 자기희생과 헌신이 없었다면 오늘날 대한민국의 자유와 풍요를 어떻게 누릴 수가 있었겠는가. 6·25전쟁영웅과 호국의 장군을 인민재판식으로 매도하는 것은 대한민국 정체성을 뒤흔드는 폭거이자 일종의 인격살인이라고 할 수 있다. 현충원 안장 반대를 보면서, 제사를 지내지 않는 자식, 부모를 차버린 배은망덕한 자식의 꼴을 보는 것 같아 마음이 개운치 않다.

2011.8.17
한국일보　개재

마녀사냥식 친일파논쟁

올해도 8·15 광복절을 기념하면서 해방의 기쁨은 되새겼지만, 건국의 의미를 되새기지는 못한 반쪽 기념일이 되고 말았다. 1945년 8월15일 광복은 연합군의 승리가 가져다준 선물이다. 우리의 역할은 미미했다. 1948년 8월15일 건국은 소련과 북한 공산주의자들의 집요한 공격과 미국 정부 내 친소(親蘇)분자들의 방해를 뚫고 이승만과 국민이 해낸 민족사 최대의 위업이다.

주체적 건국을 기억하지 않고 수동적 광복을 더 기리는 것은 일종의 사대주의 근성이다. 1919년 상하이임시정부 수립이 진짜 건국이고 대한민국 건국은 정부 수립에 불과하다는 억지는 '국가'의 의미와 소중함조차 모르는 무지의 소치다. 국가는 영토와 국민이 있어야 한다. 1919년에 수립된 상하이임정은 영토와 다스릴 국민이 없었던 일종의 가건물이었다. 만약 1919년에 대한민국이 건국했더라면 그 뒤 독립운동은 왜 했는가?

이승만은 친일파 대통령이라는 비난이 있는데, 이는 건국의 과정과 대한민국의 정통성을 부정하는 행위다. 1948년 12월, 최빈국으로 국민소득 불과 87달러였던 대한민국이 얼마나 힘들게 유엔의 승인을 얻었는지를 상기해 보라! 그런데 경제 12위, 주요 20개국(G20) 정상회의를 개최했다고 자부심에 찬 나라이면서도 건국 대통령 이승만의 기념관도 없는 나라다. 옛 건물 그대로인 서울 종로구 이화동 이화장에서는 이승만과 관련된 귀중한 유품들이 산사태를 맞아 난리가 났다. 그 반면 백범기념관은 2002년에 건립돼 넘쳐나는 내방객 덕분에 짭짤한 수입을 올리고 있다. 오늘날 백범 김구에 대한 역사적 평가는 암살로 인해 국민적 동정심이 가산점(?)을 받아 실적평가가 오버됐다.

박정희가 친일파라는 논란도 그의 공적에 흠집을 냄으로써 산업화의 공적을 부정하는 것이다. 5·16 쿠데타라는 군사정변이었기에 정권의 정통성이 없고, 장면내각은 그 쿠데타가 아니었으면 민주화와 경제 발전을 추진했을 것이라는 불만이 깔려 있다. 이것은 장면정부의 '내부 분열과 능력 부족'(김일영, '건국과 부국')의 심각성을 애써 외면한 것이다. 우리 민족사에서 박정희 시대만큼 신속한 경제성장과 근대화의 기록을 찾아보기 어렵다. 1980년대 후반기부터 진척된 민주화도 산업화의 물적 토대 없이는 불가능했다는 게 정치학자들의 정설이다.

국군의 영웅, 김백일 장군에 대한 친일파 논쟁과 막가파식 동상 훼손도 국군의 위상에 대한 훼손과 대한민국의 정체성 위기를 웅변하는 것이다. 김백일은 만주군관학교를 졸업한 후 만주군 한인특설부대(간도특설대)에서 5년 동안 근무하다가 8·15 광복 후에는 조선국방경비대에 입대해 대한민국 국군 창설에 참여했다. 1948년 여순반란사건을 진압했고, 중공군 개입 후에는 흥남 해상 철수작전을 지휘했지만, 1951년 강원도 시찰 도중 항공기 사고로 전사했다. 특히 국군과 유엔군 10만명, 피란민 10만명을 성공적으로 철수시킨 작전은 애국 군인의 표상이다. 오죽하면 함경남북 도민과 이북 5도민이 나서서 김백일 장군의 공을 기리기 위해 7800만의건립비를 모아 지난 5월7일, 거제도 거제포로수용소 유적공원에 동상을 세웠겠는가. 그런데

검은 망으로 덮어씌어진 김백일 장군 동상(거제시 포로수용소 공원)

정부 공식 기관도 아닌 사설 단체가 만든 친일파 인명사전에 의존해 '친일파'로 단죄해 동상을 파괴·훼손한다는 것은 타인 재산에 대한 파괴행위임과 동시에 국군에 대한 모욕이다.

이승만과 박정희, 그리고 김백일 6·25 전쟁 영웅을 친일파라는 마녀사냥을 통해 건국과 산업화 업적을 폄훼·부정하고, 심지어 김백일 동상 훼손을 통해 국군의 위상을 추락시키려는 '대한민국 흔들기 운동'은 자유 민주주의 체제에 대한 중대한 도전행위로 해석할 수 있다. 우리 국민들은 이런 사태를 언제까지 좌시할 것인가?

2011.8.23.
문화일보 개재

무상급식 문제와
한나라당 大權 3각 구도

I

2012년 대선구도에서 여당의 판세는 박근혜가 인기도 30% 라는 부동의 1위 자리를 차지하고 있다. 작년 세종시 문제이후, 말을 극도로 아껴온 박근혜는 청와대와의 관계를 개선하고 대부분의 국정전반에 걸쳐서 침묵모드로 전환함에 따라 당정 수뇌부와의 불필요한 적대관계가 생길 전선을 형성하지 않고 자파세력의 확대 및 굳히지 작전에 들어갔다. 심지어 천안함-연평도 사태라는 안보의 위기 상황에도 불구하고 남북문제에서 발언을 극도로 자제하면서 김정일의 심기를 불편하게 하지 않으려는 신중한 태도를 취하여 남북한 지도자에 대한 정치적 배려를 했다. 그리고 박근혜는 안보위기의 와중에서도 복지국가에 대한 청사진을 발표하면서, 한나라당 '좌클릭'을 선도하면서 대권고지의 선점효과를 노렸다. 7월 여론조사에서까지 누구도 인기도 30%라는 박의 1위 자리를 넘볼 수가 없게 되었다.

박근혜의 장점은 경북과 경남에서 소위 '박빠'라는 골수 지지세력을 확보하고 있다는 점이다. 이미 한나라당도 접수한 상태다. 친박세력은 '박근혜 대세론'에 힘입어 많은 지식인들을 포섭하여 外延을 넓히고 있다. 그러나 2002년 탈당하고 미래연합을 창당하고 북한 김정일을 만나기 위해 평양행을 감행하면서 박근혜의 정치적 향방은 뒤죽박죽이 된다. 그리고 돌아와서 "김정일은 약속을 지키는 사람"이라고 두둔하고, 615공동선언에 대해서 시종일관 찬성하는 태도를 보이면서 김대중과 우호적 관계를 정립하게 된다.

그런데 '줄푸세' 복지국가라는 아젠다를 가지고 부동의 1위 자리를 고수한 박근혜의 위치를 넘보는 아젠다가 등장하였다. 서울시 무상급식 무제한 실시에 대한 찬반투표를 묻는 주민투표가 그것이다. 그것을 주도한 인물은 서울시장 오세훈이다. 그는 주민투표를 통해서 전면적인 무상급식의 실시에 제동을 걸면서 보수의 주목을 받고 있다. 오 시장의 인기도에서는 김문수와 비슷한 11%에 불과하지만 문제는 김문수가 완만한 하향곡선에 그리는데 반해서 오세훈의 인기도는 완만한 상승곡선을 그리고 있다는 점이다.

이에 반해 김문수 경기도 지사는 민중당출신으로서 전향선언을 여러 차례 하면서 보수를 안심시켰다. 그는 이승만동상세우기운동에 적극적으로 나서고 이승만 연극보기에 동참하는 등 보수의 표심을 확보하기에 열성적이었다. 그런데 김 지사의 대북관은 천안함-연평도 사태에도 불구하고 대북인도적 지원에 대해서는 시종일관 "퍼주라"는 입장이다. 김 지사는 북한의 열악한 인권을 비판하지만 대북지원을 지속해야한다는 입장에서 북한에 대한 강경한 입장을 보이는 보수와 약간의 시각 차이를 보이고 있다. 결국 김 지사가 아무리 전향을 선언했다고 선언해도 민중당 출신의 한계를 여실히 드러냈었다는 비판이 나오게 된다.

여기에 다가, 무상급식문제에서 좌파 교육감과 투쟁하는 오세훈 시장에게 아젠다 선점에서 기선을 빼앗기고 있다. 또한 경기도지사 출신은 대권에 모두 실패한 징크스가 또한 김 지사에게는 큰 심리적 부담감으로 작용하고 있다. 경기도 지사였던 이인제, 임창열, 손학규 모두가 대권에 실패했다. 김 경기지사는 오 시장에 뒤질세라 북한에 억류중인 '통영의 딸' 신숙자(69)씨와 두 딸 구출을 위한 서명운동에 동참했다. 김 지사는

8월 18일 오후 4시 수원역에 마련된 '신숙자 모녀 구출 서명 행사장'을 방문, 서명하고 관계자들을 격려했다.

II

오세훈 서울시장은 비록 인기도가 박근혜와 김문수에 미치지는 못하지만 점차 상승곡선을 타고 있다. 무엇보다 포퓰리즘에 반대하면서 보수의 代理戰을 치르는 '右翼戰士'의 이미지로 보수에게 각인되고 있어서 박근혜에게 실망한 보수인사들의 표심 이동이 두드러지고 있다. 보수언론도 그의 동향을 대서특필하고 있다.

오세훈의 강점은 돈, 큰 체구와 깔끔한 용모, 그리고 무상급식의 아젠다를 선점하여 보수의 주목을 받고 있다는 점이다. 시장초기에 환경단체 수장인 최열을 인수위에 초청하여 보수의 반발을 빚었지만, 김 경기지사에 비해 좌익사건에 깊이 연루되지는 않았다는 것이 다행이다. 그의 집안은 가난했으나, 처복 (妻福)이 있고 고시에 일찍 패스한 것이 생활고를 겪지 않고 사회주의 사상에 물들지 않았던 물적 토대가 마련된 것이다. 오 시장은 갑부 과부와 결혼하여 정치자금에서 궁핍하지 않았던 영국의 디즈레일리 수상을 연상하게 한다. 또한 용모가 잘생기고 신장이 커서 여성들에게 크게 어필하고 있는 점에서 체구가 왜소한 김문수 경기지사와 체격에서 크게 대조가 된다.

오 시장은 그동안 대권가도에 대한 정치적 야망을 불태우면서 서울시장에 도전했고, 재선에 성공했다. 그러나 한명숙 전 국무총리라는 거물급 여성 정치인의 도전에서 힘들게 신승하였다.

오 시장은 이명박 시장의 청계천 공사를 유심히 관찰하였으며 그것을 벤쳐마케팅하였다. 대권도전의 나침반으로 삼으려는 목적이었다. 그래서 시청 앞 도로를 허물고 가장 매연이 심하고 교통량이 폭주하는 광화문-시청앞 사거리에 이승만이나 박정희 동상이 아니라 세종대왕의 동상을 만들면서 매연이 자욱한 도심지에 소규모 공원을 조성하는 건설공사를 강행하였다. 일종의 'MB 콤플렉스'로서 나타난 현상이고, 무상급식에 대한 찬반투표의 도전장은 오 시장이 서울시민들에게 자신이 MB와 어떻게 다른지를 보여주는 차별화전략으로 보는 곱지 않은 시각이 정가에 퍼져 있다.

오세훈 시장의 주민투표 제안은 급기야 복지포풀리즘추방국민운동본부로 하여금 6월 16일, 서울 지역 초등학생과 중학생에 대한 전면 무상급식을 반대하는 주민투표를 서울시에 공식 청구하는 시민운동으로 진척되었다. 주민투표는 서울시 유권자 836만명의 5%인 41만8,000명 이상의 서명이 청구 요건이지만 무효처리될 수 있는 서명도 일부 포함됐을 개연성을 감안해 운동본부가 80만 1,263명의 서명부를 제출한 만큼, 관련 행정절차를 거치면 8월 20~25일 실시될 것으로 보인다.

서울시민의 3분지 1인 33.3%이상이 찬반 투표에 참여해야 과반수의 찬성을 얻어야한다. 그렇지 않으면 불발탄이 될 것이다. 투표율을 높일 수 있는 유일한 관건은 승부수로서 서울시장의 사퇴 카드를 꺼내게 될 것이다. 그가 사퇴를 각오하면 좌파 시장이 등장할 것을 두려워한 보수층이 결집하여 무상급식의 반대표를 몰아준다면, 오 시장에게는 큰 힘이 될 것이다.

III

조선일보의 7월 23일 여론조사에서는 오 시장 제안이 58.8%, 전면적 무상급식이 39.1%로 나타났다. 동일 YTN이 실시한 여론조사에서도 오 시장의 제안이 53.2%, 전면 실시 주장이 38.1%에 그쳤다. 그러나 주민투표 비용만 해도 무려 182억 원이 소요된다.

오 시장은 주민투표의 상황을 '전쟁'으로 단정하고 있다. 그는 서울시민들에게 그리스나 일본처럼 복지 포퓰리즘으로 인해 국가재정이 파산상태에 이른 것을 타산지석(他山之石)으로 삼아서 지속가능한 단계적 복지를 실시하자고 주장하는 것이다. 그러면 오 시장은 왜 이렇게 무상급식 문제에서 좌편향 서울시 교육감에 맞서 전투모드로 올인하고 있는가? 그 이유는 다음의 세 가지에서 연유한다.

첫 번째로, 현재 오 시장은 민주당과 좌파성향의 서울시 의원들이 장악하고 있는 상태에서는 자신의 시정운영이 제대로 운영될 수가 없다는 점이다. 무상급식으로 서울시 예산이 나가면 다른 곳에서 사용해야할 예산이 턱없이 부족하기에 시장의 역할에 상당한 제약이 초래되는 것이다.

두 번째로, 오 시장은 장차 대권가도에 유리한 고지로 진입하기 위해서는 보수의 표가 필요하고 야당관의 정면 승부가 필요하다고 판단했을 것이다.

세 번째 정치적 명분은 '무상시리즈'로 연결되는 포퓰리즘에 대해 반대하는 입장이고, 이것은 서울시 재정의 압박에 대한 고려이다. 그러기에 오 시장은 손해보는 배팅은 아니라는 정치적 계산을 마친 상태에서 무상급식 주민투표라는 과감한 승부수를 던진 것이 아닐까? 아니나 다를까, 보수우익에서 러브콜이 오는 정도가 예상을 뛰어넘고 있는데, 오 시장의 얼굴은 표정관리에 들어가고 있다.

만약 서울시의 주민투표에서 오시장의 무상급식 반대 주민투표 카드가 성공하게 된다면 오 시장에게 (大權을 향한) 날개가 날릴 것이고 오 시장은 바로 '박근혜와 김문수의 라이벌'로서 당내 3각구도가 형성이 된다. 그 점이 박근혜와 그녀의 측근들이 가장 경계하는 것이다. 그러하길래, 박근혜의 측근참모 유승민은 노골적으로 오 시장의 주민투표 결단을 경계하면서 맹렬하게 반대하고 나섰다. 서울의 박근혜 지지자들은 아예 투표하러 가지 않겠다고 장담했다. 김문수 지사의 진영도 비상이라는 점에는 마찬가지다. 김 지사는 표면적으로는 주민투표 비용으로 서울시 예산의 낭비를 우려하지만, 내심으로는 무상급식 주민투표 강행이 자신에게 돌아오는 반사이익이 전무하다는 점을 알고, 무상급식 반대가 통과될 경우, 오시장의 정치적 입지가 강화될 것을 누구보다도 잘 알고 있기에, 찬성의사를 유보하고 있다.

이미 박근혜의 지지도는 절정에 달했기에 더 올라갈 수는 없기에 점차 하강세를 나타낼 것이다. 만약 오 시장의 무상급식 찬반투표에 대한 승부수가 성공한다면, 한나라당의 대권구도는 박근혜, 김문수와 오세훈이 보수표를 3分하면서 박·김·오 삼각구도가 정립이 될 것인데, 특히 오세훈과 김문수의 표 차이는 갈수록 줄어들 것으로 예상된다. 이것은 유권자들에게 오세훈의 대선 포기에 관계없이 대권경쟁에서 상당한 흥행거리를 불러일으키게 할 것이다. 좌파언론들이 문재인의 <문재인의 운명>을 북콘서트를 마련하는 장소를 마련하여 ‘문재인 띄우기’에 血眼이 된 마당에 오 시장의 무상급식 반대를 위한 주민투표 제안은 여당의 박근혜 독주의 식상에서 벗어나 흥행거리를 제공한 점에서 신선한 면이 있다.

그래도 오세훈에 대한 근본적인 의문점이 남는다. 오 시장이 무상급식의 전면실시에 반대한다고 해서 오세훈이 원래 정치적으로 보수상향의 인물이었던가? 그것은 아니다. 오 시장은 취임 초기에 환경단체 대표인 최열을 인수위에 발탁하고, 박원순의 희망제작소에서 시장수업을 마쳤던 인물이다. 간단히 말해서, 정치인 오세훈의 강점은 대중정치인으로서 표심이 있는 곳을 포착하는 능력이 있다. 마치 사냥개가 냄새를 잘 맡듯이, 자신을 지지해줄 표밭이 어디에서 있는지를 예민하게 포착하는 동물적 감각을 지닌 정치인이라는 점이다. 오세훈은 정치적으로 성장하고 있는 인물이다. 즉 땡감이 아직 익지 않아서 맞이 떨떠름하지만 점차 익어가는 중이듯이, 오세훈도 정치적 성장과정에서 진행형의 인물이라는 점에서 주목할 필요가 있다.

IV

오 시장은 보수세력의 막대한 지원을 받고 있는데, 마침내 무상급식의 주민투표가 위헌인지 여부가 법원에서 위헌이 아니라는 판결이 나왔다. 서울의 무상급식 주민투표 8월 24일은 총선으로 향한 '1차 승부처'라고 볼 수 있다. 만약 야당이 제안한 무상급식이 성공한다면, 무상의료 무상보육 등 무상시리즈가 연속적으로 터지면서 여기에 견디지 못한 한나라당도 무상시리즈 퍼주기식 정책남발로 야당과 함께 덩달아 '무상' 춤을 추면서 좌클릭하게 될 것은 明若觀火한 일이다.

그런데 여론조사에서 주민투표에 참여하겠다는 비율이 낮았다는데 오 시장의 고민이 깊어진다. 이런 과정에서 오 시장은 첫 번째 승부수를 던졌다. 이번 무상급식 주민투표를 앞둔 2011년 8월 12일, "존경하는 서울시민 여러분 저는 오늘 이 자리를 통해 2012년 대선에 불출마할 것을 분명히 말씀드리고자 한다"고 밝혔다. 그동안 오 시장은 무상급식 반대가 자신의 대권행보의 교두보를 구축하기 위한 것이라는 언론의 비난과 함께 민주당이 장악한 시울시 의회로부터 줄기차게 정치적 공세에 시달렸었다. 서울시장에 당선되었으면, 다음은 대권에 대한 야심을 불태우는 것은 대부분의 정치가들의 너무도 당연한 목표이다. 그런데 민주당이 장악한 서울시는 오 시장이 참석했을 때마다, 주민투표가 오 시장의 대권야욕과 연계된 것이 아니냐를 따지면서 의사진행을 방해했었다. 이런 愚問은 마치 고교생에게 대학교에 갈 생각이 있는 지를 따지는 것과 같은 것이다. 그런데 오 시장의 기자회견에도 불구하고 여론조사에 의하면 24일 투표 참여도는 33%가 밑돌 것으로 나타났다. 심지어 어떤 조사는 불과 20%내외로 나타났다. 7-8월 한달 반 동안의 물벼락과 그에 대처하는 서울시장의 신통치 않은 리더쉽(?)에서 서울시민들은 실망했고 그것은 오 시장에 대한 지지도를 더욱 낮추었던 것이 주요 원인이 되었다.

이제 다급해진 쪽은 오 시장이다. 오 시장은 두 번째 승부수로 서울시장직을 걸었다. 오 시장은 무상급식의 주민투표와 자신의 대권과 무관함을 증명하기 위해 내년 대권출마를 포기한 것이다. 또한 만약 주민투표에서 실패하면, 정치적으로 식물인간이 되어 서울시장직을 정상적으로 수행하기가 어렵게 된다. 일종의 背水陣이자, 玉碎작전이다.

오세훈 서울시장은 21일 서울시 무상급식 주민투표에 실패하면 시장직에서 물러날 것이라고 밝혔다. 오 시장은 오전 10시 서울시청 브리핑룸에서 기자회견을 갖고 "오는 24일 치러지는 이번 주민투표 결과에 제 시장직을 걸어 그 책임을 다하겠다"고 말했다. 그는 "이번 주민투표에서 투표율이 33.3%에 못 미쳐 투표가 무산되거나 개표에서 과반수 찬성을 얻지 못할 경우, 모두 시장직을 걸고 책임지겠다"고 천명했다. 오 시장은 "오늘의 제 결정이 이 나라에 '지속가능한 복지'와 '참된 민주주의'가 뿌리를 내리고 열매를 맺는데 한 알의 씨앗이 될 수 있다면 역사의 뒤안길로 사라진다해도 더 이상 후회는 없다"고 밝히면서 눈시울을 붉혔다. 그리고 기자들 앞에서 투표에 참여할 것을 촉구하는 절을 했다. 비록 정치쇼적인 면이 없지 않지만, 잠시나마 동감할 수 있는 감동적인 제스처였다. 정치가들이 이런 볼거리를 제공하는 것이 나쁜 일은 아니다.

그러나 사태를 결코 안심할 수 없다. 선거참여의 여건이 좋지 않다. 우선 서울시선관위에서 온갖 핑계로 투표참여를 독려하는 운동을 사전선거운동이니 하면서 제동을 걸고 있다. 신문보도에 의하면, 선관위에 직원들 중에서 민노당에 정기적으로 회비를 내는 당원이 있다는 보도가 있었다. 야당과 좌익진영의 반대도 결사적이다. 그들은 "나쁜 투표, 나쁜 시장"이란 구호아래 투표저지에 안간 힘을 경주하고 있다. 촛불시위에서 참여형 민주주의를 노래하던 것과는 전현 딴판이다. 민주당 이인영 최고위원은 "오 시장의 벌린 도박판"이라고 비난했다. 심지어 '나쁜투표시민운동본부'는 선관위에 와서 '투표에 참여하여 반대한다'고 시민단체로 등록해 놓고 투표참여 자체를 방해하는 운동을 뻔뻔스럽게 하고 있다. 그 이유는 무상급식 실시여부와 관련하여 대다수의 서울시민이 오세훈 시장의 입장에 동조하는 것을 우려하고 있기 때문이다. 투표의 참여 자체를 반대하는 운동은 자유민주주의 국가에서 있을 수 없는 명백한 선거법 위반이다. 그럼에도 불구하고, 서울시선관위는 팔짱만 끼고 방관하고 있다.

또 한나라당 내에서도 투표참여를 독려할 수 있는 분위기가 마련되어 있지 못하다. 총선과 대선을 앞둔 政派와 대권주자들의 미묘한 이해관계도 단결을 해치는 요인이다. 한나라당 박근혜 대표는 23일 오는 24일 치러지는 서울시 무상급식 주민투표와 관련, "서울시민이 거기에 대해 판단하지 않겠는가"라고만 밝혔다. 박 전 대표는 이날 오후 국회 본회의에 앞서 기자들과 만나 "여러 번 말했다시피 지방자치단체 마다 형편과 사정이 다르니 거기에 맞춰 해야 한다"며 이같이 말했다. 즉 투표독려가 아니고 "알아서 해라"는 냉랭한 반응이다. 원래 오세훈은 박근혜의 정치적 라이벌로 클 수 있는 인물이다. 또 그는 親朴연대도 아니고 이명박 지지세력이었던 점도 고려되었을 것이다. 자칫하면 호랑이에게 날개를 달아주는 꼴이 될 수 있다.

V

서울시민들은 적극적으로 자신의 의사를 표현해서 시재정을 파탄으로 이끌 수 있는 무상급식의 전면실시를 막아야 할 것이다. 오세훈에 대한 정치적 好不好를 떠나서 투표장에 가서 대한민국의 재정파탄을 막아야한다. 오죽하면 보수논객 전원책 변호사는 오세훈과 함께 참여한 SBS에서의 토론에서 "오세훈을 위해서가 아니라 대한민국을 구하기 위해 토론하러 왔다"고 했을까! 이것이 실패하면 무상의료, 무상보육 등 무상복지 시리즈가 연달아 터지면서, 한국은 그야말로 사회주의 국가화화하면서 재정파탄이 가속화될 것을 불을 보듯 뻔하다. 어쨌든 오 시장의 제안과 정치적 행보가 보수애국의 마음을 움직이고 있기에 좋은 성과가 날 것으로 기대해 본다.

오 시장의 무상급식 주민투표 제안은 어떤 개인적 정치적 판단 여부를 떠나 정치권의 무분별한 포퓰리즘 정책 남발에 제동을 걸었다는 점에서 그 결과에 상관없이 시사하는 바가 크고 또 높이 평가되어야한다. 그 점에서 좌익들의 이 눈치 저 눈치를 살피는 박근혜의 리더쉽과 크게 대조가 된다. 오 시장의 무상급식 단계적 실시 제안은 오세훈으로 하여금 보수의 아이콘으로 자리매김하는 이정표로 기록될지도 모른다. 그러기에 이번 무상급식 주민투표는 오세훈의(of Oh), 오세훈에 의한(by

Oh), 오세훈을 위한(for Oh) 주민투표라는 타이틀이 붙게 되고 말았다.

오세훈의 무상급식과의 투쟁은 그 결과에 관계없이 박근혜의 복지형국가와 크게 대비되는 것으로 부각되어 향후 보수의 표심에 크게 영향을 미치게 될 것이다. 이번 서울시의 무상급식 주민투표에서 오 시장이 승리할 경우, 한나라당은 내년 총선과 대선에서도 유리한 고지를 선점할 수가 있게 된다. 보수진영이 '낙동강 전선'에 비유한 것도 바로 이런 이유 때문이다.

그러나 만약 오 시장이 패배할 경우, 오 시장은 사퇴할 것이고 서울시의 행정공백은 불가피하다. 그 책임론을 둘러싸고 한나라당은 또 한 차례 각 정파간에 심각한 내홍을 겪을 것이 분명하다. 오 시장의 사퇴로 여당인 한나라당은 보궐선거에 부담을 지게 될 것이고, 내년 총선과 대선에서의 위기감이 더욱 고조될 것이다.

2011.8.24

왕재산 간첩단 사건이 주는 함의

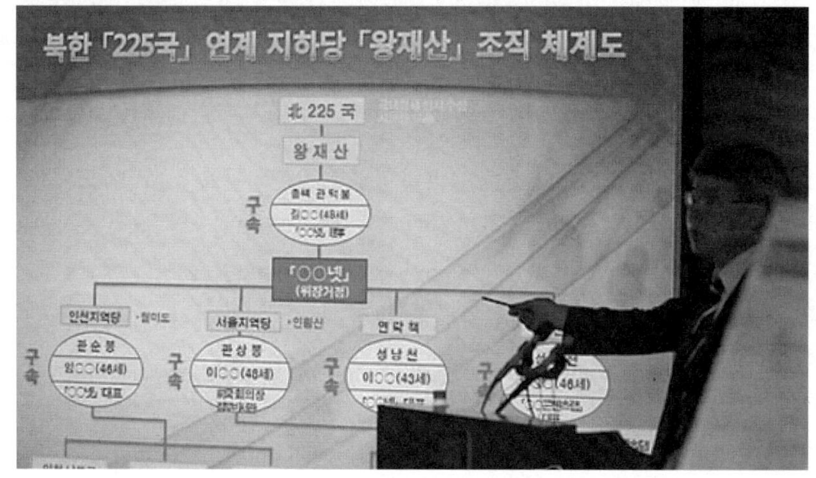

왕재산 간첩조직 체계도(연합뉴스)

2011년 8월 25일, 검찰은 국정원이 찾아낸 왕재산 간첩단 사건을 발표했다. 내막을 요약해보면 다음과 같다. 간첩단 총책인 김00은 1980년대 주사파 운동권 출신으로 1990년대 초 북한의 대남공작부서에 포섭되었으며, 1993년 방북하여 김일성을 만나 "남조선혁명을 위한 지역 지도부를 구축하라"는 이른바 접견교시를 하달받고 '왕재산'(북한이 역사조작한 '왕재산회의'의 함북 온성지명 및 산이름)이라는 지하당을 구축하였고, 이후 인천지역당인 '월미도', 서울지역당인 '인왕산'을 구축한 다음, 노동계, 학계, 재야, 여야당 정당 등에 동조세력을 확대 구축해 오며 20여년간 북한의 지령을 수행해 온 것이다.

　왕재산 간첩단원들은 김일성, 김정일의 생일 등에 25회 차례나 김정일에게 무한한 충성을 다짐하는 충성맹세문을 보낸바 있다. 또한 북한지령에 따라 "맥아더장군 동상 철거투쟁, 국가보안법 폐지투쟁, 한미FTA반대, 반미투쟁" 등 북한의 대남적화투쟁을 우리 내부에서 충실히 대행해 온 것이 수사결과 밝혀졌다. 2010년 11월 연평도 포격도발 당시 북한의 도발을 옹호하고 김정일 부자에 대한 충성맹세문을 전달하기도 했다.

　북한은 왕재산 간첩단원들의 노고(?)를 인정하여, 2005년 조선노동당 창건 60주년에 왕재산 간첩 4명에게 북한 훈장서열 중 세 번째에 해당하는 '노력훈장'을 수여한바 있다.
　북한의 대남공작부서는 1980년대 중반이후 국내에 형성된 '주사파'라는 종북좌파세력에 주목하고 이들의 활동을 정밀 분석하여 개인별 신원분석을 완료하고 포섭대상자 1,500 여명을 선정, 1990년 이후부터 본격적으로 종북좌파세력의 지도핵심을 포섭하기 위한 다방면의 인입공작(引入工作)을 추진해왔다.

　이중 하나가 이번에 적발된 왕재산 간첩단인 것이다. 왕재산 간첩단의 경우, 총책뿐만이 아니라 간첩단 핵심구성원이 대부분 운동권출신인데, 인천지역책인 임00은 1990년대 주사파 지하조직인 반미구국학생동맹 조직원으로 국가보안법 실형을 선고받은바 있다.

　그동안 적발된 북한 간첩단사건 중 종북좌파세력의 지도핵심 포섭간첩 관련 사례는 1992년 조선노동당 중부지역당(황인오, 최호경 등), 1994년 구국전위(안재구, 안영민 등), 1999년 민족민주혁명당(주사파 대부 김영환, 하영옥 등), 2005년 일심회

사건(장민호, 손정목, 이정훈, 이진강, 최기영 등) 등이 있다.

1990년대 이후, 소련 등 동구공산권의 몰락, 극심한 경제난, 김일성 사망 등 내외정세의 어려움에도 불구하고, 김정일이 남북관계에서 일관되게 자신감을 갖고, 공세적으로 대남공작을 전개한 배경에는 바로 우리 내부에 구축된 확고한 '제2전선'(후방전선)이 도사리고 있기 때문이다.

90년대이후의 제2전선은 과거의 제2전선과는 다르다. 과거의 제2전선은 북한의 남파시킨 빨치산이나 무장공비 등이 主力을 형성해왔으나, 1990년대 이후에는 바로 종북좌파세력이 그 주력의 역할을 충실히 수행하고 있다. 왕재산간첩단 적발되었다고 하나, 이는 氷山의 일각이고 제2, 제3의 왕재산이 열심히 대남적화혁명의 제2전선에서 활약하고 있는 상황이기에 북한 김정일의 대남 자신감은 바로 여기에서 출발하는 것이다. 김정일이 남한 지도자들을 만나면서 "한반도통일은 내가 마음만 먹으면 하루아침에 달성할 수 있다는 등의 발언은 단순히 虛張聲勢가 아니라 남한에서 자신의 手足처럼 움직이는 종북좌파세력을 믿고 그런 안하무인격 태도를 보인 것이다.

어이가 없는 점은 왕재산 간첩들이 북한간첩으로 암약하던 시기였던 지난 김대중-노무현 좌익정부에서는 이들의 운동권 경력을 내세워 '民主化運動家'로 인정하고 정부(국무총리실 민보상위)로부터 상당액의 보상금을 주었다는 충격적인 사실이다. 우리 정부가 국민혈세로 간첩들에게 공작버에 보태라고 용돈(?)을 준 격이 되고 말았다. 우리 국민들의 안보의식도 해이해질대로 해이해졌다. 이들을 검증할 언론과 방송도 민주화운동가라는 가면으로 위장하면 제대로 검증하지도 않고 '영웅' 취급하면서 과도한 대접해 주어 그릇된 사회적 분위기를 만들었던 사회적 책임이 크다고 하겠다.

왕재산 간첩들은 북한에서는 '노력훈장'을, 남한에서는 '민주화운동가'로 보상까지 받은 영예(?)를 누렸다. 이런 호사스런 혜택은 전세계적으로 유독 우리나라에서만 가능할 것이다. 그 이유는 지난 좌파정부 시절, 간첩, 반국가 이적분자들을 '민주화운동가'로 인정하고 대접해준 나라는 전세계적으로 우리나라 밖에 없기 때문이다.

이번 왕재산 간첩단사건에서 가장 주목해야 할 점은 북한과 국내 종북좌파세력의 관계이다. 이번 간첩단사건에서 얻은 가장 큰 소득은 국내 종북좌파세력(핵심부)이 북한 대남공작지도부와 직접 연결되어 있을 것이라는 심증이 구체적 사실로서 재확인했다는 점이다. 그러나 우려스러운 점은 현재 국내에는 북한에 포섭된 수많은 종북세력 출신의 간첩단이 당국에 적발되지 않은 채 우리사회 각 분야에서 암약하고 있다는데 있다. 종북좌파세력은 북한 대남공작부서 입장에서 보면, 물좋은 '황금어장'으로서 얼마든지 미끼를 던져 간첩으로 포섭할 수 있다는 점이 입증된 것이다.

이번 왕재산간첩단 사건에서 또 한 가지 주목할 점은 간첩들이 정치권의 최상층까지 침투하여 맹활약을 전개해 왔다는 점이다. 왕재산 간첩단의 2인자격인 이00은 임채정 전 국회의장 시절 내내 정무비서관(3급)으로 활동한 자이다, 입법부의 수장인 국회의장을 직접 수행하면서 각종 정치권의 기밀을 수집하여 북한에 보고하였는데, 당국이 미처 확인을 못한 것은 첩보기관의 일종의 직무유기로 볼 수 있다. 그렇다면 그동안 얼마나 많은 국가기밀이 북으로 전달되었을 것인가? 생각만 해도 아찔하다. 심지어 이 자는 노무현 좌파정부시절 집권여당에 국회의원 공천을 신청하여 의회 출마까지 시도한바 있다. 서독의 빌리 브란트 수상의 비서가 동독간첩으로 발각되어 결국 브란트 수상이 정치적 책임을 지고 사임한 사건이 남의 나라일로만 보이지 않는다. 우리 정치판에서도 이런 일들이 없을 것이라고 누가 장담하겠는가?

이번 사건 중간발표시 공안관계자가 "왕재산 간첩단과 관련된 국회의원은 없다"고 장담했다는데, 이것은 대공수사의 기본원칙에 어긋나는 답변이다. 당시 현역 국회의장 정무비서관(3급)이고 오랫동안 정당(당시는 집권여당) 생활을 한자가 북한간첩인데, 아는 국회의원이 한 두명이겠는가? 그가 여러 명목으로 접촉한 국회의원, 고위정치인이 어찌 한 두명뿐이겠는가? 북한은 국회의장 정무비서관까지 진출한 간첩에게 막대한 공작금을 주면서 비밀지령을 전달했을 것이다. 당연히 국회의장 및 고위 정치인을 포섭하라고 지령했을 것이라는 것은 상식이다.

관련된 국회의원이 없다고 단정한 것은 일종의 '도마뱀꼬리 짜르기'식 수사로 볼 수밖에 없다. 왕재산 간첩단 사건은 두목을 잡지 못하고 송사리를 잡은 격이다. 이자와 접촉한(통화내역만 조회해도 다 파악될 것이다) 국회의원 등 정치인들을 성역 없이 조사하면 정치상층부의 거물급 간첩망을 일망타진할 수가 있다. 그러나 유감스럽게도 검찰과 국정원은 자신들의 保身을 걱정해서인지 그런 노력을 기울일 것 같지 않다.

전 북한 당비서 황장엽 망명시, 청와대 비밀문건이 김정일 책상 위에 놓여 있었다는 증언을 상기하면 정권 상층부에까지 침투하여 암약중인 간첩이 오늘도 고위정치인으로 대접받고 있을 것을 떠올리면, 현기증이 날 지경이다.

여기서 그동안 민주양심세력이라 자처하며 마치 우리사회의 양심세력인양 행세해온 종북좌파세력들이 독자적으로 활동하는 것이 아니라 북한의 지령에 의해 움직이고 있는 충실한 하수인이자 '김정일 대변인'들이었음이 재확인된다. 즉 한국판 베트콩세력인 것이다.

그런데 왕재산 간첩사건은 대한민국 국민으로서 각종 혜택을 누리며 번듯한 대학을 나오고 사회생활을 해오며 자유를 만끽하고 있는 간첩들이나 종북좌파세력들에게 우리 사회가 너무도 관대하고 취약한 체제임을 잘 알 수 있게 한 교훈을 남겼다.

이번 간첩사건은 氷山의 일각이다. 1990년대 이래 북한이 종북좌파의 핵심분자들을 공작포섭하여 구축된 간첩들이 이른바 번식활동을 계속하여 우리사회 각계각층에서 진보세력, 민주화세력, 통일운동세력으로 자처하면서 국민대중의 눈을 속이면서 암약하고 있는 것이다. 심지어 이들은 우리 사회에서 반미반정부 선전선동을 통해 각종 혼란과 불법파업, 난동을 일삼고 있을 뿐만 아니라. 민심을 교란시켜서 제3차 좌익정부의 수립을 획책하는 등 한반도의 자유민주통일을 방해하는 '암세포'로 등장하고 있다. 이들은 또한 온갖 수단과 방법을 동원하여 한미동맹의 해체→주한미군 철수→남북연방제 수립→남한의 親共左翼정부 수립→한반도의 공산주의 통일을 획책하고 있다.

그러므로 대한민국이 경제적 번영을 이루고 민주적 질서를 통해 국력을 배양하여 자유민주적 통일을 이루려면 '종북좌파세력'을 하루빨리 척결해야 이유가 여기에 있는 것이다. 이를 위해서 국정원과 검찰 등은 이번 검거에 만족하여 수사를 중단할 것이 아니라 간첩망을 일망타진할 결의를 다져야 할 것이며 정부와 국회는 이번 간첩사건을 계기로 해서 공안기관의 기능을 한층 강화시킬 방안을 마련해야할 것이다.

2011.9.10

한미FTA 비준안 통과의 의미

韓美FTA 비준안이 2011년 11월 22일 오후 國會 본회의를 우여곡절 끝에 마침내 통과되었다. 반대만을 일삼으면서 의회 민주주의를 수렁에 빠트린 야당세력에게 유린당해온 대한민국의 議會가 잠시 기능을 회복한 순간이었다. 韓美FTA는 2007년 6월 노무현 참여정부가 공식 서명했고, 올해 추가협상을 통해 마무리 되는 과정에서 자그마치 4년 반이나 걸렸다. 美國은 지난 달 비준안이 上下 양원을 통과하고 오바마 대통령이 서명을 끝냈다. 우리는 與野가 '끝장토론'을 벌렸지만, 야당이 이를 정치공세의 볼모로 잡는 바람에 그동안 허송세월을 보냈다. 그동안 한미FTA를 둘러싼 온갖 괴담이 인터넷을 어지럽히기도 했다.

한미FTA가 지지부진했던 이유는 무엇보다 여야 정파간의 정략적인 사고방식에 과도하게 집착했던 것이 원인이었다. 민주당은 야권연대의 向方을 놓고 이해득실을 저울질하는 데 급급했고, 민노당은 개방 그 자체에 대한 반대와 反美를 위한 반대를 반복했다. 이들의 행태는 국민들로 하여금 國會 無用論(무용론)을 제기하게 만들었고, 政黨政治(정당정치)의 위기상황을 초래하는 구실을 제공하였다.

한미FTA 비준안 통과에서 불상사가 발생하는 아쉬움을 남겼다. 22일 민노당의 김선동 의원은 國會 본회의장에서 韓美FTA 표결처리에 반대하며 최루탄을 터트렸기 때문이다. 강기갑 의원의 空中浮揚(공중부양) 사건 이후 憲政 사상 초유의 사태가 벌어진 것이다. 김 의원은 미리 준비해온 최루액을 國會 부의장이 앉아 있는 의장석을 겨냥해 살포하였다. 이것은 의회민주주의에 대한 일종의 테러행위다. 검찰은 국회의 고발여부에 관계없이 엄중 구속수사를 해야 할 것이 마땅하다.

한·미 양국은 자유무역협정(FTA)을 지렛대로 한국전쟁 당시 맺은 한미동맹의 성격이 이제는 군사동맹에서 경제동맹으로 진화하게 되는 역사적 전기가 마련되었다. 1882년 수교를 맺은 지 129년 만에 정치·외교·안보에서 경제까지 '혈맹(血盟)'의 지위를 다지게 된 셈이다

미국의 이득도 있다. 한·미 FTA 발효로 미국은 동북아시아에서 군사·외교적 교두보는 물론 경제적 거점도 마련하게 되었다. 미국은 G2로 성장한 중국을 견제하면서 동북아시아에서 균형을 맞출 수 있는 발판을 마련한 것이다.

이번 한미FTA 비준안 통과로 인해 산업별 이해득실이 크게 엇갈릴 것이다. 무턱대고 한미FTA가 일자리창출과 영토확장의 의미를 가진다는 식의 정부와 국책연구기관이 발표한 경제적 효과는 장밋빛 환상일 수도 있다. 어떻게 치밀하게 대응책을 세우는가에 따라 결과가 달리 나올 수 있다. FTA를 체결한 결과 향후 나타날 부작용과 과거 다른 나라의 분쟁사례를 더욱 치밀하게 분석하여 문제점을 점검하고, 향후 투자에 관련된 국제분쟁시 미국회사와 대응할 수 있는 국제법과 통상전문가를 많이 양성해야할 것이다. 또 정부는 손실이 예상되는 금융업, 의약과 농업 분야에 대해서는 위로를 전달하고 동시에 경쟁력을 갖추도록 다각도로 지원노력을 아끼지 말아야할 것이다. 우리는 한미FTA 비준이 주는 명암을 냉철하게 분석해야할 것이다. 산업화, 정보화, 세계화 과정에서 소외된 계층을 돌보아야 하는 숙제를 안겨주었다.

어쨌든 한미FTA의 비준은 대한민국이 세계화의 한 단계 더 진척하는 계기가 되었고, 21세기 국제정세에서 대한민국의 불가피한 생존전략으로서 자리매김하고 있다. 그러나 이명박 대통령과 한나라당은 韓美FTA비준안을 통과시킨데 만족해서는 안될 것이다. 희생을 감수해야하는 반발하는 계층들을 더욱 차분하게 설득해야할 것이고, 어떤 식으로든 야당과의 대화도 계속해 나가야할 것이다. 의회민주주의가 위기를 맞은 형국에서 과연 한미FTA의 비준이후 정부의 후속조치가 어떻게 마무리될 것인지 국민들은 차분하게 지켜볼 것을 당부한다.

 2011/11/26. 전라일보에 개제

김정일의 死亡을 보는 상반된 입장:
애도와 경축

2011년 12월 17일, 드디어 김정일이 급성심장마비로 사망했다. 2008년 뇌졸중으로 쓰러진 뒤 3년만의 일이다. 올해 북아프리카의 재스민 혁명을 거치면서 이집트의 무바라크와 리비아의 카다피를 포함하여 수많은 독재자들이 정변이나 혁명을 통해서 망명하거나 피살되었고, 동북아시아에서 김정일의 사망으로 신묘년의 년말뉴스의 대미(大尾)를 장식하게 되었다.

저 멀리 북아프리카의 독재정권이 무너질 때 우리 사회는 그런 정치적 격변을 냉정한 눈으로 조용히 지켜보았다. 어느 누구도 독재자의 최후에 동정을 표하거나 그들의 사망에 대해서 애도나 조문을 표현하자는 인사는 없었다. 그런데 정작 30여년 동안 북한을 철권통치한 독재자 북한의 김정일이 사망한 소식은 다시 우리 사회를 요동치게 하고 있으며, 심각한 분열상을 노정하고 있다. 마치 1994년 7월 북한의 독재자 김일성의 사망이후 벌어졌던 남남갈등의 분위기가 재현되고 있는 것 같다.

조문(弔問)이란 무엇인가? 그것은 무엇보다도 죽은 자에 대한 동정과 추모 및 애도의 뜻을 담고 있다. 자신이 평생에 걸쳐서 신세진 인물이거나, 친하게 알고 지내거나 아니면 존경할만한 인물에 대한 최소한의 예의를 갖추는 경우에 해당된다. 평가의 기준에 따라 애도의 무게나 비중도 달라진다. 국가 대국가와의 관계도 마찬가지로 적용된다.

그렇다면 김정일은 대한민국에게 어떤 존재였으며, 대한민국에 대해 무엇을 했나? 한마디로 그는 죽을 때까지 대한민국에 해악(害惡)을 끼친 인물이라고 볼 수 있다. 김정일은 37년의 철권 통치기간 동안 '측근정치'와 '선물정치', '광폭정치'와 '인덕정치'로 대변되는 권력과시형 경제운용으로 경제파탄내고 경제난이 지속되면서 300만명의 아사자가 발생되는 우를 범했다. 그리고 끝없는 폭압정치로 대량탈북을 양산하고 15만 명이 수용된 정치범수용소를 6곳, 교화소 7곳을 운영하면서 북한주민의 인권을 유린하였다. 심지어 김정일은 수백명의 외국인들을 납치하였고 배후에서 각종 국제 테러를 지시했다. 1983년 아웅산 테러로 공식 비공식 수행원 17명이 사망하고 14명이 중경상을 입었다. 그리고 1987년 KAL기 폭파사건으로 탑승객과 승무원 115명이 전원 사망하였다. 그리고 남북화해와 협력이 진행되고 있는 시점에서도 대남무력도발을 감행했다. 2010년 3월 26일 해군병사 40명 사망, 6명 실종시키는 천안함 폭침도발을 감행했고, 또 그 해 11월 24일 연평도 포격도발로 해병2명이 전사하고 민간인 2명이 사망하는 무력도발을 감행했다. 또한 김정일은 핵의 평화적 이용보다는 핵무기를 개발하는데 주력하여 2차례 핵실험을 함으로써 한국과 국제사회를 위협하였다.

하지만 2008년 김정일은 뇌출혈로 인해 2009년 1월 김정은을 후계자로 내정하고 본격적인 3대 세습에 돌입했는데, 이는 소련이나 중국과 같은 공산주의 종주국가에서도 볼 수 없는 봉건왕조시대에서나 있을 수 있는 일을 자행하여 국제사회의 조롱거리가 되었다. 그럼에도 불구하고, 우리 사회의 정계 및 사회 종교 노동계 지도급인사들 중에서 아직도 북한에 애도의 유감과 함께 조문을 표시해야하며 심지어 조문을 위해 방북해야 한다고 주장하는 얼빠진 인물들이 있다. 그래서 탈북자들은 "북한주민들 보다도 남한에서 김정일을 숭모(崇慕)하는 인사들이 많다는 점에 경악했다"고 고백하는 것이 결코 과장이 아닐 것이다.

　김정일이 사망한 애도의 기간에, 굳이 북한을 자극할 필요는 없을 것이다. 그렇다고 해서 수십년동안 대한민국과 국제사회에 심각한 평화의 위협을 안겨주었던 독재자의 사망에　대하여 "조문을 표하라", "조문단을 구성하라"는 등의 난리법석을 떠는 것은 자칫하면 김정일의 국제적 범죄행위에 면제부를 주는 것으로 오인될 소지가 있는 것이다.

　김정일의 사망으로 인해 한반도정세는 급변하게 될 것이다. 통일의 기회가 한층 가까이 다가올 수 있다. 그러기 위해서는 내부 분열을 최소화하면서 국력의 극대화를 모색해야할 것이다. 특히 우리 사회의 지도층은 이성을 잃지 말고 차분하게 김정일의 사망에 대응해 나갈 것을 권고한다.

　2011.12. 24

임진년 2012년 북한 사설의 특징

북조선인민공화국은 매년 1월 1일에 "로동신문", "조선인민군", "청년전위" 공동 사설을 싣는다. 이 사설은 북한정권의 새해 사업과 대남공작 목표의 방향과 지침을 제공하여왔다. 한국의 종북좌익세력은 이 신년사설을 보고 새해의 대정부투쟁의 노선과 목표를 정해왔다. 그런데 김정일 사후 금년도 신년사설은 예년과는 조금 다른 내용을 엿볼 수가 있다.

첫 번째로, 사설은 '김일성조선'을 공식화했다는 점이다. 이전에는 김일성조선이란 말은 북한 노동당규약에서나 은밀하게 숨겨져 있었던 용어였다. '김일성민족'이란 말에는 '김일성조선'이란 말이 함께 들어 있었다. 또한 북한노동당은 김일성 당이고 북한 헌법은 김일성헌법이라고 명시되어 있다. '김일성조선'이란 말을 신년공동사설에서 공개적으로 사용하지는 않았었다. 그러나 금년 신년공동사설에서는 '김일성조선'이란 용어를 노골적으로 노출시켰다. 김일성 우상화작업을 계속하겠다는 의미다.

신년공동사설에서는 "올해 주체101(2012)년은 위대한 김정일동지의 강성부흥구상이 빛나는 결실을 맺게 되는 해이며 김일성조선의 새로운 100년대가 시작되는 장엄한 대진군의 해이다." "김일성조선의 첫째가는 국력은 어제도 오늘도 앞으로도 사상의 위력, 단결의 위력이다." "모두다 우리 당과 국가, 군대의 최고령도자이신 김정은 동지의 령도에 따라 김일성조선의 새로운 100년대를 강성번영의 년대, 자랑찬 승리의 년대로 끝없이 빛내여 나가자"라는 새로운 구호가 등장한 것이다.

두 번째로, 김정은을 내세워 김일성왕조를 공식화한 의미가 크다. 김정은이 권력을 승계할 유일한 이유는, 그가 서자이든 적통자이든 상관없이, 김일성의 피를 받았다는 것이며, 그것이 유일한 정통성의 근거라는 것을 의미한다. 다시 말하면, 북한 공산독재집단은 이제부터 김일성 가계가 지배하는 절대왕조체제라는 것을 만천하에 공표한 것이다. 그 이유는 김정은이 권력을 승계할 주된 근거가 핏줄이라는 것이며, 혈통에 따라 권력이 승계되는 절대왕조체제로서 봉건왕조적 성격을 노골화한 것이다. 이는 전통적으로 북한 공산주의는 마르크스-레닌주의가 강조한 노동자 농민을 대표하는 체제에서 3대세습 과정을 거치면서 크게 변질되고 말았다.

세 번째로, 이번 북한 신년공동사설에 등장한 표현 중 특이한 것은 "천만군민"이란 표현과 "천만대중"이란 표현이다. 사설에는 "지금 우리의 천만군민은 크나큰 슬픔을 천백배의 힘과 용기로 바꾸어 경애하는 김정은동지의 령도에 따라 새로운 주체100년대의 강성부흥을 위한 장엄한 진군길에 들어서고 있다.""우리 천만군민이 크나큰 비분을 안고 흘리는 눈물은 그 어떤 가식도 모르는 순결무구한 단결의 눈물이며.…""천만대중의 정신력을 천백배로 발양시켜 나가는 것은 올해 대진군의 승리를 위한 중요한 열쇠이다"라는 표현이 난데없이 등장한다. 북한 주민의 숫자가 대략 2,400만 명 정도인데, 어떻게 해서 1천만이라는 숫자가 등장하게 되었는가? 나머지 1,400만 명은 어디로 사라졌는가? 원래 북한 헌법을 살펴보면 오직 노동자, 농민, 근로인테리, 그리고 작년 개정한 헌법에 의해 군인이 주권계급으로 되어 있다. 그렇다면 이 범주에 속하지 않는 사람들은 주권이 없는, 노예적 존재가 된다. 그런데 주권을 가진 노동자, 농민, 근로인테리, 군인의 숫자가 천만이라는 뜻인가? 그러면 1천만에 속하지 않는 다른 사람들은 누구인가?

표현 자체로 보면 분명히 1천만명은 김일성왕조의 주권을 가진 인민의 숫자로 보인다. 나머지 일천사백만 북한 동포는 주권이 없는 노예집단으로 파악된다. 사실 북한 공산독재집단은 30만 정도의 열렬당원, 그 중에서도 열성당원 및 군인 5-10만명에 의해 지탱된다고 볼 수 있다. 공식적으로 일천사백만 북한 주민이 주권 계급에 속하지 않는다는 것은 현대 세계에 있어 상상도 할 수 없는 끔찍한 불평등과 인권유린이 북한사회에서 공공연하게 자행되고 있다는 점을 여실히 보여준다. 이것은 김일성조선(왕조)가 내포한 잔혹한 성격을 말해 주는 것이다.

네 번째로, 이 사설은 북한의 경제난의 심각성을 직시하고 생산의 독려와 기초산업의 육성을 통한 경제부흥을 매우 강조하고 있다. 특히 식량의 악화와 전기부족사태를 여실히 보여주고 있다. "현 시기 인민들의 먹는 문제, 식량문제를 푸는 것은 강성국가건설의 초미의 문제이다. 오늘 당 조직의 전투력과 일꾼들의 혁명성은 식량문제를 해결하는데서 검증된다." "우리는 어떻게 하나 긴장한 전력문제를 선차적으로 풀어 나가야 한다."

다섯째로, 김정은체제는 당분간 군부가 중심이 되어 당과 인민대중을 이끌어간 김정일의 선군정치체제를 계승하겠다는 결의를 보이고 있다. "김정은 동지의 선군혁명령도를 앞장에서 충직하게 받들어 나가며 전군에 김정은동지의 명령지시를 한치의 드팀도 없이 무조건 결사관철하는 혁명적 기풍을 확고히 세워야 한다." "위대한 김정일동지의 군민일치사상을 빛나게 구현해 나가야한다." "위대한 장군께서 불면불휴의 선군혁명령도로 튼튼히 다져주신 국방공업의 거대한 잠재력이 최대한으로 발휘되게 하여야 한다." 그렇다면 김정은이 권력을 다지지 위해 불가피하게 군부를 중심으로 한 선군정치의 계승에 의존한다면 남북간의 관계개선은 당분간 어려울 것이다.

여섯째로, 북한 김정은의 대남통일노선은 과거 김일성-김정일에서 추구한 대남적화노선에서 전혀 이탈이나 변경사항이 없다는 점이다. "오늘 불멸의 조국통일 3대헌장과 북남공동선언의 기치따라 나아가는 조국통일위업의 진두에는 또 한분의 절세의 애국자이신 경애하는 김정은동지께서 서계신다." 여기서 말하는 '조국통일 3대헌장이란 1972년 7.4 남북 공동 성명에서 천명한 조국통일 3대 원칙(자주, 평화, 민족대단결), 1980년 조선민주주의인민공화국이 제시한 한국의 통일 방식인 고려민주연방공화국 창립 방안, 1993년 최고인민회의 제9기 5차 회의'에서 채택된 전민족대단결 10대강령을 뜻한다. 또 여기서 말하는 북남공동선언이란 6.15공동선언과 10.4공동선언을 지칭한다.

북한이 대한민국정부에게 이 두 공동선언의 이행을 집요하게 이행을 촉구하는 이유는 김정일-김대중이 서명·합의한 6.15선언에는 '자주'라는 용어가 언급되는데 이것이 내포한 '북한식' 의미는 주한미군철수-한미동맹의 해체를 뜻하는 것이고 통일방안으로서는 대한민국 헌법에도 생소한 '남북연방제' 조항이 삽입되어 있기 때문이다. 이 사설은 노골적으로 미군철수를 주장하면서 남한에 대해 내정간섭을 하고 있다. "내외호전세력의 군사적 결탁의 위험성에 각성을 높이며 조선반도평화보장의 기본장애물인 미제침략군을 남조선에서 철수시켜야한다." 또 10.4공동선언에서는 남한이 '아무런 부대조건 없이' 북한경제가 소생할 수 있을 정도로 무한정 대북지원을 약속하는 조항이 삽입되어 있으니, 북한으로서는 결사적으로 10.4선언을 이행하라고 하는 것이 그들에게 이득이 된다.

일곱째로, 이 사설은 또한 북한이 '남한 흔들기 작업'의 일환으로 남한의 종북좌익세력과 해외동포들에 대한 선전선동도 멈추지 않을 것임을 말하고 있다. "북과 남, 해외의 온 민족은 6.15공동선언과 10.4선언의 기치 밑에 굳게 단결하여 조국통일운동에 박차를 가함으로써 올해에 자주통일의 돌파구를 열어놓아야 할 것이다." 특히 2012년 남한에서는 대선(4월)과 총선(11월)이 있고 해외동포의 참정권도 처음으로 행사되기 때문에 사이버상에서 북한의 선전선동 책동에 대해 각별한 주의가 요청된다.

마지막으로, 이 사설은 대외관계, 특히 러시아와 중국과의 경제협력을 강조하고 있다. "지난해에 위대한 장군님께서 진행하신 중국과 로씨야에 대한 력사적 방문은 세계평화와 동북아시아의 안전을 보장하고 전통적인 친선관계를 발전시키는데서 중대한 계기로 되었다." 즉 김정은 체제는 정권의 위기에 당면하여 대외원조를 중시할 수밖에 없으므로 자연히 향후 북한은 중국이나 러시아에 대한 의존도가 한층 심화될 것으로 전망된다.
2012.1.10

제4부
여행기, 書評 및 부록

중국 고구려 답사 기행문

  중국 여행은 이번이 세 번째이다. 첫 번째 중국여행은 천진이었고, 두번째는 서안을 돌아보았고, 대련과 심양과 여순을 거쳐 집안과 단둥을 둘러싼 백두산 일대 고적답사는 이번이 처음이었다. 원광대 사학과 학생 31명과 교수 5명이 참가한 최초의 학과 해외원정답사였기에, 그만큼 기대가 컸기에 마음이 설레이기도 했다.

6월 26일

  첫째 날, 대련비행장에서 도착하여 첫 번째 방문지 여순감옥소로 향했다. 이 지역은 러시아와 일본이 중국을 침략하려 했을 때, 가장 먼저 점령했던 군사적 요충지다. 러시아가 점령하여 지었던 여순감옥소는 다시 1905년 노일전쟁에 승리한 일본군이 점령하여 여순감옥소를 대대적으로 확장하였다. 건물이 대동아공영권을 상징하는 큰 대자(大)모양으로 지어졌으며, 수많은 한국의 항일투사들, 신채호와 안중근의사 등이 수감되어서 결국 이곳에서 총살교수형에 처해진 곳이었다. 여순감옥소는 일제의 만주침략의 규모를 알 수가 있을 만큼 방대하였다. 간수와 죄수들의 옷들과 유품들, 그리고 공장에서 일하던 공작기구들이 그대로 보관되어 있었다. 교수형을 처한 감방도 그대로 공개되었다. 중국당국은 감옥소를 日帝殘在라고 하여 해체·철거하는 대신에, 유적박물관으로 보존하여 많은 관광객들을 유치하고 있는데, 역시 중국인다운 대국의 기질과 상술을 엿볼 수가 있었다. 우리의 일제침략 건물의 경우, 조선독립을 외치다가 감옥에서 순직한 유관순이 갇혔던 서대문 형무소는 온데 간데 없이 해체되고 말았던 것과 많은 비교가 되었다.

6월 27일,

신의주의 압록강 철교, 오른쪽으로 폭격으로 인한 절단부문이 보인다

　둘째 날, 신의주 맞은 편에 있는 단동에 도착하여 압록강에 도착하였다. 비는 계속 내리고 있었다. 단동은 북한을 가장 지근거리에서 볼 수 있는 도시다. 단동에서 신의주로 가는 철교가 두 개 놓여 있었다. 6.25때 미군공군기의 폭격으로 중간 다리가 부서진 채 그대로 방치되어 있어서 미군폭격의 잔인함을 중국인들과 북한인들에게 反美宣傳의 好材로 사용하고 있었고, 그 바로 옆에 새로 건설한 철교가 있었다.

　유람선을 타고 신의주 쪽을 바라보았다. 신의주의 모습을 보니 산에는 나무가 없어서 벌거숭이 산 그대로였고 50-60년대 초까지 한국의 모습과 유사한 느낌을 받았다. 그와 대조적으로 단동은 20-30층 고층빌딩이 즐비하게 서 있어서 엄청난 대조를 이루었다. 이런 개발은 최근 3-4년 전에 불과하다고 했다.

표지 "위대한 수령 김일성동지는 영원히 우리와 함께 계신다"

두 나라의 전기 공급 차제가 차이가 있었다. 압록강의 강폭은 생각보다 넓지 않았다. 신의주 저편에서는 소달구지 자전거, 그리고 남루하게 입은 북한사람들이 부두에서 일하는 모습이 보였다. "위대한 김일성 동지는 영원히 우리와 함께 계신다" 또 "21세기의 태양 김정일장군 만세"라는 구호의 여러 플랜카드를 보니 현기증이 났다. 학생들은 신기한 듯, 연신 카메라를 터트렸다. 바로 신의주 부근에 위화도가 있었다. 고려 말 최영의 명을 받들어 만주 요동정벌의 사명을 안고 간 이성계가 건너서 回軍을 했던 그 위화도에는 잡초만 무성하여 역사의 무상함을 일깨워주었다. 조선족 가이드의 말에 의하면, 중국인 사업가가 위화도를 개발하려고 하다가 조건이 맞지 않아서 중단했다고 한다.

오후에 접안에 가서 고구려의 수도와 돌무덤들을 보았고, 이어서 광개토대왕의 비문을 보았다. 고구려인의 기상을 잘 알 수가 있었다. 돌의 크기가 엄청났고 고구려의 歷史와 境界를 알리는 내용이 글자로 새겨져 있었다. 그 당시 고구려의 국력과 광개토대왕의 위용을 가늠할 수 있는 비석이었다. 24시간 중국인 경비원이 삼엄하게 지키고 있었다.

6월 28일,

셋째 날, 이번 여행의 하이라이트인 가장 흥미로운 백두산 천지를 등반하는 날이었다. 중국방면에서는 백두산에 비행장을 건설하는 등 개발에 열을 올리고 있었다. 천지로 가는 곳 도처에는 올라갈 때부터 비가 오면서 안개가 자욱하게 끼어서 천지를 제대로 볼 수 있을 지가 염려가 되었다. 안내하는 조선족 가이드는 "모든 것이 그날 運에 달렸다"고 말했다. 가이드의 설명에 의하면, 백두산은 만주족에게 신성한 지역이었다. 청나라를 세운 만주족이 백두산 근처에서 거병을 하고 도읍을 정했다고 한다. 그래서 청국 초기에는 백두산을 향해 제사를 올리고, 삼림과 수렵을 왕실에서 철저하게 금했다고 전한다.

천지를 올라가는 길에 가마꾼들이 타라고 흥정을 했으나, 타지 않았다. 같이 동행했던 일행교수들과 학과 학생들에게 체면을 구기게 되기 때문이었다. 가마돈도 꽤 많이 요구하기에 걸어서 같다. 천지로 올라가는 계단은 나무계단과 돌계단 두 종류로 가지런히 있어서 걷기에 힘들지는 않았다. 천지까지 올라가는데 약 40-50분 정도가 소요되었다. 올라가는 길목에는 이름 모를 수목과 야생초들이 있었고, 萬年雪이 그대로 녹지 않고 있었다. 올라가보니, 벌써 수많은 한국인 중국인 관광객들이 안개가 자욱한 천지를 주목하고 있었다. 10분정도 참고 기다렸다. 습기가 차고 바람이 몹시 불었다. 그런데 갑자기 안개가 걷히면서 천지의 모습이 드러났다. 물은 맑고 깊었다. 천지물의

빛깔은 에메랄드 색깔이었다. 몇 년전에 뉴질랜드의 남쪽 섬호수에 같을 때와 같이 푸르렀다. 저절로 여기저기서 탄성이 터졌고, 사진을 찍었다. 중국을 통해 천지를 감상한다는 것이 슬펐다. 중국의 백두산은 원래 북한 영토였으나, 6.25전쟁이 끝난 후, 김일성이 북쪽의 백두산 경계를 중국에 갖다 바친 것이다. 김일성은 중국원조가 아니었으며 나라도 목숨도 부지하기가 불가능했던 것을 아는 터라 모택동에게 結草報恩의 심정으로 중국에게 귀중한 영토를 넘겼다. 김일성은 同族相殘의 전쟁의 대가로 값비싼 우리 민족의 聖地 백두산을 중국에 팔아먹은 씻을 수 없는 大罪를 범한 것이다.

백두산 천지

6월 29일

  넷째 날, 주몽의 건국 수도 환인에 있는 오녀산성을 답사하였다. 오녀산성은 홀빈성의 중국식 표기다. 오녀산성은 건국초기 고구려인들이 5천에서 8천명이 먹고 거주할 수 있는 수도였다. 높은 고지에 있으면서 위에는 평지가 광활하게 전개되어있는 천해의 요새였다. 좁은 길목만 지키고 있으면 적들을 쉽게 물리칠 수 있게 되어있었다. 우물도 있어서 물을 길러서 먹을 수가 있었다. 다만 농사를 짓기가 불가능했다. 점차 인구가 많아지고 영토가 확장되면서, 고구려는 남쪽으로 수도를 이전할 수밖에 없었을 것이다.

6월 30일

  다섯째 날, 심양으로 향했다. 안내원의 설명에 의하면, 심양이 만주족 후손들이 조상을 정중히 모셔서 보존이 잘 되었다고 평가를 하는 지역이었다. 청국 황태극이 정사를 보던 심양고궁과 그의 묘가 있는 북릉공원을 답사하였다. 황태극은 청태조 누루하치의 8번째 아들이며 두 번째 淸國의 왕이다. 황태극은 태자시절부터 중국대륙을 정복하지 전에 배후의 안전을 도모하기 위해서 조선정벌의 필요성을 강조한 주전론자였다. 1635년 황태극은 여진족을 만주족으로 개칭하고 다음해 스스로 황제로 칭하고 大淸을 세웠으며, 비록 산해관을 넘지는 못했지만 대청제국의 기초를 다진 인물이다. 조선침공의 명분이 이랬다. 청을 방문한 조선사신이 삼배를 하지 않자 그 이유를 물었는 바, 조선사신이 조선은 명을 섬긴다고 강변하자, 황태극은 분노한 나머지 조선을 침공했으니, 그것이 1636년의 병자호란이었다. 인조는 삼전도에 나가서 무릎을 꿇고 황태극에게 3배의 술잔을 올렸다. 이렇게 황태극은 조선에게는 씻을 수 없을 굴욕과 상처를 주었지만, 청나라에서는 뛰어난 군주로 평가를 받는 인물이었다. 심양고궁은 황태극이 정사를 본 궁궐이었다. 막강한 청 군사력의 기반인 8기군의 궁궐이 주변에 있었다. 뒤에는 황후와 후궁들이 거치하는 궁궐이 있었다.

오후에는 9.18기념관을 방문하였다. 1932년 9월 18일, 만주사변을 일으킨 일제에 항거한 항일투쟁을 기념하는 박물관이었다. 사진과 인형, 유물 등이 전시되어있었다. 김일성의 항일투쟁도 한 커트가 보존되어 있었다. 중국에는 항일투쟁사를 잊지말자는 취지에서 수많은 항일투쟁을 기념하는 박물관이 중국 도처에 건립되어있다. 물론 중국이 땅이 넓기에 그럴 수 있는 여건이 있다고 하더라도, 우리의 경우는 천안에 있는 독립기념관에만 집중적으로 보관 전시되어있는 점과 크게 대조가 되었다.

7월 1일,

마지막 날, 대련공항이 안개가 자욱하여 이착륙이 불가능하게 되었다. 그리하여 호텔에서 하루밤을 묵었다. 비용은 일인당 중국화 100위안(한국돈 17,500원)이 들었다.

답사총평;

중국은 경제대국 G-2에 들었지만, 중국인들의 시민의식과 법질서의식은 선진국수준으로 볼 때, 아직 멀었다는 느낌이 들었다. 신호등을 무시한 보행자들의 무질서한 교통질서에서 느낄 수가 있었다. 그러나 중국이 북경올림픽을 개최한 이후, 서비스 분야에서 많이 개선되었다. 특히 택시들이 많이 깨끗해졌다. 운전기사들이 담배도 조금 피우고, 강도로부터 운전기사를 보호하기 위한 쇠창살이 없어졌다. 중국의 개발과 경제발전은 해가 다르게 고속성장을 해왔다는데, 빈부격차가 심각해져 장차 사회불안 요소가 될 소지가 많다. 또 중국은 백두산 인근에 공항을 건설하고 개발을 서두르는 한편, '동북공정'으로 통한 북한에 대한 지배욕심을 버리지 않고 있다는 점에서 장차 韓中

간에 갈등요인이 잠재해 있다는 점을 느꼈다.

이번 답사에서 재점검해야 할 부문이 학생들의 인내심 강화의 필요성이다. 특히 해외여행에서 여행국의 음식에 제대로 적응을 하지 못한다는 점이었다. 심지어 젓가락질도 못해서 맛있는 중국음식을 '그림의 떡처럼' 먹지 못하는 경우도 있었다. 3일이 지나서야 배가 고프니까 할 수 없이 음식에 손을 대기 시작했다. 편식 습관이 어릴 때부터 형성되면 해외여행에서 체력도 떨어져서 곤란해지고 동행한 친구들도 어렵게 만드는 것이다. 50-60년대 배가 고파서 못살겠다는 시대의 기성세대와는 전혀 다른 隔世之感을 느끼게 했다. 무상급식 실시로 인해 "맛이 없다"고 식사를 거절한다면 얼마나 음식 낭비가 심할 것인가를 곰곰이 생각해 보았다.

2011.7.15

필자의 뒤편에 환인 오녀산산성이 보인다. 정상은 평지인데 돌벽으로 구성되어있다.

서평 I; "국정원 행랑이 김정일의 군자금창고"

前 국정원 간부 김기삼의
『김대중과 대한민국을 말한다』(비봉, 2010)

김기삼씨

2010년 서점가를 강타한 회고록 중에서 이 책만큼 독자들에게 충격으로 몰고 간 책은 없을 것이다. 그것은 김영삼-김대중-노무현 정부 시절에 국정원에서 일했던 간부의 조직내의 비리고발과 솔직한 고백을 담고 있기 때문이다.

저자 김기삼씨는 밀양출신으로 밀양고등학교와 서울대 법대를 졸업하고 1993년부터 국정원(당시 안전기획부)에 입사하여 해외공작국, 국제정책실, 대북전략국 등에서 근무했다, 그러나 2000년 10월 28일, 그는 국정원을 떠났다.

그의 사직 이유는 김대중 정권의 온갖 정치적 비리뿐만 아니라 노벨상 공작 차원에서 '대북 퍼주기' 등 민족반역 행위를 서슴치 않는 실상을 지켜보면서 양심상 보고 있을 수만 없어 이를 공개하기 위해 국정원을 사직했다고 한다. 그 후 그는 김대중 정부의 살해 위협을 받아 사직 1년뒤인 2001년 11월 미국으로 건너갔다.

2003년 1월 30일, 2월 15일, 3월 24일 그리고 2004년 5월 미국에서 양심선언을 한 후 국정원으로부터 국정원 직원법 위반 등의 혐의로 고발 당했다, 그로 인해 2003년 12월, 그는 미국으로 정치적 망명을 신청했다. 2004년 미국변호사 자격을 취득, 현재 변호사로 재직 중이다. 2008년 미 연방법원의 1심에서 망명허가를 받았지만 미국 검찰이 항소를 하여 다시 3년 가까이 재판이 이어져 오다가 2011년말 최종 망명이 승인되었다.

김기삼씨는 국정원 출신답게 국가 중요 사안에 대해 비밀정보를 많이 가지고 있었다. 또 역대 대통령에 대해서도 사적 감정에 치우친 것이 아니라 나름대로 공정하고 객관적인 평가를 내리고 있었다.

한국에서 정보원출신으로 회고록을 남긴 인물은 거의 없다. 모든 국가에서 정보원에게 문서를 남긴다는 것은 기밀유지법에 어긋나기 때문이다. 건국이후 정보원 출신이 남긴 회고록은 아주 드물다. 가장 센세이션을 일으킨 회고록으로 대표적인 것이 김경재(전 민주당 국회의원)이 박사월이란 필명으로 쓴 『혁명과 우상』(전 3권)이 있었는데, 그 책은 펜실바니아 대학원에 유학중인 김경재가 미국에 망명중인 김형욱 중앙정보부장을 인터뷰하여 정리한 것이었다. 그 책의 요지는 감추어진 박정희의 사상적 좌익계보와 스캔들성 부도덕성, 그리고 유신체제의 정치탄압을 폭로한 것으로 미국내의 反韓感情을 증폭시키는 한편 국내에서 유신체제에 대한 민심이반에 크게 기여한 문제작이었다.

박사월의 『혁명과 우상』이 박정희의 부도덕성과 유신체제의 비민주성과 인권유린을 비판한 것이라면, 김기삼의 『김대중과 대한민국을 말한다』는 김대중을 '악마적인 사기꾼'(p.311)으로 지칭하면서 햇볕정책을 이적성 반역행위로서 간주한다.

1. 김대중의 貪慾과 反逆

① 노벨평화상의 치밀한 로비작전

　김기삼씨는 책에서 DJ의 노벨상 수상 공작에 대해 낱낱이 폭로한다. 김 씨는 김 전 대통령의 공보비서 출신인 김한정이란 인물이 국정원 대외협력보좌관실에서 ▲휴전선에서 '평화 음악회' 개최 ▲스웨덴과 노르웨이 현지에서 공금을 들여 김대중의 인생 역정을 미화한 전기 발간 ▲넬슨 만델라 전 남아프리카공화국 대통령(1993년 노벨 평화상) 방한(訪韓) 등을 추진했다며, 국정원이 동원된 정황을 설명했다.

　또 김 씨는 "노르웨이의 노벨평화상위원회 내에 DJ를 적극 돕는 협조자가 스톨셋 부위원장이었다"며 "스톨셋은 DJ에게 노벨평화상을 수여하기 위해서는 인권과 민주주의 만으로는 부족하고 남북관계에 어떤 획기적인 돌파구가 필요하다는 언질을 계속 보내왔다"고 주장한다.

　또 김 씨는 "DJ는 그 '획기적 돌파구'라는 말이 무엇을 의미하는지 잘 알고 있었고 김정일 역시 DJ의 노벨상에 대한 병적인 집착과 노벨평화상위원회의 입장을 충분히 탐지하고 있었다"고 주장한다.

　김 씨는 "DJ는 김정일에게 천문학적인 뇌물을 제공하고 남북정상회담이라는 거대한 쇼를 성사시켜 나갔다"며 "현금을 챙긴 김정일은 태연스레 평화 제스처를 연기해 줌으로써 출연료에 보답해 주었다"고 썼다.

② 김대중의 남북정상회담과 대북퍼주기 햇볕정책

　이 책에서 가장 놀라운 내용은 김 씨는 김대중이 북의 김정일에게 보낸 액수가 언론에게 알려진 5억달러가 아니라 무려 3

배인 15억달러에 이른다고 주장한다는 점이다.

"남과 북은 1999년 12월 말, 국정원의 파우치(외교행낭)를 이용하여 남측이 북측에 유로화로 미화 15억달러를 송금하기로 합의했다"(p.352).

김씨는 "DJ 정권이 김정일에게 퍼다 준 천문학적인 액수의 현금과 물자는 얼마 지나지 않아 우리의 심장을 겨누는 창과 칼이 되어 고스란히 우리 머리 위로 되돌아왔다"며 "그 당시 김정일은 이미 핵무기와 미사일을 개발하고 있었다"고 강조했다.

김정일은 김대중의 뇌물을 받아 고폭장치 등 핵무기 개발에 필요한 핵심 물자를 파키스탄, 카자흐스탄, 프랑스 등지에서 구입했다. 김정일은 또한 이 돈으로 카자흐스탄으로부터 40대의 신예 미그기를 도입하였고, 러시아로부터 잠수함과 탱크 등 첨단무기를 구입하였다(p.30).

김기삼씨는 이어 "DJ는 스스로 '인권 대통령'을 표방했지만 정작 북한 동포들의 인권에 대해서는 철저히 외면했다"고 지적하고 "북한 정치범 수용소의 존재 자체를 거론하는 것이 금기시 되었고 중국을 떠도는 탈북 동포들의 참상도 의도적으로 외면하였다"고 주장했다.

③ DJ 비자금

김기삼씨는 김대중이 상상을 초월하는 천문학적인 거액의 비자금을 해외에 숨겨두었다고 증언한다. 스위스, 홍콩, 미국 등지에 분산 예치하고 있는 비자금의 규모는 최소 6천억원에서 1조 원대에 이르는 것으로 파악하고 있다(p.116).

④ 국정원의 부패와 타락상

"적과 싸우기 위한 전략물자를 수송해야 할 국정원의 행낭이 적의 군자금을 보급하는 통로로 이용되었다.” 김기삼씨는 국정원이 “인사문제에서 호남인맥을 지나치게 등용하여 전문성을 완전히 상실한 사조직이 되고 말았다”고 주장한다. 김대중 정권은 국가정보원이라는 공적 기관을 완전히 사설 흥신소 수준으로 전락시켰다. 권력을 잡은 전라도 출신들은 국정원이라는 조직을 철저히 사유화했다. 김대중 자신은 국정원을 ‘반역의 도구’로 이용했고, 그의 가족들은 ‘범죄의 수단’으로 활용했다 (p.311).

김대중 정권초기부터 국정원 내에서는 ‘성지순례’와 ‘어학연수’를 다녀와야 한다는 분위기였다. 물론 ‘성지순례’란 광주를 다녀와야 한다는 말이고, ‘어학연수’란 전라도 사투리를 익혀야 한다는 말이었다. 이종찬 국정원장은 검증되지 않은 좌익 성향의 학자들을 십수명씩이나 특채했다.

후임 천용택 원장이 부임하자 사정은 급변했다. 이때부터 전라도 출신들은 “형님 아우” 하면서 사실상 모든 인사를 독점하기 시작했다. 인사 명령지(命令地)는 온통 전라도 출신 일색으로 변했다. 국정원은 마치 ‘브레이크 없는 호남선 열차’처럼 난장판이 되었다. “국정원의 모든 정보라인은 전부 전라도 출신으로 채워졌다. 사무관 진급에서도 지역차별을 했다. 일 잘하는 직원도 전라도 출신이 아니면 떨어뜨리고, 반면에 전라도 출신은 능력에 관계없이 무조건 진급시켰다(pp.326-330).”

신건 원장은 재임중에 전주고 출신들을 중용했다. 특히 국내정보 부서 간부들은 거의 전주고 출신들로 채웠다. “정성O(국정원 과장이며 김홍일 측근)은 1998년도에 제주도에 잠깐 근무한 적이 있었는데, 이때 김홍일 씨가 전라도 깡패를 대동하고 제주도로 휴가를 갔다고 한다. 이때 정성O은 김홍일의 무릎을 잡고 “형님, 깡패들이랑 어울리지 마세요”라고 호소했다고 한다. 김대중 정권 내내 전라도 깡패들이 온 사회에 득세했다.

정권 교체후 전라도 조폭들은 서울로 상경하여 사업가로 변신했다. 이들은 권력을 등에 업고 크고 작은 이권에 개입했다. 심지어 영화산업에까지 투자하기도 했다. 현직 검사가 "온통 깡패들의 세상이 되었다"고 한탄하다가 도리어 자신이 해임당하는 사건이 벌어지기도 했다(pp.333-335).

2. 율곡사업과 관련된 무기도입 부패와 권영해의 비리의혹

「제3장 무기의 그늘, 부패의 온실」에서 YS정부시절 국방장관과 안기부장을 역임했던 권영해의 역할에 대해 상세하게 증언한다. 이 부문은 언론과 일반대중들에게 잘 알려져 있지 않는 충격적인 내용을 담고 있다.

휴대용 대공 유도미사일 부문에서 프랑스의 마트라(Matra)사 제품인 미스트랄과 미국의 휴즈(Hughes)사의 제품인 스팅어(Stinger)가 한국에 무기납품 경쟁을 벌였다. 스팅어는 아프간 반군이 소련군을 물리치는데 결정적이 기여를 한 것으로 알려져 있을 만큼 실전에서 우수성이 입증되었다. 그런데 프랑스의 미스트랄이 미국의 스팅어에 비해 무게도 두 배가 무겁고 가격도 훨씬 비싼데도 불구하고, 스팅어를 제치고 한국의 납품이 결정된 이유를 훨씬 높은 중계수수료(커미션)에 있다고 보았다.

김기삼씨에 의하면, 한미동맹이 금이 가게 된 계기는 김영삼 정권 말기와 김대중 정권 초기에 있었던 몇 가지 무기도입 비리사건이 결정적인 역할을 했다는 주장이다. 특히 한국 정부가 미국의 스팅어를 거부하고 프랑스로부터 미스트랄이라는 대공 유도미사일을 도입한 사건이 결정타가 되었다는 것이다(p.412).

3. 임동원의 수상한 행적과 간첩의혹

1장 2절, 「분칠한 가면, 간첩의 초상」에서 자세히 설명하고 있다; 김기삼씨가 임동원을 결정적으로 의심하게 된 계기가 된 것은 다음과 같다고 설명한다. 2000년 9월, 북한의 김용순이 서울을 방문하여 워커힐 호텔에서 환영만찬이 벌어졌다. 이때 만취가 된 박지원 문화부장관이 인사불성의 상태에서 "국정원 내에 빨갱이 새끼가 두 놈 있다. 너희들은 청문회에 서게 될꺼다"라고 소리를 질렀다. 두 사람은 임동원과 김보현을 지칭한 것이었다. 김기삼씨는 박지원이 난리를 친 이유는 박지원이 남북정상회담의 협상 과정에서 임동원과 김보현의 언동에서 간첩의 냄새를 맡았기 때문일 것이라고 추정한다(p.37).

수사국의 어느 직원이 오랫동안 임동원을 내사해 왔는데, 99년 12월 임동원이 갑자기 원장으로 부임해 오자, 담당 과장과 상의한 후 보관하고 있던 파일을 정리하고 지방으로 몸을 피했다.

권영해 부장은 1998년 소위 '北風사건'의 법정 진술에서 "임동원은 아태재단 사무총장 신분으로, 95년 10월경부터 중국의 장성호텔 등지에서 안병수 등 북측 아태위 인사들을 수차례 접촉해 왔다"고 진술했다. '북풍사건의 공판정에서 권영해 부장이 북한의 간첩이 틀림없다고 주장했던 허동웅이라는 자의 입에서도 "임동원이 북한 쪽을 돕고 있는 사람이다"라는 진술이 수차례 있었다고 했다.(p.40-41).

임동원은 항상 무엇에 쫓기는 듯, 병적으로 보안에 신경을 썼다. 심지어 그는 자신의 최측근 보좌관에게까지 자신의 속내를 잘 털어놓지 않는다는 얘기가 돌았다. 김기삼은 그러한 그의 태도가 항상 마음에 걸렸다고 한다(p.337).

김 씨에 의하면, 노벨상 공작의 최고 수훈감은 임동원 (국정원) 원장이었다. 그는 햇볕정책이 김대중의 허영심을 채우기 위한 기만정책이라는 것을 잘 알면서도 '반역적인' 정책을 일관되게 추진하였다. 그는 정권이 바뀌고 난 후 만나는 사람마다 붙잡고, "사람들이 왜 나를 미워하는지 모르겠다"고 하소연하였다고 한다. 그는 그 후 『피스 메이커』라는 회고록을 내기도 했다. 그만큼 자기 보호와 자기변명이 절실했던 모양이다(p.369).

김기삼씨는 임동원씨의 간첩혐의에 관한 글을 공개하고 난 후 믿을만한 출처로부터 "임동원이 90년대 초 남북합의서 문제를 협의하러 평양에 드나들 때, 양각호텔 지하에서 북한 정보기관으로부터 북한의 가족과 관련 협박을 받고 굴복한 것으로 안다"는 말을 전해들은 것이 있었다. 한참 지난 후 국내 정보계통의 고위인사로부터도 그런 정보를 다시한번 확인했다. 훗날 김정일 정권이 무너지고 난 후, 평양의 3호청사내에 있는 캐비넷이 열리게 되는 날, 이 모든 일들을 확인할 수 있으리라 믿는다(p.369).

4. 노무현의 노골적인 親北정책

한미동맹의 파경에 이르게 된 원인이 노무현 정부에 책임이 있다고 지적한다. 이라크 파병 문제와 주한미군 재배치 문제, 그리고 전시작전권 이양 문제 등에 관한 논란이 지속되면서 한미동맹의 파탄이 가속화되었다는 점을 지적하고 있다. 2002년 대선후보 시절, 노무현 후보는 "반미면 어떠냐? 남북관계만 잘되면 다른 건 다 깽판 쳐도 괜찮다"며 도발적인 언급을 했다. 또한 "미국에 사진 찍으려 가지 않겠다"고 언급하여 그의 반미의식을 노골적으로 드러내었다. 이것까지는 언론에 거의 공개된 내용들이다.

그러나 김기삼씨는 노무현의 친북성향이 노골적으로 드러낸 것으로 두 가지 에피소드를 소개한다. 2004년 방미시에, 노무현 대통령은 통역을 따돌린 가운데, 부시 대통령에게 "미국이 북한과 불가침조약(Non-aggression Pact)를 체결해 달라고 직접 영어로 요청했다. 그 말을 들은 부시는 그저 어이없는 표정을 지었다고 전한다. 그 후 노무현 정권은 6자회담 과정에서도 우방과 보조를 맞추기 보다는 끝없이 김정일의 눈치만 살폈다 (p.408).

두 번째 에피소드는 이라크 파병 문제를 협의할 때였다. 청와대는 백악관에 "5천이 아니라 5만명도 보낼 수 있다"고 회신했다고 한다. 그 대신 노 정권은 두 가지 조건을 내걸었는데, 그 중 하나가 "북한에 대한 선제공격(Preemptive Strike)을 포기해 달라"는 것이었다(p.407-409)

5. 좌파집권을 위해 빗장을 연 김영삼의 過誤

김기삼씨는 김영삼에 대해서도 비판과 폭로의 칼날을 멈추지 않고 있다. 김영삼 대통령은 보고서를 제대로 읽지 않았다거나, 무식했기 때문에 감각에 의존한 정치활동과 국정운영을 크게 그르쳤다고 평가한다. 김영삼이 기용했던 수많은 인사들은 김현철을 통해서 소개된 '二流' 인재들이 대부분이었다. 더구나 아들 김현철이 무소불위의 권력을 휘두르는 국정농단에 대해서도 자세히 언급하고 있다. 이때부터 국정원이 망가지기 시작했다는 분석이다. 김 씨는 지난 「잃어버린 10년」 간의 김대중-노무현 좌익세력에게 넘어간 원인으로 김영삼 대통령과 김현철의 국정농단에 정치적 책임을 강하게 묻고 있다. 김영삼-이회창과의 갈등 관계는 이회창 감사원장이 권영해 국방장관이 주도한 율곡비리를 수사하는 과정에서 필연적으로 불거졌다는 것이다. 특히 김영삼측으로서는 '김대중에게 정권이 넘어가는 것이 퇴임 후 안전을 보장받는 데 더 이로울 것이다'라고 계산했을 것이라고 보았다. 김기삼은 김영상 대통령의 비자금문제도 거로하면서 일반국민들이 생각하는 깨끗한 정치인이라는 판단력에 의문을 제기한다.

이 책의 한계도 있다. 역대 대통령의 비자금 의혹에 대해서는 시원하게 구체적 증거를 제시하지는 못하고 추정하거나 소문에 의존하고 있는 결점이 있다. 아마도 그가 수집할 수 있는 능력의 한계 때문일 것이다.

책을 읽고 필자는 근본적인 의문에 휩싸였다. 국가이익과 국민의 알 권리에 대한 갈등이다. 과연 국가정보원이 자신의 조직에서 선서한 절대금기가 되어있는 국가기밀들을 끝까지 감추고 은닉하여 무덤까지 안고 가는 것과 정치지도자들의 비리와 의혹을 폭로하여 국민들에게 알 권리를 제공하는 것 중에서 어느 쪽이 나라를 위해 올바른 길인가?

2012.1.1

서평 II; "지우려해도 지워지지 않는 아버지"

김일영교수의 『건국과 부국』(기파랑, 2010)

이 책은 故 김일영교수(성균관대, 정치외교학과)의 유고저서이다. 김교수는 간암으로 투병하다가 2009년 11월 만 49세로 사망하였다. 어쩌면 이 저서가 그의 수명을 단축했을 수도 있다. 김 교수는 이 시대 최고의 현대한국정치사 전문가 중 한 명이다. 그는 균형된 시각에서 사실과 이론을 조화롭게 접목시켜 대한민국 정치사를 분석하고 또 재해석하는 일관성있는 학술작업을 통해 학계에 공헌해 왔다. 그는 지난 80년대이후 풍미했던 우리 사회를 그릇되게 인도해왔던 수정주의 史觀의 파도를 잠재우는 데 크게 기여했다.

이 책은 『건국과 부국: 현대한국정치사 강』(생각의 나무, 2004)의 개정판으로서 현대한국사 중에서 해방후부터 박정희 유신시대까지를 포스트수정주의적 흐름속에서 다루고 있다. 책의 제목에서 알 수 있듯이 국가건설과 산업화 즉, 이승만의 建國시기와 박정희의 富國 시기를 다루고 있다.

농지개혁과 한국전쟁은 국가형성 및 국민형성의 관점에서 접근하는 것이 큰 특징이다. 부산정치파동도 민주 대 독재라는 이분법에서만 파악하는 것이 아니라 의회에 대한 행정부의 우위가 확립되는 것으로 파악한다. 이승만의 反日정책은 단순한 수사가 아니라 일본을 중심으로 한 미국의 동아시아정책에 대해 反旗를 드는 것으로 해석한다. 그러므로 50년대말 한국을 포함한 제3세계에 대한 정책의 미국의 대외정책의 변화는 이승만의 몰락과 깊은 연관이 있다고 파악한다. 김 교수는 50년대를 단순한 不姙의 시기로만 보는 수정주의 해석을 탈피하여, 60년대 이후의 발전과 역동성을 준비하는 萌芽의 시기로 파악하였다.

김 교수는 장면 정부의 短命과 박정희 정부의 급속한 경제발전을 '發展國家'의 形成과 發展이라는 시각에서 재조명하고 있다. 이 관점에서 볼 때, 장면 정부는 박정희의 5.16 쿠데타라는 외적 충격에 의해 무너지기 전에 내적 유약함과 분열에 의해 무너지고 있었다는 것이다. 장면 정부가 만들어 놓고 미국 행정부가 권고한 경제개발계획과 국토개발계획은은 시간이 부족했기 때문에가 아니라 무능력으로 실행할 수 없었다는 점을 명확한 자료와 근거로서 주장한다.

김 교수에 의하면, 5.16은 단순한 군사쿠데타가 아니었다. 그것은 시간이 흐르면서 한국사회를 총체적으로 변화시킨 일종의 '혁명'이었던 것이다. 마치 1917년 11월, 레닌과 볼세비키파가 주도하여 일으킨 무장폭동이 소련을 사회주의-공산주의적 사회로 급속도로 변화시켜 후일 사회주의 역사가들에 의해 볼세비키혁명(Bolshevik Revolution)으로 전개되었던 것과 같은 맥락으로 이해해도 좋을 것이다.

5.16쿠데타가 '구국의 혁명'으로 성공할 수 있었던 것은 미국의 묵인 때문만이 아니라, 장면의 유약함과 윤보선의 근시안적 판단력이 한몫했다는 것이다(pp.322-331).

김 교수는 박정희 군부세력은 5.16 군사쿠데타로서 출발했지만 마침내 집권에 성공하여 후일 '혁명'의 제도화 과정(pp.332-339)을 통해서 정치권에 뿌리를 내리면서 경제개발5개년계획과 일본과의 국교정상화 등을 추진하면서 한국사회를 크게 탈바꿈시켰다는 주장을 강력하게 개진한다.

김 교수는 한일국교정상화와 베트남파병은 비판받을 점도 있지만, 발전국가의 부족한 물질적 기초를 메우는데 결정적으로 공헌했다는데 異議를 달지 않는다. 박정희 정부의 경제적 성공 이유는 민주주의적이 아니라 오히려 권위주의적 성격을 가졌기 때문에 가능했다는 것이다. 비교사적 관점에서 영국을 비롯한 다른 산업화에 성공한 나라의 경우 산업화 초기 단계에서 민주주의와 결제발전을 동시에 성공적으로 병행하여 추진하는 나라는 지구상에 거의 없다는 것이다. 그러므로 산업화가 일정한 수준이상으로 진행된 현 시점에서나 적용가능한 병행론을 가지고 박정희 정부의 비민주적(권위주의적) 성격을 斷罪한다는 것은 비현실적이라는 것이다. 이런 해석은 '민주주의'를 신주단지처럼 여기면서 모든 잣대를 '민주와 독재'의 二分法으로 과거 한국현대정치사를 평가하던 기존의 국내정치학계에서 유행하던 분위기를 뒤집는 용기있는 발언이라고 아니할 수 없다.

결론적으로 말한다면, 건국하는 데 공헌한 이승만의 지도력과 부국하는데 헌신한 박정희의 지도력을 긍정적으로 보아야할 것을 강조하고 있다. 그렇다고 해서, 김 교수는 이승만과 박정희의 정치력에서 문제점을 지적하지 않는 것은 결코 아니다. 김 교수는 역사가가 아니지만, 그 시대의 상황으로 되돌아가서 냉정하게 평가해보는 상당히 균형있는 시각을 보이고 있다는 점에서 그의 주장은 상당한 설득력이 있다. 이 점에서 영국의 저명한 역사가 카(E. H Carr)가 말한 "역사란 현재와 과거와의 부단한 대화"라는 의미를 이해하고 있는 듯하다.

50년대와 60년대는 우리의 후대 세대가 폄하하고 또 부정하려고 애쓴 시절, 한마디로 '잃어버린 시절'인데 김 교수의 책을 읽으면 결코 잃어버린 시절이 아니라 고귀하게 간직하고 영원히 기억해야할 그리운 시대인 것이다. 그 중심에서 바로 두 아버지 이승만과 박정희라는 거인이 우뚝 서 있는 것이다.

2011.10.30

書評 III: '김정은 연구'의 가장 객관적인
1차 자료

후지모토 겐지의
『북한의 후계자 왜 김정은인가?』
(맥스media, 2010.12), 261pp

김정일이 사망하기 3년전, 남한사회는 북한의 후계구도가 어떻게 진행될지 알지 못했다. 김정일의 3명의 자식들인 김정남, 김정철 그리고 김정은 중에서 누가 권력을 승계할 것인가에 대해 논의가 분분했다. 그런데 김정일이 김정은에게 결국 권력을 넘길 것이라고 2003년부터 시종일관 전망한 인물은 김정일의 요리사로 일했던 이 책의 저자인 일본인 후지모토 겐지였다.

일본에서 요리사로 일하던 후리모토 겐지는 1982년 6월 일본조리사 협회장으로부터 파격적인 대우로 북한의 요리사로 일하라는 제의를 받는다. 후리모토는 가족들의 우려를 떨치고 북한행을 감행하여 다랑어 초밥으로 김정일의 입맛을 홀린다. 1983년 1년 계약을 얼마 앞두고 일본으로 귀국하지만, 화려하고 특이한 북한생활을 잊지 못했다. 그러다가 1987년 또다시 파격적인 조건으로 3년 계약조건으로 북한에 재입국하여 김정일의 요리사로 일하게 된다. 1988년 20년 연하의 기쁨조 출신인 북한의 미녀 엄정녀에게 빠져, 일본에 두고 온 부인과 이혼한 후 북한에서 결혼식을 올렸다. 그 후 평양 로얄 페밀리의 요리사로 김정일의 신임을 받으면서, 정철, 정은, 여정 삼남매의 놀이 친구가 되기도 했다. 1998년 북경으로 식재료를 사려갔을 때, 일본으로 전화를 건 사실이 들통이 나서 1년 6개월의 연금 형에 처해진다. 그 후 언젠가는 수용소로 보내질지 모른다는 두려움 때문에 탈출을 결심하고 2001년 4월 식재료를 구하러 일본으로 귀국하면서 탈북을 감행하였다.

이 지구상에서 가장 비밀스럽고 자유가 없는 암흑의 나라 북한땅! 그곳에서 요리사로서, 서기실 부원으로 김정일 패밀리 밑에서 일하면서 김정은이 7세부터 18세가 될 때까지 자주 놀아주었다는 후지모토의 증언은 수수께끼 투성이인 '북한의 후계자'의 진면모를 알게 하는 귀중한 자료라고 하지 않을 수 없다.
후지모토의 증언은 기본적으로 일관성이 있고 일본인답게 내용은 상세하고 구체적이다. 그의 증언은 자신의 신변에 위험이 처해질 수 있는 부문은 '말하지 않은 사실'이 있을지도 모르지만, 적어도 일부 탈북자들처럼 의도적으로 사실을 과장하거나 왜곡하려는 의도는 없는 것으로 보인다.
후리모토는 김정일이 마음을 주고 신뢰를 표한 몇몇 안되는 측근이었던 것 같다. 그것은 김정일이 후계자 후보인 자식들의 놀이 상대로 후지모토를 지명한 점에서 잘 알 수가 있다. 후리모토의 성격은 순수하고 밝은 성격에다 '한량'기질이 농후한 면이 김정일의 주의를 끌었으며, 김정일이 애호하는 바카라 등의 도박은 물론 만능스포츠맨이었다.

이 책은 특히 후계자로 지목된 김정은의 어린 시절부터의 모습이 연대순으로 생생하게 묘사되어 있다. 혹 한국 독자들은 김정일과 같은 독재자와 그의 자식들을 저자가 너무 긍정적으로 부드럽게 쓴 게 아닌가하는 데서 일종의 거북스런 느낌을 가지게 되겠지만, 13년이란 긴 세월동안 그들과 함께 동고동락(同苦同樂)한 후지모토씨가 그들을 친근하게 묘사한 것은 어쩌면 당연한 것이고 또 어쩔 수가 없었을 것으로 이해할 필요가 있다.

후지모토가 본 김정은은 농구시합이나 다른 놀이를 하는 곳 곳에서 남다른 리더쉽을 발휘하고 승부욕과 엉뚱한 응석을 보이고 있었다. 그러나 형인 김정철은 온화한 성격의 소유자였다. 김정일은 자주 김정은을 보면서 "자신을 닮았다"고 하면서 마음에 들어했다는 점에서 후계자는 김정은이 될 것으로 예측했다.

형인 김정철이 음악과 여자에 관심이 많았던 반면에, 김정은은 이미 10대 중반부터 사회적 관심이 강했다. 특히 스위스로 유학을 간 후부터는 외국과 비교하면서 북한이 처한 현실에 대해 후지모토씨에게 여러 가지 의문점과 불안감을 토로했다고 한다. 그 중에서도 후지모토의 뚜렷한 기억에 남은 일화는 2000년 8월 원산에서 평양으로 향하는 전용열차 간에서 무려 5시간에 걸쳐서 후지모토와 의견을 나누었다는 것이다.

그 당시 김정은은 비일비재한 停電사태 등 북한의 현황을 우려하면서, "우리나라는 아시아의 다른 나라에 비해 공업기술이 한참 뒤떨어져, 우리나라에서 내세울 것이라곤 지하자원인 우라늄 광석 정도일거야. 초대소에서도 자주 정전이 되고 電力 부족이 심각해 보여"라고 말했다. 김정은은 또 중국의 경제발전에 대해 강한 관심을 나타내었다고 한다. "지금 중국은 여러 가지 면에서 성공하고 있는 것 같아. 공업이나 상업, 호텔, 농업 등 모든 것이 잘 나가고 있다고 위(김정일을 지칭)에서 예기하더군." 이어서 "중국은 13억이라는 어머어마한 인구를 가졌는데도 통제가 잘 되고 있다는 게 대단한 것 같아. 전력 보급은 어떻게 되고 있는지. 13억 명의 인구를 먹여 살릴 수 있는 농업의 힘도 대단하고, 식량 수출도 성공적이라고 하더군. 여러 가지 면에서 우리가 본보기로 삼지 않으면 안 되겠지?" (pp.139-143).

후지모토는 김정일 사후에 대해서 벌어질 권력계승에 대해서 낙관하고 있다. 남한사회에서는 김정일 사후 아들간의 쟁탈전이 벌어져서 마치 고구려가 망한 전철을 밝게 되지나 않을까 하는 '우려반 기대반'을 전망하는데 이점에 대해서는 전혀 다른 전망을 내어놓고 있다. 김정남이 제거될 염려도 없고 외국사정에 능통하기 때문에 대외 대변인으로 적격이고, 정철은 성격이 온건하기에 든든한 보좌역을 하게 될 것이고 전망한다. 이점에 대해 필자는 동의하기가 어렵다.

김정일의 권력계승 과정이 20년이라는 긴 세월이 걸려서 치밀하게 준비되었다고 한다면, 이에 비해 김정은의 권력수습기간 3년은 훨씬 짧았기 때문이다. 그러므로 김정은의 권력기반이 김정일이 권력을 승계할 때에 비해 훨씬 불안정하다고도 볼 수도 있다. 또 권력계승의 시점은 김정일의 시기보다도 대내외의 환경이 훨씬 어려워졌다는 점도 김정은 시대의 불확실성을 거론하는 이유다. 북한의 두 차례의 핵개발로 고립이 심화되었고, 화폐개혁도 실패하였다. 또한 천안함폭침-연평도 포격으로 더욱 남북관계가 냉각기에 들어섰기에 중국에 대한 의존도가 훨씬 커지면서 김정은의 운신의 폭도 그만큼 좁아졌다.

후지모토는 2000년 6월 남북정상회담에서 김정일을 지근거리에서 바라보면서, 왜 그토록 그날 김정일이 기분이 좋았는지를 묘사하고 있다. "이 날은 부인 고영희의 생일도 겹친 터라 김정일은 시종일관 기분이 상기되어 있었다. 물론 김대중 대통령으로부터 막걸리와는 비교도 안 될 만큼의 어마어마한 액수의 '선물'을 받았기 때문이라는 것을 말할 것도 없다."(p.186).

이 책의 7장, '북한은 어디를 향해 가고 있는가?'는 가장 중요한 핵심부문이다. 후지모토는 정은체제의 성립이후에 대한 몇 가지 전망과 희망사항을 혼합하여 기술하고 있다. 저자는 "2, 3년 동안은 지금처럼 쇄국책을 쓸 것"이라고 생각하지만 (p.206), "5, 6년이 지나면 북한의 정책도 서서히 변할 것"으로 낙관한다. 그 이유로서 김정은은 아버지 김정일과는 달리 유럽의 서방세계를 직접 피부로 체험했기 때문이라고 지적한다. 김정은은 일본과 미국과의 관계개선의 중요성을 느끼고 있다고 생각한다. 그러나 한국에 대해서는 어린 시절에 '남조선 놈'이라고 말하여 그다지 좋은 인상을 가지고 있지 않다는 느낌을 받았다. 지금은 보다 냉정한 눈으로 한국과의 관계 개선의 필요성을 생각하고 있을 것이라고 하여 김정은이 정치적으로 보다 성숙해줄 것을 간절히 희망하고 있다. 후지모토는 김정은이 후계자가 되더라도 북핵에 대해서는 간단히 포기하지 않을 것이고 전망한다. 핵 보유는 북한이라는 나라를 존속하게 하는 수단이라는 김정일의 사고방식이 강하게 전달되었을 것이기 때문이다.(p.208). 이점에서는 그 주장에 동감하고 충분히 납득이 간다.

한국독자라면 후지모토가 천안함-연평도 사태를 보고 김정은에 대해 어떤 생각에 잠겼을까가 가장 궁금할 것이다. 김정일이 김정은 권력계승을 원활히 위하여 군부와 결탁하여 천안함 폭침-연평도 포격 사건이라는 對南도발을 주도하여 '김정은의 치적(治積)쌓기'에 주력한 이 마당에서 지금도 무슨 낯짝을 들고 한국과의 관계개선이 필요하다고 믿는 것인지, 또 권력계승이 용이하게 된다면 중국측이 기대하는 개혁·개방을 추진할지는 미지수이다. 또 김정은의 발언에서 '위'라는 말은 부친 김정일을 지칭하는 것인데, 김정일이 아들에게 중국의 개혁·개방을 주목하라고 했다면 왜 북한을 중국식으로 그렇게 하지 못하는지를 그 이유를 후지모토는 정확하게 설명하지 못하고 있다. 이

338

것이 일본 초밥전문요리사인 후리모토 증언의 약점이다. 그런 점에서 후지모토의 책은 북한의 역사와 북한 체제의 구조적 측면에 대한 전문성이 미흡하고 흥미위주의 단편적 나열에 그쳤다는 면에서 분명히 한계점이 있다.

그러므로 이 책은 단순한 '김정은 알기'를 넘어 김정은 후계체계의 정책과 노선 및 향후 남북관계와 북한의 미래까지를 전망하는데 분명한 해답을 주고 있지는 못하다. 그러나 그 점은 북한전문가들의 몫이고 이를 위한 필독의 1차 자료로서 후리모토의 증언은 다름대로 가치가 있다고 하겠다. 요리사에게 북한 체제에 대한 전문적인 분석과 해답을 요구하는 것은 무리다. 어쨌든 생사를 걸고 脫北하여 북한에 있었던 자신의 체험담을 진솔하게 쓴 용기만이라고 높이 평가할 만하다.

서평 IV: "사상·정치용어의 오용(誤用)으로
국민들의 인식 오도(誤導)"

양동안교수의 『사상과 언어』(북앤피플, 2011)

현재 대한민국의 이념적 혼란은 여러 원인이 있다. 그런데 잘못된 사상·정치 용어의 사용이 주된 원인이라는 분석이 제기되고 있다. 이것은 한국학중앙연구원 명예교수이며 현재 현대사상연구회 회장을 맡고 있는 양동안(66세)가 『사상과 언어』(북앤피플, 2011)에서 주장하는 핵심주제이다. 양 교수는 1988년 여름 '우익은 죽었는가?'라는 글을 발표하며 당시 민주화운동 틈바구니에서 기회를 노리면서 활동하던 좌익혁명세력의 동향과 위험성을 경고해 우리 사회에 큰 반향을 불러일으켰던 우익논객이다. 그 덕분에 좌익세력으로부터 위협을 받아서 자칫하면 직장에서 해직될 뻔하는 곤욕을 치르기도 했다.

양 교수는 "어떤 국가든 사상 관련 용어들이 부정확하고 부적절하게 사용되면 그 나라 국민의 사회인식과 사유에 혼란이 초래되고, 사회인식과 사유의 혼란이 장기간 지속되면 국민의 사회적 행동이 부적절해질 수밖에 없고, 국민의 사회적 행동이 지속적으로 부적절하게 되면 국가는 재앙을 초래한다"고 주장한다. 따라서 국가가 재앙을 피하려면 사상과 관련된 용어들이 정확하고도 적절하게 사용되어야 하는 것이다. 그러나 "불행하게도, 우리나라에서는 현재 사상과 관련된 용어들이 매우 부정확하고 부적절하게 사용되고 있다"는 것이다.

이 책은 부제(副題), '한국에서 잘못 사용되고 있는 사상·정치 용어들의 정확한 의미를 찾아서'가 말하듯이 남북한이 군사·이념적으로 치열하게 대치하는 현실에서 북한에 부화뇌동(附和雷同)하는 민주화세력으로 위장한 종북용공세력의 음모를 낱낱이 파헤치고 있다. 양 교수는 그들이 사용하는 용어 전술을 통해서 국민들의 판단력을 흐리게 하는 기만전술을 꾀하고 있다고 주장한다. 자신들을 진보세력, 민주화세력이라고 자칭한다면, 국민들은 그들을 그렇게 호칭하는 가운데 정의세력, 양심세력 즉 사회적으로 좋은 일을 하는 집단으로 자연스럽게 보게 된다는 것이다.

양동안 교수는 언어사용이 인간의 인식론에 미치는 영향력을 중시한다. "언어는 의사소통의 도구인 동시에 인식과 사유의 도구이기 때문에, 언어생활에서 사용되는 용어들과 그 용어들의 의미는 그 언어를 사용하는 사람들의 사물인식과 사상에 영향을 미친다."

양 교수가 주장하는 용어 남용·오도의 가장 대표적인 사례는 '진보'라는 단어다. 19세기 후반 사회주의자들은 '낮은 생산양식(자본주의)으로부터 높은 생산양식(사회주의)으로 이행하는 것'을 진보(progress)라 규정했고, 사회주의·공산주의를 이데올로기로 믿고 따르는 경향과 그런 사람을 진보주의자라고 정의했다. 하지만 공산주의 종주국 소련이 70년 만에 와해되고 자본주의가 체제경쟁에서 승리하면서 '진보'라는 용어는 일대 혼란을 겪게 된다. 궁지에 몰린 사회주의세력들은 자신들을 진보세력으로 미화하여 대중의 지지를 얻어내려고 혈안이 되었다. 그들은 사회주의화를 진보 즉 바람직한 상태로의 변화라고 생각하기 때문에 자신들을 그렇게 호칭했다. 그러나 자유민주주의와 시장질서를 존중하는 미국에서는 진보주의자들을 탐탁하게 생각하지 않기에 그들은 '과격세력'(Radicals)으로 불리게 되었다. 한국에서는 진보세력은 사회주의혁명세력 및 그들과 '유기적으로 결합되어 있는' 세력을 말한다(p.77). 그렇다면 진보주의자들은 미국에서처럼 과격파라고 불리어져야할 것이다.

따라서 진보·보수라는 말은 결코 가치중립적 용어갸 아니라는 것이다. 하지만 진보란 사전적으로 '정도나 수준이 나아지거나 높아진다'는 의미이므로 긍정적인 함의가 들어 있고, 반면 보수에는 '고집이 세고 변화를 거부한다'는 부정적인 의미가 있다. 선거에서 '진보'임을 내세우는 후보들에 대해 유권자는 무의식중에 호의적인 반응을 보이게 된다.

소련 붕괴 이후에도 러시아혁명을 동경하고 인류역사의 진행 방향과 반대 방향으로 가는 지구상 최악의 독재 권력 세습 국가인 북한을 추종하는 종북주의자들이 '진보세력'으로 호칭되고 있고, 자유민주주의에 반대되는 사상과 경력을 가진 사람들이 '민주인사'로 자처하는 현실을 개탄하는 양 명예교수는 현재 정치사상과 노선을 달리하는 정치세력은 좌파와 우파라기보다는 좌익(左翼)과 우익(右翼)으로 호칭하는 것이 타당하다고 주장한다.

냉전논리의 남용에 대한 양 교수의 지적도 날카롭다. 이 용어는 북한에 접촉이 잦거나, 통일에 관한 북한의 주장에 동조적인 입장에 서거나, 북한에 대한 무조건적 경제지원을 많이 해야한다고 주장하는 인사에 의해 자주 사용되었다. 그런 용어를 자주 사용하는 심리적 배경에는 남북한 관계가 탈냉전 단계에 있다는 인식을 널리 확산시키고, 북한에 대한 경계적 자세를 유지하자고 하는 사람들에 대한 대중적 혐오와 불신을 유도하려는 의도가 작용하고 있다고 분석한다. 즉 그 용어는 오늘날 남한에서 반공적 입장에 있는 인사들을 비판하는데 많이 동원되는 용어로 남용되어 왔다는 것이다. "남북한 간의 냉전이 현실인 이상 대한민국 국민이 안전하려면 냉전논리에 입각하여 사고하고 행동하는 것이 타당하다. 냉전상태에 있는 남북관계를 탈냉전상태에 있는 것으로 착각하여 탈냉전논리에 입각하여 북한정권을 상대한다는 것은 희망을 현실로 착각하여 행동했을 때 초래되는 것과 같은 엄청난 피해를 초래한다"(p.224).

결론적으로 양 교수는 사상 관련 용어의 혼란 원인을 세 가지로 정리했다. 첫째는 언어생활에 정밀성을 무시하는 우리나라 국민의 습성 때문이고, 둘째는 고의적으로 사상 관련 용어들을 부적절하게 사용하는 사상운동세력의 전술 때문이다. 그들은 적대세력과 대중에게 자기들의 사상적 정체를 명확하게 드러내지 않기 위하여, 그리고 대중에 비치는 자기들의 이미지를 좋게 하기 위해 책략적으로 사상 관련 용어들을 부적절하게 사용하고 있다는 것이다. 셋째는 사회에서 사상이나 정치에 관련된 용어들이 부정확·부적절하게 사용되는 현실을 지적하고 교정해야 하는 도덕적 의무를 지닌 지식인들의 태만에 원인이 있다고 지적한다.

이 책은 우리 사회가 이념적 혼란에 빠진 근본적 원인 중 사상·정치 용어 사용의 잘못에 있다는 점을 명쾌하게 밝힌 문제작으로서 지식인이라면 특히 교육자라면 필독의 책이라고 할 수 있다.

2011.11.5

부록

애국진영
사상 · 정치 용어관련 워크샵[71]

양동안(현대사상연구회 회장)

어떤 사상을 신봉하든 사상운동을 효율적으로 전개하기 위해서는 그 사상을 신봉하는 사람들의 행동통일이 필요하다. 행동통일을 위해서는 인식의 통일이 필요하며, 인식의 통일을 위해서는 일차적으로 운동에서 사용하는 용어의 통일이 필요하다. 또한 용어는 사상운동에 있어서 중요한 선전적 효과를 나타낸다.

---

1. 머리말
2. 우리 진영의 명칭
3. 반대 진영의 명칭
4. 이념 or 사상
5. 북·미 or 미·북
6. 대한민국 정부수립 or 대한민국 건국
7. 북한이탈주민 or 북한탈출주민

---

1. 머리말

–사상전쟁은 기본적으로 언어에 의한 전쟁이다. 언어에 의한 전쟁은 용어들에 의해 큰 영향을 받는다. 언어전쟁→사상전쟁에서 승

---

71) 이 글은 현대사상연구회 주최로 양동안 교수가 서초동 한국산업기술보호협회 4층에서 열린 보수/진보, 좌우익, 이념과 사상 등 용어사용에 관해서 워크샵을 가진 전문이다(2012.1.27).

리하려면 용어들을 '우리 진영'에 유리하고 '반대 진영'에 불리하게 만들고 사용해야 한다. 최소한 객관적으로 타당하게 사용해야 한다.

-어떤 용어가 어느 진영에 유리한지 여부는 용어의 문어적 의미 및 그 용어에 대한 대중의 느낌에 따라 결정된다. 대한민국의 체제와 국가를 지키려는 세력은 불행하게도 이런 사실을 이해하지 못하고 사상 관련 용어들을 아무렇게나 사용하고, 심지어는 '반대 진영'이 자기들에게 유리하고 대한민국 체제와 국가를 지키려는 세력에게 불리하게 만들어서 사용하는 용어를 그대로 사용해왔다.

-반대 진영이 정해놓은 용어와 그 사용 방법을 그대로 따라가는 것은 사상전쟁에서 반대 진영에게 승리를 헌납하는 것과 같다. 오늘날 우리나라의 사상전쟁에서 반대한민국세력이 대한민국세력보다 우월한 지위를 차지하게 된 원인의 하나는 반대한민국세력의 용어 사용법을 대한민국세력이 수용하여 사용한 것이다. 우리나라에서 전개되고 있는 사상전쟁에서 대한민국세력이 승리하려면, 최소한 일방적인 패배를 면하려면 사상 관련 중요 용어들을 대한민국세력에게 불리하지 않게 사용해야 한다.

2. 우리 진영의 명칭

○'우리 진영'은 지금 스스로를 보수진영, 우파진영, 보수-우파진영 등으로 호칭하고 있으며, 심지어 일부는 중도-보수진영이라고 호칭하고 있다. 이들 명칭들은 모두가 '우리 진영'에 불리하거나 이론적으로 부적절한 호칭이다.

○보수진영이라는 호칭이 불리한 이유:

-고쳐야 할 것이 많은 국가에서는 보수진영 또는 보수세력은 부도덕한 기득권(기득이익)세력이라는 의미를 함축하게 된다. '보수'란 기본적으로 현상유지의 의미를 함축하고 있기 때문이다. 개혁해야 할 사항이 많은 국가에서 필요한 개혁을 외면하고 현상유지를 추구한다는 것은 기득권을 유지하기 위한 부도덕한 행위가 아닐 수 없다. 개혁해야 할 사항이 많지 않고 사회구성원들의 현실만족도가 높은 사회에서는 현상유지 의미를 함축하고 있는 '보수'라는 명칭도 나쁠 것이 없으나 우리나라와 같이 개혁해야 할 사항이 매우 많고 국민의 현실만족도가 낮은 국가에서는 '보수'라는 명칭은 대중(특히 젊은 층)의 환영을 받지 못한다. 바로 이러한 이유로 인해서, 이 나라 좌익세력은 우익세력에게 '보수세력', '보수진영'이란 명칭을 강제로 떠안긴 것이다. 자기들은 '진보세력'이라는 좋은 의미를 함축한 명칭을 차지하고, 자기들에 반대하는 우익세력에게는 대중이 혐오하는 의미가 담긴 명칭을 떠안겨준 것이다. 좌익은 처음에는 우익을 '수구세력', '반동세력'이라 부르다가 약간 완화하여 '보수세력'으로 불러준 것인데, 좌익에게 있어서는 수구세력, 반동세력, 보수세력이 모두 한통속이다.

우리나라 우익진영은 좌익의 그러한 음모와 전술을 이해하지 못한 채, 미국이나 영국에서 우리나라 우익진영과 동일한 사상경향을 가진 세력을 보수세력으로 부르는 것을 생각하여 좌익이 붙여준 보수세력이란 명칭을 긍정적으로 수용했다. 미국·영국은 개혁해야 할 사항도 많지 않고, 국민들의 국가상황에 대한 현실만족도가 우리 국민의 그것보다 크게 높다. 따라서 미국이나 영국에서는 현상유지의 의미를 가진 보수의 명칭이 그다지 나쁘지 않게 받아들여져 왔다. 한국의 사정과 미국·영국의 사정이 판이하게 다르다는 점을 인식하지 못하고 미국과 영국에서 보수세력으로 호칭되는 세력이 우리나라의 우익진영과 동일한 사상경향을 가진다 하여 우리

나라의 우익진영이 스스로 보수세력이라는 명칭을 사용하는 것은 중대한 전술적 오류이다.

-사상으로서의 보수주의의 내용에는 긍정적인 요소가 많다. 인간을 불완전한 존재로 인식하면서, 질서와 전통을 존중하고 필요한 변화는 점진적으로 신중하게 추진하자는 보수주의 사상의 기본 내용은 옳다. 그러한 타당한 요소에도 불구하고 보수주의 사상은 고쳐야 할 것이 많은 국가에서는 환영 받을 수 없는 사상이며, 게다가 대중이 '보수'라는 용어를 보수주의 사상의 긍정적 측면을 중심으로 이해하지 않고 '현상유지'나 '기득권 보호'와 연관시켜 이해하는 사회에서는 진영의 명칭을 보수진영으로 채택하는 것은 사상전쟁에서 패배를 자초하는 것이다. 뿐만 아니라, 우리 진영의 지도사상은 정확히 말하자면 자유민주주의이지 보수주의가 아니다. 자유민주주의는 보수주의와 동일한 것이 아니다. 보수주의는 국가의 차이나 시대의 차이에 따라 그 구체적 내용이 달라지는 불완전한 사상이다.

-이론적인 것을 떠나 극히 현실적인 차원에서 생각할 때도 '보수진영'은 우리 진영의 명칭으로는 매우 불리한 명칭이다. 우리 사회의 언어 관행에서 보수와 진보는 짝으로 붙어 사용하는 단어로 되어버렸다. 그런 관행이 타당한 것인지 여부를 떠나서 현실에 있어서는 고치기 힘들게 정착되어버렸다. 보수와 진보가 세트 단어가 된 현실에서 우리 진영을 보수진영으로 부르게 되면, 우리의 반대진영은 자연스럽게 진보진영이 된다. 우리 진영을 보수진영으로 자칭하는 것은 반대진영에게 진보진영이라는 좋은 뜻을 가진 명칭을 선물하는 것이 된다. 반대진영의 명칭을 좋은 의미의 명칭으로 호칭하도록 한다는 것은 사상투쟁에 있어서 우리 진영의 불이익을 자초하는 것이다.

○우파진영이란 명칭이 부적절한 이유:

-한자문화권에서는 사상의 차이를 기준으로 집단을 구분하는 명칭으로는 翼을, 좌우익 진영 내에서 정책의 차이를 기준으로 집단을 구분하는 명칭으로는 黨을, 당 내에서 인간적 결속의 차이를 기준으로 집단을 구분하는 명칭으로는 派를 사용해왔다. 정치적 집단을 호칭함에 있어서 익·당·파는 물질의 무게를 호칭하는 단위의 kg·g·mg과 동일한 성격을 가진 것이다. 사상의 차이에 따라 분류된 집단의 명칭에 파를 부치는 것은 사상의 차이에 따라 분립된 집단을 동일한 정당 내에서 인간적 결속의 차이를 기준으로 분립된 집단인 것 같은 오해를 유발할 수 있는 잘못된 호칭이다. 또 그런 오해를 유발하지 않는다 하더라도 '우익'으로 불러야 할 진영을 '우파'로 부르는 것은 kg으로 호칭해야 할 것을 mg으로 호칭하는 것과 같은 단위호칭의 착오로서 이론적으로 잘못된 것이다.

-보수·우파진영이란 명칭은 동의어 중복인 동시에, 자칫하면 보수진영 내 우파를 지칭하는 것과 같은 오해를 불러일으킬 수 있다. 중도 보수 진영이라는 명칭은 보수진영이라는 불리한 명칭과 중도라는 애매한 명칭을 덧붙임으로써 그 전술적 불리함과 정체성의 모호를 동시에 가지는 부적절한 명칭이다.

○적합한 명칭은 애국진영, 호국진영, 자유민주진영, 우익진영:

-우리 진영의 명칭으로 우리진영의 정체성과 부합하면서 전술적으로 유리한 명칭은 '애국진영', '애국세력'이다. 그 다음으로 좋은 명칭은 '호국진영'이다. 우리 진영은 대한민국을 사랑하고 지키기 위해 투쟁하는 세력의 집합이기 때문에 그러한 명칭이 적합하다.

-애국진영이나 호국진영이란 명칭은 사상성을 분명히 나타내고 있지 않기 때문에, 우리 진영의 사상성을 강조할 때는 '자유민주진영'이나 '우익진영'으로 호칭하는 것이 이론적으로도 타당하고, 전술적으로도 불리하지 않다. 우리 진영이 신봉하는 사상의 실명을 밝힌 명칭이 자유민주진영이고, 사상을 환유적으로 표시한 것이 우익진영이다. 자유민주진영이라는 명칭을 사용하면 반대 진영도 사상의 실명대로 사회주의진영 혹은 사회민주진영 등으로 호칭하게 될 것이므로 진보-보수세력으로 호칭될 때 당하게 되는 우리 진영의 불리점이 해소된다. 우익진영이라는 명칭을 사용하면 반대 진영은 좌익진영으로 호칭하게 될 것이므로 진보-보수세력으로 호칭될 때 당하게 되는 우리 진영의 불리점이 해소된다.

-결론적으로 정리하자면, 우리 진영을 대명사적 명칭으로 부를 때는 애국진영 혹은 호국진영으로 호칭하고, 사상적 입장을 중심으로 부를 때는 자유민주진영과 우익진영으로 호칭하는 것이 이론적 관점에서나 전술적 관점에서나 모두 타당하다.

○타당성 없는 반론의 사례:

-우리 진영에 속하는 사람들 가운데 일부(대부분이 '보수'나 '중도보수'명칭을 사용하는 인사들)는 이상과 같은 논의에 대해 두 가지 이유를 들어 반대하는 경향이 있다. 첫째, 우리가 주장하는 '보수'는 대한민국과 자유민주주의체제를 지키자는 것이니 우리 진영의 명칭을 '보수진영'으로 하는 것이 적합하다는 것이다. 둘째, 내실만 있으면 되었지 명칭을 '우익'으로 하거나 '보수'로 하거나, 또는 '우익'으로 하거나 '우파'로 하거나 별 상관없다는 것이다.

-첫 번째 반론은 '보수'라는 용어의 부적절한 사용에 기인한 타당하지 못한 반론이다. 보수(to conserve)란 기본적으로 상황을 대

상으로 하는 용어이지 국가나 체제를 대상으로 하는 용어가 아니다. 국가나 체제를 적으로부터 지키는 것은 수호(to defend)하는 것이지 보수하는 것이 아니다. 체제'보수'운동이나 국가'보수'전쟁이라는 표현이 매우 어색한 점을 생각하면 쉽게 이해할 수 있는 일이다.

-두 번째 반론은 상품 판매에서 상호가 차지하는 효과를 이해하지 못하는 주장이다. 똑 같은 라면을 놓고 하나는 '좋은 라면'이라는 상호를 붙여 팔고, 다른 라면 '나쁜 라면'이라는 상호를 붙여 팔면 전자가 훨씬 잘 팔릴 것은 불문가지의 일이다. 반대진영의 상표를 좋은 의미를 가진 '진보진영'으로 붙여주고 우리 진영의 상표를 현실적으로 인기 없는 의미를 가진 '보수진영'으로 붙여 놓으면 그 세력의 주장이나 행동의 내실에 별 상관없이 정치 마케팅에서 전자가 훨씬 잘 팔린다. 게다가 나쁜 의미의 상표로는 상품의 좋은 내실을 소비자에게 전달하는 것 자체가 어려울 뿐만 아니라, 사상 갈등이 매우 심각한 한국의 현재 상황에서 우리 진영의 내실의 우월성을 대중에게 제대로 인식시키도 어렵다.

3. 반대 진영의 명칭

○우리 진영에 반대하는 세력들은 자기들의 명칭으로 진보세력, 개혁세력, 민주세력, 평화세력, 통일세력 등을 사용한다. 모든 명칭이 다 전술적으로 유리한 명칭이다. 반대 진영이 자칭하는 전술적으로 유리한 명칭들 가운데, 진보세력, 개혁세력, 민주세력은 우리 진영의 사람들조차 수용하는 명칭이다.

○**반대진영을 진보진영으로 호칭하지 않아야 하는 이유:**

-'진보'란 상황이 보다 좋은 상태로 변하는 것을 의미한다. 개혁이란 사회의 여러 가지 모순과 비리를 고치는 것을 의미한다. 민주란 독재에 대항하고 민주주의의 신장을 추구하는 것을 의미한다. 진보세력이란 우리나라의 상황을 보다 좋은 상태로 변화시키기 위해 노력하는 사람들을 의미하며, 개혁세력이란 우리 사회의 모순과 비리를 고치려고 노력하는 사람들을 의미하며, 민주세력이란 독재에 반대하여 민주주의를 신장시키기 위해 노력하는 사람들이다. 반대 진영 사람들은 자기들을 미화하기 위해 그런 명칭을 사용하는 것인데, 그들에 반대하는 우리 진영 사람들이 반대 진영의 그러한 명칭을 그대로 호칭해주는 것은 우리 진영 스스로가 '우리는 나쁜 놈들이다'라고 말하는 것과 같은 의미를 가진다. 국가상황을 보다 좋은 상태로 변화시키려는 사람들에 반대하고, 잘못된 것을 고치려는 사람들에 반대하고, 민주주의를 신장시키려는 사람들에 반대하는 사람들은 나쁜 사람들일 수밖에 없다. 따라서 우리 진영은 반대 진영을 호칭할 때 그들이 자칭하는 좋은 의미의 명칭을 수용해서는 안 된다.

○반대 진영의 정확한 명칭은 좌익·좌경세력, 사회주의세력, 사회민주세력:

-우리 진영에 속하는 사람들 가운데 반대 진영을 진보세력, 개혁세력, 민주세력, 평화세력, 통일세력 등으로 부르지 않으려는 사람들은 그들을 좌파세력 좌파진영으로 부르는 것이 대세다. 그러나 그들을 좌파세력으로 부르는 것은 이론적으로 부적합하다. 그 이유는 우익을 우파로 부르는 것이 부적절한 것에 대한 앞서 제시했던 이유와 동일하다. 반대 진영의 명칭은 좌익·좌경세력으로 부르는 것이 이론적으로도 적합하고 전술적으로도 불리하지 않다. 좌익세력은 사회주의를 명백히 추구하는 자들을 부르는 명칭이고, 좌경세력은 사회주의를 명백히 추구하는 지 여부는 불분명하나

‘사회주의에 가까운’ 혹은 ‘사회주의를 옹호하는’ 언동을 하는 자들을 부르는 명칭이다. 좌익·좌경세력은 그 두 부류가 섞여있는 집합을 부르는 명칭이다. 사상적 차원에서 우리 진영을 우익진영으로 부르고 반대 진영을 좌익진영이나 좌익·좌경진영으로 부르는 것은 명칭의 의미 속에 좋거나 나쁘거나 하는 의미 요소가 들어있지 않아서 양측에 균형이다. 우리 진영에게는 우리 진영을 보수진영으로 부르고 반대 진영을 진보진영으로 부를 때의 전술적 불리점이 해소되는 유리점이 있다.

–반대 진영의 명칭을 사회주의세력이나 사회민주세력 등 그들이 신봉하는 사상의 실명에 입각하여 사회주의세력이나 사회민주세력 등으로 호칭하는 것은 이론적으로 정확한 것이며(그들이 신봉하는 사상에 기초한 명칭이기 때문), 반대 진영의 명칭으로 그러한 명칭을 사용하는 것은 우리 진영에 불리하지 않다. 반대 진영의 명칭을 사상 실명에 따른 명칭으로 사용하게 되면 우리 진영의 명칭도 사상 실명에 따른 명칭으로 사용하게 될 것이며, 그렇게 하면 진보-보수 세력 명칭을 사용할 때 당하는 우리 진영의 불이익이 해소된다.

○‘과격세력’도 한 대안:

–반대 진영을 좌익진영, 좌익·좌경진영으로 부르지 않고 다른 명칭으로 부르고 싶을 때는 과격세력(radicals)으로 부르는 것이 서양의 용어 사용 관례에도 부합하고, 전술적으로도 우리 진영에 불리하지 않다. 미국에서는 비공산주의자들이 마르크스주의자들을 부를 때 radicals라고 부른다. 마르크스주의자 자신들도 radicals라고 자칭하기도 한다. 이때의 radicals의 의미는 과격분자란 의미이다. 한국 언론계에서는 radicals를 ‘급진주의자’로 번역하는데 이는 좌익을 진보세력이라고 부르는 것과 동일한 좌익 옹호적 오역

이다. '급진주의자'란 급하게 진보를 추진하는 사람들이란 뜻이며, 좌익을 급진주의자로 번역하는 것은 여전히 좌익분자들을 '사회상황을 보다 좋은 상태로 변화시키려는 사람들'로 간주하는 관점에 따른 고의적 오역이다.

4. 이념 or 사상

–우리 사회에서는 대부분의 사람들이 ideology를 이념으로 번역하고 있다. 우리 진영에 속하는 대부분의 사람들도 그러한 경향에 무의식적으로 따르고 있다. 이데올로기를 이념으로 번역하는 것이라든지 모든 이데올로기를 다같이 이념으로 호칭하는 것은 잘못된 용어법이다.

–이데올로기는 인간행동과 사회현상을 해석·평가하고 인간과 사회의 문제들의 해결에 대한 원론적 지침이 되는 여러 가지 관념들의 복합체를 뜻한다. 이데올로기에는 진실한 요소와 허위적 요소, 객관적 타당성을 가진 관념과 주관적인 관념 등이 섞여 있다. 이데올로기를 비판적인 용어로 사용하는 좌익은 이데올로기를 아예 허위의식의 복합체로 간주한다. 그에 반해 이념은 보편적 타당성을 가진 올바른 목표가치(들)를 뜻하며, 이념에는 보편적 타당성을 가진 요소들만 내포되어 있는 것으로 인정된다. 따라서 이데올로기를 이념으로 번역하는 것은 타당하지 않다. 이데올로기의 의미와 가장 가까운 의미를 가진 한자어는 '사상'이다. 이데올로기는 사상으로 번역하는 것이 타당하며, 우리나라에서도 1980년대 이전에는 그렇게 번역해왔다. 1980년대 이후 이러저러한 곡절 끝에 이데올로기를 이념으로 번역하는 잘못된 관행이 널리 유행했다.

–어떤 이데올로기 즉 사상을 옳다고 믿는 사람들에게 그 사상은

이념이 되고, 그 사상을 옳지 않다고 생각하는 사람들에게 그 사상은 이데올로기가 된다. 대한민국에서 우익진영은 자유민주주의를 신봉하고 있고, 좌익진영은 사회주의를 신봉한다. 우익진영에게는 자유민주주의만 이념이고 사회주의를 포함한 여타 사상들은 모두 이데올로기가 된다. 그에 반해 좌익진영에게는 사회주의가 이념이고 자유민주주의를 포함한 여타 사상들은 모두 이데올로기가 된다. 이에 따라 좌익진영은 '사회주의 이념'이라고 말하고 자유민주주의 및 자유주의를 이데올로기로 부른다. 그들의 사상적 입장에 따른 정확한 용어사용이다. 그에 반해 우익진영의 인사들 가운데는 좌익의 용어사용법을 그대로 받아들여 '사회주의 이념, 자유민주주의 이데올로기'라고 말하는 사람들이 상당히 많다.

-좌익진영에는 사상과 용어를 교육하는 중심세력이 있고 그들이 자기들의 입장에 따른 올바른 용어사용을 가르치고 있어서 좌익진영 사람들은 사상 관련 용어들을 좌익에 유리한 방향으로 사용하는 경향이 강하다. 그에 반해 우익진영에서는 사상과 용어를 교육하는 중심세력이 없고 올바른 용어사용을 가르치는 사람도 없다. 그 결과 우익진영의 인사들 가운데는 사상 관련 용어들을 우익에 유리하게 정확하게 사용하는 사람들이 매우 적으며, 좌익이 좌익에게 유리하고 불리하게 만들고 사용하는 용어들을 그대로 따라하고 있는 사람들이 매우 많다. 그로 인해 대중을 상대로 한 선전전에서 우익진영이 큰 불이익을 당하고 있다.

-자유민주주의를 지도사상으로 신봉하는 우리 진영은 자유민주주의만 '이념'으로 부르고, 여타 사상들(사회주의, 사회민주주의, 김일성 주체사상, 자유주의, 신자유주의 등)은 모두 '이데올로기'로 불러야 한다. 아니면 모두를 사상으로 불러야 한다. 최소한 우리 진영이 신봉하는 자유민주주의를 이데올로기로 부르는 일이나, 우리 진영이 반대·비판하는 이데올로기들을 '이념'으로 부르는 언동

만은 하지 않아야 한다.

5. 북·미 or 미·북

-좌익이 이 나라 언론계의 헤게모니를 장악한 1995년 이후 우리 사회에서는 미국과 북한을 동시에 부를 때 북한을 먼저 부르고 미국을 뒤에 호칭하는 경향이 거의 일반화 되었다. '북·미관계', '북·미회담' 등으로 호명하는 것이 거의 일반화 되었다. 언론기관 중에는 조선일보를 제외한 모든 언론기관이 그런 호명순서를 사용하고 있다. 1995년 이전에는 골수 좌익분자들을 제외하고는 그렇게 호명하는 사람들이 없었다. 그러나 지금은 이러한 용어사용을 한나라당 국회의원들은 물론이고, 행정부의 장차관이나 공안기관의 일부 직원들, 심지어는 우익진영의 일부 인사들까지도 수용하고 있다.

-한자문화권에서는 복수의 국가를 동시에 부를 때 일정한 기준에 따라 순서를 정한다. 우리나라와 동맹관계에 있는 나라, 우리나라에 이익을 주는 나라, 우리나라에 중요한 긍정적 영향을 주는 나라, 세계적 차원에서 중요한 나라 등을 먼저 호명하고, 우리나라와 적대관계 있는 나라, 우리나라에 손해를 끼치는 나라, 세계적 차원에서 중요하지 않는 나라 등을 뒤에 호명한다. 특히 적대관계에 있는 나라는 제일 뒤에 호명한다. 이러한 용어사용법에 비추어 볼 때 북한을 앞세우고 미국을 뒤에 붙이는 '북·미' 호명은 북한이 미국보다 우리나라에 더 중요하고 더 이익을 주는 국가라는 의미를 함축한다.

-그런 호명법의 사용을 주장하는 좌익은 그 논거로서 북한이 우리나라의 동포국가이기 때문에 이민족의 국가인 미국보다 더 중요하

다고 주장한다. 그러나 같은 부모 밑에서 출생한 형제라도 때로는 원수로 싸울 수 있다는 점을 생각할 때, 그리고 북한이 6·25남침으로 우리나라를 절멸시키려 했고, 지금도 우리나라에 대해 군사적·사상적 공세를 가하고 있다는 점을 생각할 때, '북·미'호명은 크게 잘못된 것이다. 그러한 호명은 우리나라 국민들로 하여금 동맹인 미국을 멀리하고 적인 북한을 가까이 해야 한다는 의식을 유도하며, 그러한 의식은 대한민국의 존립을 치명적으로 위태롭게 한다. 적을 동맹보다 더 중요시하고 가까이 한다는 것은 우리나라에 대한 동맹국의 지원을 약화시키고 적의 공격에 부드럽게 대응하는 것을 뜻하며 그러한 태도를 취한 국가가 오래 존속한 예는 세계역사상 전무하다.

–따라서 대한민국을 붕괴시키려는 좌익의 입장에서야 북·미 호명 순서를 고집하는 것이 당연하지만, 대한민국을 사랑하고, 수호하고자 하는 사람들은 그런 잘못된 호명순서를 받아들여서는 안 된다. 동맹국이며, 우리나라에 이익을 주는 나라인 미국을 앞에 부르고, 우리나라의 적대국이며, 우리나라에 피해를 주는 북한을 뒤에 불러야 한다. 남북평화가 공고해지고 한미동맹관계가 해소된다면 그때 가서는 그 호명 순서가 달라져야 하겠지만 그러기 전까지는 반드시 '미·북'으로 호명해야 한다.

6. 대한민국 정부수립 or 대한민국 건국

–좌익세력은 대한민국의 국가성을 부정하고 대한민국 건국의 정당성을 훼손하기 위해 '대한민국의 건국'이란 용어를 사용하지 않고, 대한민국 정부 수립, 대한민국의 성립 등이란 용어를 사용한다. 우익세력 가운데서도 좌익의 그러한 용어를 그대로 받아들여 대한민국의 건국이란 용어를 사용하지 않고 대한민국 정부수립이란 용어

를 사용하는 사람들이 적지 않다.

-정치학 이론상으로나, 헌법학 이론에 비추어 볼 때 1948년 8월 15일 대한민국은 하나의 신생국가로서 건국되었다. 1948년 8월 15일 오전에 대한민국 정부수립이 이루어졌고, 이날 자정을 기해 미군정이 대한민국 정부에 통치권을 이양함으로써 대한민국은 완전한 주권국가로 독립했다. 따라서 대한민국이라는 국가는 이날 새로운 국가로 건국된 것이다. 따라서 1948년 8월 15일에 이루어진 일을 대한민국 정부 수립이라고 말하는 것은 잘못이다. 국가가 건국된 것을 정부수립이라고 말하는 것은 비유하자면 초등학교 6학년 졸업을 6학년 진급이라고 말하는 것과 같은 잘못이다.

-'해방'과 '광복'도 구분해야 한다. 좌익 및 대한민국의 국가적 가치를 부정하는 사람들은 해방과 광복을 구분하지 않고, 광복절을 1945년 8월 15일의 해방을 기념하는 국경일로 해석한다. 이는 대한민국의 건국의 가치를 부정하고 일제로부터 해방된 것만을 높이 평가하려는 의도의 산물이다.

-애당초 해방과 광복은 다른 의미를 가졌다. 해방은 일본 식민지 지배로부터 벗어난 것을 의미하고, 광복은 우리 민족이 완전한 주권국가로 독립하는 것을 의미한다. 우리 민족은 일본으로 해방 된 후 3년간 미국과 소련의 점령 통치를 받다가 1948년에 완전한 주권국가로 독립했다. 해방 직후와 건국 직후에는 1945년 8월 15일에 일어난 일을 '해방'으로 부르고, 1948년 8월 15일에 일어난 일을 '광복'이라 불렀다. 대한민국을 분단국가라 하여 부정적으로 평가하는 세력의 집요한 노력과 행정부의 착각으로 1950년부터 언론보도들에서 해방과 광복이 동의어인 것처럼 혼란스럽게 사용되기 시작하였으며 이러한 용어 혼란이 1960년대부터 정착되고 말았다.

-우익진영이 대한민국의 정당성을 옹호하려면 1948년 8월 15일 대한민국 정부가 수립된 것이 아니라 대한민국이라는 주권국가가 건국되었음을 명확히 인식해야 하고, 해방과 광복을 이론에 맞게 구분하여 사용하고, 광복절도 본래의 취지에 부합하게 1948년 8월 15일의 대한민국 건국을 기념하는 국경일로 복원해야 한다.

7. 북한이탈주민 or 북한탈출주민

-북한에서 벗어나서 대한민국으로 온 사람들을 간단히 부를 때는 탈북자라고 호칭한다. 탈북자를 풀어서 호칭할 때는 과거에는 북한탈출주민이라고 했고 지금은 북한이탈주민이라고 한다. 정부는 김영삼정권 말기부터(아마도 한완상 같은 이들의 작용에 의해) '북한탈출주민'이라는 호칭을 사용하지 않고 '북한이탈주민'이라는 호칭을 사용해왔다. 탈북자 지원법의 명칭도 '북한이탈주민 지원법'이다.

-이탈(desert/deviate)은 정상적인 것 혹은 좋은 것으로부터 벗어나는 것을 의미한다. 이탈의 그러한 의미는 궤도이탈, 대오이탈 등의 용례에서 잘 확인된다. 궤도탈출이나 대오탈출과 같은 용어는 사용하지 않는다. 탈출(escape)은 비정상적인 것 혹은 나쁜 것으로부터 벗어나는 것을 의미한다. 탈출의 그러한 의미는 감옥탈출, 사지탈출 등의 용례에서 잘 확인된다. 감옥이탈이나 사지이탈과 같은 용어는 사용하지 않는다.

-북한을 떠나 남한으로 온 사람들을 북한이탈주민이라고 호칭하는 것은 화자가 북한을 정상적인 지역으로 간주한다는 것을 의미한다. 심지어는 남한을 비정상적 지역으로 간주한다는 의미를 가질

수 있다. 화자가 북한을 비정상적이고 나쁜 지역이라고 생각한다면 북한을 떠나 남한으로 온 사람들을 북한이탈주민이라고 호칭해서는 절대 안 된다. 북한탈출주민으로 호칭해야 한다.

-좌익세력, 특히 종북세력은 이탈과 탈출의 이러한 의미 차이를 잘 알기 때문에 일관되게 북한이탈주민으로 호칭해왔고, 좌익세력의 헤게모니 하에 있는 언론매체들도 일관되게 북한이탈주민으로 호칭해왔다. 그러나 우경 언론매체나 우익세력 중 일부 인사들은 이탈과 탈출의 이러한 의미 차이, 그리고 그러한 용어 사용 속에 내포된 중대한 사상적 의미를 파악하지 못하고 덩달아서 북한이탈주민이라고 호칭하고 있다. 심지어는 북한탈출주민들을 교육하는 공안기관 종사자들까지 아직까지 북한이탈주민이라고 호칭하는 경우도 있다. 그러면서 그들은 말한다. 그까짓 단어 하나 차이가 무슨 큰 의미가 있는가 하고 '대범한 척' 한다. 그러한 잘못된 대범함이 곧 사상전에서 우익진영의 열세를 초래하게 되는 것이다. 북한에서 남한으로 온 사람들을 북한이탈주민이라고 호칭하면서 북한을 나쁜 곳이라고 비판하는 것이 어떻게 문법적 타당성을 가질 수 있으며, 북한에서 살기 싫다고 탈출해온 사람들을 '정상적인 곳 혹은 좋은 곳에서 이탈해온 사람들'이라고 호칭하면서 어떻게 그들에게 대한민국에 올바로 정착하는 교육을 시킬 수 있겠는가?
〈끝〉